普通高等教育"十二五"规划教材（高职高专教育）

统计学基础

（第三版）

主　编　邢于仓　李丽红
副主编　马晓琨　户艳领
编　写　杨　文
主　审　卢恩平

中国电力出版社
CHINA ELECTRIC POWER PRESS

内 容 提 要

本书是普通高等教育“十二五”规划教材（高职高专教育）。本书具有以下特点：一，结合高职高专教育现实情况，融入了统计学科的新发展、新经验和新数据，突出强调了统计理论与实践相结合；二，本着实用为原则，教材以生动简明的实例教学为主，以繁杂的理论论证和推导为辅，所用案例紧紧围绕现实生产和生活，有着较高的参考和应用价值；三，系统阐明统计学的基本理论和基本方法。

本书可作为全国高职高专院校、成人高校及本科院校举办的二级职业技术学院财经类专业的教材，也可供相关专业人员学习使用。

图书在版编目（CIP）数据

统计学基础/邢于仓，李丽红主编. —3版. —北京：中国电力出版社，2012.5

普通高等教育“十二五”规划教材. 高职高专教育

ISBN 978-7-5123-3065-8

Ⅰ.①统… Ⅱ.①邢…②李… Ⅲ.①统计学—高等职业教育—教材 Ⅳ.①C8

中国版本图书馆CIP数据核字（2012）第101652号

中国电力出版社出版、发行
（北京市东城区北京站西街19号 100005 http://www.cepp.sgcc.com.cn）
汇鑫印务有限公司印刷
各地新华书店经售
*
2003年3月第一版
2012年7月第三版 2012年7月北京第五次印刷
787毫米×1092毫米 16开本 16.75印张 407千字
定价 **30.00** 元

前 言

本书根据《中华人民共和国国民经济和社会发展第十二个五年规划纲要》及教育部有关文件精神，结合教学实践，修订而成。

本书系统阐明了统计学基本理论和基本方法，教材体系完整，内容结构合理，注重统计理论与实践相结合。本书具有以下特点：第一，结合高职高专教育现实情况，本着实用为原则，教材以生动简明的实例教学为主，以繁杂的理论论证和推导为辅，所用案例紧紧围绕现实生产和生活，有着较高的参考和应用价值。第二，教材将统计学与其在社会经济领域中的应用有机结合，有利于培养学生的统计分析能力。第三，每章配有完整的习题，涵盖了各个知识点，有助于读者巩固所学知识，也便于教师教学。第四，本书深入浅出、通俗易懂，既可作为高职高专院校经济管理类专业教材，也可供相关专业人员学习使用。

本书由邢台职业技术学院邢于仓、李丽红主编，马晓琨、户艳领副主编，杨文编写。具体分工如下：邢于仓编写第一章～第三章，李丽红编写第四章～第六章，马晓琨编写第七章～第九章，户艳领编写第十章，杨文编写第十一章。全书由邢于仓统稿，由邢台职业技术学院卢恩平主审。

限于作者水平，书中错漏和不足之处在所难免，恳请读者和同行专家、学者批评指正。

编　者

2012 年 2 月

第二版前言

为贯彻落实教育部《关于进一步加强高等学校本科教学工作的若干意见》和《关于以就业为导向深化高等职业教育改革的若干意见》的精神，加强教材建设，确保教材质量，中国电力教育协会组织制订了普通高等教育“十一五”教材规划。该规划强调适应不同层次、不同类型院校，满足学科发展和人才培养的需求，坚持专业基础课教材与教学急需的专业教材并重、新编与修订相结合。本书为修订教材。

《统计学基础》第一版于 2003 年 3 月出版以后，收到了不少读者反馈的宝贵意见。在此次修订中，我们对这些意见作了认真考虑，在此特向他们表示感谢。

本版修正补充了部分内容，体系上也作了调整。全书深入浅出、通俗易懂，以大量实例论述统计工作的理论和方法，既注重知识结构的科学性和系统性，又注意结合市场经济的客观需要，着重实践应用。为方便学生自我检测学习效果，对每章的习题重新进行了编写，并增加了三个附录，便于学生查阅。

参加本书第二版修订工作的有：邢于仓（第一章）、任淑华（第二章）、吴桂花（第三、四章）、李丽红（第五、七章）、何瑞祥（第六章）、户艳领（第八章）、马晓琨（第九、十章）、张争艳（第十一章）。本书由邢于仓、吴桂花担任主编，何瑞祥、马晓琨、李丽红担任副主编，全书由卢恩平担任主审。

由于编者水平有限，书中难免有不妥之处，欢迎读者批评指正。

编　者

2006 年 6 月

第一版前言

为了满足统计工作和教学的需要，我们组织编写了这本《统计学基础》教材。本书系统地介绍了社会经济统计的基本理论和方法，教材体系科学，内容结构合理，注重联系实际，具有较强的实用性。本书具有以下特点：第一，本书内容既包括统计的基本理论，又包括必要的社会经济指标核算知识。这可使一般的统计学理论落实到实际指标的运用上。第二，本书介绍的统计方法不仅包括一般的统计方法，而且包括概率及数理统计方法在社会经济活动中的运用，这有利于培养学生数量分析能力。第三，本书加强了统计推断、统计分析的内容，这是考虑到我国统计工作适应市场经济以及实施市场宏观调控的需要。第四，本书配有相应的练习题，既便于教学，也便于学生学习和实际工作者自学。

参加本书编写工作的有：邢于仓（第一、三、四、七章）、何瑞祥（第六章）、马晓琨（第二、八、十章）、周志强（第五、九、十一章）。本书由邢于仓任主编，何瑞祥、马晓琨、周志强任副主编。冯冰担任主审。在本书编写过程中，得到了兄弟院校和有关单位的大力支持，在此一并表示感谢。

由于编写时间仓促，加之水平所限，书中定有不足之处，恳请读者多多赐教。

编　者

2003 年 3 月

目　　录

第一章　总　论

第一节　统计的产生和发展

一、统计的含义

统计一词，从不同的角度理解有不同的解释，但概括起来，一般有统计工作、统计资料和统计学三种含义。

统计工作，即统计实践，是指根据科学的方法取得统计资料的统计设计、统计调查、统计整理和统计分析等一系列工作全过程的总称。

统计资料，是指在统计工作过程中所取得的各项数字资料及与之相关的其他资料的总称。统计资料亦即统计信息，它是统计工作的成果或"产品"。它的表现形式为各种统计表、统计图、统计报告、统计年鉴及其他有关统计数字信息载体等，其内容是反映社会经济现象的规模、水平、速度、结构和比例关系等的信息数字和文字资料。

统计学，即统计理论，是指系统地论述统计工作的理论和方法的一门独立的社会科学，是统计工作实践的理论概括和科学总结。统计工作是一项十分复杂的工作，必须根据统计学的科学理论和方法开展这项工作，才能获得准确、及时和全面的统计资料。

统计的三种含义既有明显的区别，又有密切的联系。统计资料是统计工作的成果；统计学是统计工作经验的理论概括；而统计工作也只有以统计学为理论指导，才能顺利完成并取得准确的统计资料。三者密切相连，体现出一种工作与成果、实践与理论的关系。

二、统计的产生和发展

统计是为适应生产的发展和国家管理的需要而产生和发展起来的。一般认为，统计的实践活动萌芽于奴隶社会，至今已有四千年的历史。但是，使人类的统计实践上升到理论，总结和概括成为一门系统的科学——统计学，却是近代的事情，距今只有300多年的历史。

统计学者比较认同的现代统计学的源头大致包括三个方面：

(1) 1676年英国经济学家威廉·配第发表的《政治算术》。在这本书中，配第用大量的数字分析了英、法、荷等三国的经济实力，开创了利用统计数字进行经济学分析的先河。这一统计学分支后来发展成了国势学派，今天的国民经济核算体系，就是源于这一学派的理论。

(2) 1662年英国学者约翰·格朗特发表的《关于死亡表的自然观察与政治观察》。在本书中，格朗特分析了英国伦敦的人口死亡情况，成为最早的人口统计学研究。目前，人口统计学是统计学中最有活力的分支之一。

(3) 17世纪法国数学家帕斯卡尔和费尔马创立的古典概率论。在这一时期，两位数学家以通信的方式，讨论了赌博中各种具体情况的概率计算问题，发展了概率论理论。

到19世纪末，古典统计学的框架基本形成，其内容主要是今天描述统计学涉及的部分。

进入20世纪以来，随着大工业生产的发展，质量检验的统计理论迅速形成。1908年，英国酒作坊学徒工戈赛特（Gosset）以"Student"的笔名在《生物统计学》杂志上发表了一篇论文《平均数的概差》，提出了基于小样本的t统计量理论，极大地推动了推断统计理论的发展。20 世纪中叶，英国统计学家费希尔（1890－1962）等人分别对 F 统计量、极大似然估计、方差分析等理论进行了大量探讨，从而建立起了推断统计学的庞大的学科体系。

在 1920 年之前，由样本对总体进行估计的概念，一直是直观和模糊的，1925 年，费希尔在其著名论文《研究人员用的统计方法》中，阐明和扩展了估计的概念，提出了最优估计概念，以及估计的效率和充分性等问题。在长期从事实验设计的过程中，费希尔还提出了重要的随机化原则，认为这是保证取得无偏估计的有效措施，也是进行可靠的显著性检验的必要基础。

理论界认为，在 1920 年之前，统计研究属于“资料整理”时期，即描述统计学时期，从费希尔开始，进行了“分析统计”时期，即推断统计学时期。

从世界范围看，自 20 世纪 60 年代以后，统计学的发展有几个明显的趋势。第一，随着数学的发展，统计学依赖和吸收的数学方法越来越多；第二，向其他学科领域渗透，或者说，以统计学为基础的边缘学科不断形成；第三，随着统计学应用日益广泛和深入，特别是借助电子计算机后，统计学所发挥的功效日益增强；第四，统计学的作用与功能已从描述事物现状、反映事物规律，向抽样推断、预测未来变化方向发展。它已从一门实质性的社会性学科，发展成为方法论的综合性学科。

三、统计学的分科

统计方法已被应用到自然科学和社会科学的众多领域，统计学也发展成为由若干分支学科组成的学科体系。从统计方法的构成来看，统计学可以分为描述统计学和推断统计学；从统计方法研究和统计方法的应用角度来看，统计学可以分为理论统计学和应用统计学。理论统计学是指统计学的基本原理，主要研究统计学的一般理论问题，尤其是各种统计方法的数学理论问题。应用统计学是研究如何应用统计方法去解决实际问题的，应用统计学一般都与特定的领域相联系。例如，统计学在教育领域的应用，称为教育统计学；在经济领域的应用，称为经济统计学等。

本教材编写的目的，主要是为高职院校经济学、管理学门类的学生和应用统计工作者提供一本统计学的入门读物，因而侧重于介绍统计学的一些基本概念和方法，使读者通过本书的学习，能应用统计方法去解决实际中的一些基本问题。

第二节　统计学的研究对象、特点和作用

一、统计学研究的对象与性质

对于统计学研究的对象与性质，当前我国统计学界存在着不同的看法。对于社会经济统计学是否是一门独立的科学，主要有两种观点：一种观点认为只有数理统计学才是唯一科学的统计学，它是一门通用的方法论科学，可以应用于自然技术领域，也可以应用于社会经济领域。社会经济统计学是数理统计学在社会经济领域的具体应用，不存在独立的社会经济统计学。另一种观点认为，数理统计学和社会经济统计学是两门独立的统计学，它们各有不同的研究对象和方法。但社会经济统计学不排斥应用数理统计学的方法对社会经济现象数量方面进行分析研究。

本书的观点是社会经济统计学是一门独立的统计学。它为研究大量的社会经济现象的数量方面提供科学的理论和方法，它是研究社会经济统计活动规律和方法的一门方法论科学。

为什么说社会经济统计学是一门方法论性质的科学呢？因为社会经济统计学主要是研究社会经济统计活动是怎样进行的，怎样才能反映实际情况，怎样才能提高对社会经济现象数量方面的认识。例如，社会经济统计从哪里开始，按什么顺序进行，怎样从对个体的实际表现，过渡到对总体的综合认识，在整个调查研究过程中采用哪些具体方法等。这些问题都属于社会经济统计活动规律和方法的问题，也都是社会经济统计学的研究内容。所以说，社会经济统计学是研究社会经济现象数量方面的方法论科学。

社会经济统计是从社会经济现象数量方面进行研究，从而认识社会经济现象的。统计资料是统计工作的“产品”，这种“产品”的产生经过统计设计、统计调查、统计整理和统计分析四个工作阶段。统计是研究数量的，但在统计工作的全过程中，却不是从定量认识开始的，而是从定性认识开始的。在统计设计阶段，就要确定调查对象的范围，调查的统计指标及指标体系和分组方法，属于定性认识。在统计调查和统计整理阶段，要收集大量统计资料并进行加工整理，属于定量认识。最后，统计分析阶段，又是计算各种综合指标，并利用各种统计方法对统计资料所反映的社会现象加以评价，从而认识事物的规律性，这又是定性认识工作。可见，统计是研究社会经济现象数量的方法，是从质的规定性出发，经过量的认识，达到认识其本质的目的，即质—量—质的认识过程。

二、统计的特点

统计以社会经济现象为研究领域，是一种对社会经济现象的调查研究活动，或者说是对社会经济现象的一种认识活动。归纳起来，有如下四个特点。

（一）数量性

统计的认识对象是社会经济现象的数量方面，具体包括：数量多少；现象间的数量关系；质量互变的数量界限。统计研究的目的就是要反映这三方面的现状和发展变化。在研究中要注意：

第一，统计研究的数量是与事物的质密切联系的。社会经济统计是在社会经济现象的质与量的辩证统一中，研究其数量方面的变化。客观事物的质和量是密切联系、相互依存的，一定的质规定一定的量，一定的量表现一定的质，二者是辩证的统一。事物的质是以一定的量为自己存在的条件，而事物的量又受质的制约。运用质量和数量的辩证统一规律去了解社会、认识社会，是马克思主义科学的认识方法。只有这样才能透过现象看本质，从而对社会现象有较深刻的认识。

第二，统计研究的数量是大量的，而不是个别的或少量的。只有对社会经济现象的全部单位或足够多的单位进行大量的观察和综合分析研究，才能正确地反映出总体现象的本质和规律性。如果只对个别的或少量的数量观察研究，往往会受特殊的、偶然的因素影响，得出错误的结论。

（二）总体性

统计的认识对象是客观事物总体的数量方面。总体是由具有某种相同性质的全体事物所组成的。例如，人口统计就是要反映和研究一个国家或一个地区全部人口的综合数量特征，而不是为了了解个别人的数量特征。人口统计是这样，其他社会经济统计也是这样。社会经济统计是对社会经济现象总体数量方面的定量认识活动。

（三）具体性

统计的认识对象是具体事物的数量方面，而不是抽象的数量关系。统计所研究的量是社会经济现象在一定时间、地点、条件下的数量表现，它总是和现象的质密切结合在一起的。这是统计与数学的一个重要区别。

（四）社会性

统计的认识对象是社会经济现象的数量方面，社会经济现象是人类社会活动的条件、过程和结果，它的基本调查单位是人及社会组织。人类的社会活动是多种多样的，有经济、政治、军事、文化、教育、卫生等。这些活动都是互相联系，互相影响和互相制约的，形成了一个复杂的有机整体。因此，在研究社会经济现象的数量方面时，不能孤立地进行，而要联系其他有关现象做全面系统的分析。人类的社会活动是人们有意识的活动，各种活动都贯穿着人与人之间的关系。在阶级社会里，人与人之间的关系还带着阶级的烙印。我国目前在人们利益基本一致的基础上，还存在着整体利益和局部利益的矛盾，这种社会矛盾对统计工作有直接的影响。正确处理这些矛盾，是做好统计工作的保证。

三、统计的作用

社会经济统计的作用可概括为两方面：一是认识社会的有力武器，二是作为社会政治经济服务的工具。

这两方面的作用是互相联系的，而不是孤立的。认识社会是基础，实现政治经济目的是方向。离开了前者，统计就不可能成为实现政治经济目的的工具。背离了后者，认识社会也就失去了意义。

（一）统计是社会认识的一种有力武器

人们要改造世界，首先要认识世界。人们在自己的社会实践中，为了达到预期的目的，必须了解客观世界的实际情况。但是，由于社会现象与自然现象具有不同的性质，认识社会现象不能像认识自然现象那样通过实验的方法获得，而必须运用符合社会现象特点的手段和方法。统计就是一种有力的工具和手段。统计以其特有的观察和分析研究方法，如实而具体地反映社会经济现象各个领域的情况，帮助人们认识世界，达到改造世界的目的。前已述及，统计具有数量性、总体性、具体性和社会性的特点。所以，作为社会认识的有力武器的统计，不仅要进行定性研究，而且要进行科学的定量分析。社会经济现象是复杂的，统计要从事实的全部总和中，从事实的内部联系中去把握事实。事物的质是根本的，决定着事物的量，但是事物的量又总是反映事物的质，当量变达到一定界限时，就会引起质变。从数量方面认识事物，可使人们的认识更加全面，更加具体，更加深刻。统计是社会认识的一种有力武器，这是统计的基本作用。

（二）统计是作为社会政治经济服务的工具

人们认识社会的目的在于改造社会。在改造社会中，统计是实现一定政治经济目的的工具，而且在不同时期，具有不同的内容。在社会主义现代化建设时期，主要是为国民经济管理和宣传教育以及科学研究等方面提供服务和监督，以促进社会主义现代化建设的顺利发展。

1. 统计是制定计划、实行宏观调控的基础

我国现在处于社会主义初级阶段，实行社会主义市场经济体制，对国民经济和社会发展仍须实行一定的计划管理。从基层单位到整个社会都要制订计划，以指导经济建设和文化教育事业的发展。这就必须以正确的统计资料为依据，使计划工作建立在科学可靠的基础上。计划制订后，要进行监督、检查，搞好经济预测，进行宏观调控，使社会经济得以顺利

发展。

2. 统计是制定政策的依据

各级党政领导机关在制定政策、方针时，都必须根据具体情况，从实际出发。如果离开了对实际情况的了解，想当然地制定政策，其后果是不可想象的。制定政策时必须考虑数量方面的因素，了解并掌握具体情况。

3. 统计是经济管理的手段

从社会发展一般而言，随着生产技术的进步，社会分工越来越细，这就要求管理适应这种趋势，对瞬息万变的经济情况及时做出反应。这就需要各方面迅速而准确地提供信息。统计信息是各种信息的中心，是最重要的一种信息。因此，无论是宏观经济的规划、管理、协调和平衡，还是微观的管理、指挥、调度和组织，都离不开统计。各级统计机构必须及时而有效地提供统计资料，提供咨询，并实施监督，参与决策。这些都是各级党政领导机关进行经济管理所不可或缺的。

4. 统计是认识世界、开展国际交流和科学研究的工具

通过统计可以认识世界各国的状况，进行国际对比，开展国际交流，发展对外合作。我国改革开放以来，国际交流日益广泛。在国际交流中，统计信息占有很重要的地位。统计已成为认识世界、进行国际交流的工具。

统计还是科学研究的工具。自然科学主要通过科学试验的方法研究自然现象，通过人为创造条件，使某一现象反复发生，来观察试验结果，其中主要用数理统计方法。作为社会科学的统计则是社会科学研究的主要工具。比如，人口现象的性别比例研究，国民经济比例关系的研究等，都得用到统计方法。社会科学各学科的研究，只有借助于“记录”事实的统计资料进行分析、比较、研究，才能得以进步和发展。

在社会主义现代化建设时期，统计还发挥信息咨询和监督职能。统计作用的发挥是在一定的理论指导下，通过统计特有的方法和具体工作过程实现的。

第三节 统计工作的过程和研究方法

一、统计工作的过程

统计工作是运用各种统计的方法对社会经济现象进行调查研究，认识其本质和规律性的一种认识活动。统计认识活动就一般意义上说，是一个由感性认识到理性认识的辩证过程，是一个不断深化的、无止境的漫长过程，随着客观事物的不断发展变化，统计认识活动也要不断进行。但是，就一次统计活动来讲，一个完整的统计工作过程一般可分为统计设计、统计调查、统计整理和统计分析四个主要阶段。

（一）统计设计

统计设计是指根据统计研究对象的性质和研究目的，对统计工作的各个方面和各个环节进行通盘考虑和安排。统计设计的结果表现为各种标准、规定、制度、方案和办法，如统计分类标准、统计目录、统计指标体系、统计报表制度、统计调查方案、普查办法、统计整理或汇总方案等。统计设计的主要内容有：统计指标和指标体系的设计、统计分类和分组的设计、统计表的设计、资料筹集方法的设计、统计工作各部门和各阶段的协调与联系、统计力量的组织与安排。

统计设计在统计工作中具有决定性的作用。因为统计工作是一项要求高度集中统一，科学性很强的工作，无论是统计总体范围、统计指标的口径和计算方法，还是统计分类和分组的标准，都必须统一，绝不允许各行其是。因此，只有事先进行设计，才能做到统一认识、统一步骤、统一行动，使整个统计工作有秩序地、协调地进行，保证统计工作的质量。

（二）统计调查

统计调查，即统计资料的收集。它是根据统计设计方案的要求，采用各种调查组织形式和调查方法，有组织、有计划地对所研究总体的各个单位进行观察、登记，准确、及时、系统、完整地收集原始资料的过程。

统计调查是统计认识活动由初始的定性认识过渡到定量认识的阶段，这个阶段所收集的资料是否客观、周密、系统，直接关系到统计整理的好坏，关系到统计分析结论是否正确，决定统计工作的质量，所以，它是整个统计工作的基础。

（三）统计整理

统计整理是根据统计研究的目的，对调查阶段收集的原始资料按照一定标志进行科学的分组和汇总，使之条理化、系统化，将反映各个单位个别特征的资料转化为反映总体及各组数量特征的综合资料的工作过程。

统计整理是统计工作的一个中间环节，是使我们对社会经济现象的认识，由对个体的认识过渡到对总体的认识，由感性认识上升到理性认识的必经阶段，是统计调查的继续，又是统计分析的必要前提。

（四）统计分析

统计分析是指对经过加工整理的统计资料，应用各种统计分析方法，从静态和动态两方面进行基本的数量分析，从而认识和揭示所研究现象的本质和规律性，得出科学的结论，进而提出建议和进行预测的活动过程。统计分析是统计工作的最后阶段，也是统计发挥信息、咨询和监督职能的关键阶段。

统计工作过程上述四个阶段各有自己的特定内容和作用。一般来说，是依先后次序进行的。同时它们又是相互联系、相互制约的整体，任何一个阶段的工作失误，都会影响整个工作的顺利进行。为了保证从整体上取得良好效果，在某些情况下，各阶段工作需要相互渗透、交叉进行。例如，有时根据需要和为保证质量，实行边设计、边调查、边整理、边分析；有时在调查、整理阶段进行一些必要的分析，或者改进设计；有时，在统计分析中因为已有资料不能满足需要，而做一些必要的补充调查，加工整理和计算工作，补充、改进设计方案，等等。

统计的研究对象是社会经济现象总体的数量方面，目的是认识其本质和规律性。因此，整个统计工作的过程必须正确处理质与量的辩证关系、感性认识与理性认识的关系、定性分析与定量分析的关系。统计设计是对社会经济现象进行定性认识的工作，是定量认识的必要准备；统计调查和统计整理是收集、整理统计资料，使个体特征过渡到总体特征的定量认识工作，是整个统计工作的基础和关键环节；统计分析则是运用统计方法对资料进行比较、判断、推理、评价，揭示社会经济现象的本质和规律性。这四个阶段体现了在质与量的辩证统一中研究社会经济现象总体量方面的原则要求。所以，在实践中，必须正确处理它们各自的任务和关系，以达到预期的目的。

二、统计研究的理论基础

（一）辩证唯物主义原理

统计学是在质与量的辩证统一中，研究大量社会经济现象总体的数量方面，揭示事物的本质、相互联系、变动规律性和发展趋势。统计必须遵循辩证唯物主义原理，坚持世界是物质的，物质是第一性，精神是第二性，实践第一，实践是检验真理的唯一标准的观点。一切从实际出发，实事求是，如实反映情况，反对一切弄虚作假、虚报瞒报。

（二）唯物辩证法

统计必须坚持唯物辩证法，遵循质量互变规律、矛盾对立统一规律，反对形而上学。要全面地、发展地观察问题，具体问题作具体分析，把握事物变化的数量界限；要抓住主要矛盾，抓问题的本质和主流，注意各种因素及其相互转化的条件，掌握事物的变化、发展的内在原因和趋势。

（三）政治经济学

统计学要以政治经济学为理论基础，对社会经济现象总体的数量关系进行研究，制订出科学的分类或分组及指标体系和计算方法。统计必须根据政治经济学阐述的经济规律和原理，认识现象间的本质联系，进而才能深入分析现象变动的数量关系和规律性。

三、统计研究的基本方法

根据统计研究对象的特点，在长期实践的基础上，总结并形成了一系列特有的方法。归纳起来，主要有大量观察法、分组法和综合指标法。

（一）大量观察法

任何事物都处在相互联系、相互制约的统一整体之中，脱离整体孤立的事物是不存在的。统计就是把研究的现象作为一个总体来观察的，因而，统计必须运用大量观察法。所谓大量观察法就是对所要研究的事物的全部或足够多数的单位进行观察。

社会经济现象的发展变化要比自然现象复杂得多。在社会现象的总体中，个别现象往往受各种偶然因素的影响，如果孤立地就其中少数单位进行观察，其结果常常不足以反映现象总体的一般特征。

大量观察法是统计的基本方法之一。通过大量观察，一方面可以掌握认识事物所必需的总体的各种总量；另一方面还可以通过个体离差的相互抵消，在一定范围内排除某些个别现象受偶然因素的影响，从数量上反映出总体的本质特征。

在我国统计实践中，广泛运用了大量观察法，组织多种统计调查，诸如，各种基本的、必要的统计报表，普查、重点调查和抽样调查等。这些都是对总体进行大量观察，以保证从整体上认识事物。

（二）分组法

根据所研究对象总体的特点和统计研究的任务，按照一定的标志，把所研究的现象总体划分为不同性质或类型的组，这种方法在统计上称为统计分组法。

从数量方面认识事物不能离开事物的质的方面，将所研究的现象总体划分为不同性质的部分是统计进行加工整理和深入分析的前提。例如，要研究工业部门结构的发展变化及其对国民经济的影响，就必须把全部工业划分为冶金、电力、煤炭、石油、化工、机械、建材、森工、食品、纺织、造纸等若干部门，才能分别调查和分析各个部门的产量、劳动力、固定资产、能源消耗、资金占用、利润及固定资产投资等方面的情况。统计分组法贯穿统计工作的全过程。统计调查离不开分组，统计资料加工整理中，分组是关键环节，统计分析更是时刻不能没有分组，统计分析中综合指标的应用更是要建立在统计分组的基础之上，没有科学的分组要制订正确的指标体系也是不可能的。

（三）综合指标法

综合指标法是指利用综合指标对现象总体的数量特征和数量关系进行综合、概括和分析的方法。统计是研究社会经济现象总体的数量方面和数量关系的，所以，从总体上认识事物是统计研究的根本原则，它表现在统计分析上就构成了综合指标法，它是统计分析的基本方法之一。

在统计实践中，广泛应用着总量指标、相对指标、平均指标等综合指标，从静态上和动态上综合反映和分析现象总体的规模、水平、结构、比例和依存关系等数量特征和数量关系。

综合指标法和分组法是运用于统计工作全过程的基本方法，综合指标法是建立在大量观察法的基础上的，分组法为所有综合分析方法的正确运用创造了前提。此外，统计工作中还要运用典型调查法、回归与相关法、科学估算法、预测分析和综合评价法等。因此，在运用统计研究方法时，还必须注意要根据实际情况，按照需要与可能，分别采用不同的统计方法，要善于把多种统计方法结合运用，相互补充。

第四节　统计学中的几个基本概念

统计科学和其他科学一样，在论述本门科学的理论与方法时，要运用一些专门的概念。本节只就几个基本的、常用的概念加以介绍。

一、统计总体与总体单位

（一）总体

统计为正确认识客观现象，必须从总体角度进行观察，这就产生了统计总体的概念。是指凡是客观存在，并在某一相同性质基础上结合起来的，由许多个别事物组成的整体，叫做统计总体，简称总体。例如，全部工业企业为一个总体，它包括许多个别工业企业，工业企业是客观存在的，每个企业都以工业生产活动为其经济职能，这就是构成总体的相同性质。

1. 总体的特点

（1）同质性。同质性是指总体中的各个单位必须具有某种共同的属性或标志数值。如国有企业总体中每个企业共同标志属性是国家所有。同质性是总体的根本特征，只有个体单位是同质的，统计才能通过对个体特征的观察研究，归纳和揭示出总体的综合特征和规律性。

（2）大量性。大量性是指总体中包括的总体单位有足够多的数量。总体是由许多个体在某一相同性质基础上结合起来的整体，个别或很少几个单位不能构成总体。总体的大量性，可使个别单位某些偶然因素的影响——表现在数量上的偏高、偏低的差异相互抵消，从而显示出总体的本质和规律性。

（3）差异性。差异性是指总体的各单位之间有一个或若干个可变的品质标志或数量标志存在的差异。例如，某领域的职工总体中各单位间有男、女的性别属性差异，有 20 岁、21

岁、22 岁、23 岁、24 岁、25 岁、26 岁等年龄标志数值的差异。

统计总体要同时具备同质性、大量性和差异性这三个特征，才能对其进行一系列统计计算和分析研究。

2. 总体的分类

总体根据单位数的多少可以分为有限总体和无限总体。总体所包含的单位数是有限的，称为有限总体，如人口数、企业数、商店数等。总体所包含的单位数是无限的，称为无限总体，如连续生产的某种产品的生产数量、大海里的鱼资源数等。对有限总体可以进行全面调查，也可以进行非全面调查。但对无限总体只能抽取一部分单位进行非全面调查，据以推断总体。

（二）总体单位

总体单位是指构成统计总体的个别事物，简称单位或个体。例如，全部工业企业中的每个企业，全国人口总体的每个人等。构成总体的各个单位必须具有同质性，这既是一个必要条件，又是它的重要特征。构成总体的个别单位，可以是基层企业和事业单位，人和家庭，可以是产品、商品、设备等物品，可以是行为或事件，也可以是同一事物试验的不同观察值。

在统计研究中，确定总体单位和统计总体的范围是十分重要的，它决定于认识对象的性质和统计研究的目的。统计总体和总体单位的划分不是固定不变的，随着研究目的和任务的变动，总体和总体单位可以变换。如把全部商业企业当成一个总体，每个商业企业就是该总体的总体单位。如果把一个典型的商业企业当作调查对象研究它的问题时，则这个典型的商业企业便成了统计总体。当研究目的和任务确定后，统计总体和相应的总体单位就产生和固定了下来。

二、标志与指标

（一）标志

1. 标志和标志表现

标志，是指统计总体各单位所具有的共同特征的名称。从不同角度考察，每个总体单位可以有许多特征。如每个职工可以有性别、年龄、民族、工种等特征。这些都是职工的标志。

标志表现是标志特征在各单位的具体体现。职工的性别是女，年龄为 32 岁，民族为汉族等，这里“女”、“32 岁”、“汉族”就是性别、年龄、民族的具体体现，即标志表现。

2. 标志的分类

(1) 标志按变异情况可分为不变标志和变异标志。当一个标志在各个单位的具体表现都相同时，这个标志称为不变标志；当一个标志在各个单位的具体表现有可能不同时，这个标志称为可变标志或变异标志。如中国第五次人口普查规定“人口普查的对象是具有中华人民共和国国籍并在中华人民共和国境内常住的人。”按照这一规定，在作为调查对象的人口总体中，国籍和在国境内居住是不变标志，而性别、年龄、民族、职业等则是变异标志。不变标志是构成统计总体的基础，因为至少必须有一个不变标志将各总体单位联结在一起，才能使它具有“同质性”，从而构成一个总体。变异标志是统计研究的主要内容，因为如果标志在各总体单位之间的表现都相同，那就没有进行统计分析研究的必要了。

(2) 标志按其性质可以分为品质标志和数量标志。品质标志表示事物的质的特性，是不能用数值表示的，如职工的性别、民族、工种等。数量标志表示事物的量的特性，是可以用数值表示的，如职工年龄、工资、工龄等。品质标志主要用于分组，将性质不相同的总体单位划分开来，便于计算各组的总体单位数，计算结构和比例指标。数量标志既可用于分组，也可用于计算标志总量及其他各种质量指标。

（二）统计指标

1. 统计指标及其构成要素

对统计指标的含义，一般有两种理解和两种使用方法：

（1）统计指标是指反映总体现象数量特征的概念，如人口数、商品销售额、劳动生产率等。它包括指标名称、计量单位和计算方法三个构成要素。这是统计理论与统计设计上所使用的统计指标含义。

（2）统计指标是反映总体现象数量特征的概念和具体数值。例如，2010 年我国国内生产总值为 397 983 亿元。这个概念含义中包括了指标数值。按照这种理解，统计指标除了包括上述三个构成要素外，还包括时间限制、空间限制、指标数值。这是统计实际工作中经常使用的统计指标的含义。因此，统计指标包括六个具体的构成因素。

一般认为，对统计指标的这两种理解都是成立的。在做一般性统计设计时，只能设计统计指标的名称、内容、口径、计量单位和方法，这是不包括数值的统计指标。然后经过收集资料、汇总整理、加工计算可以得到统计指标的具体数值，用来说明总体现象的实际数量状况及其发展变化的情况。从不包括数值的统计指标到包括数值的统计指标，在一定意义上反映了统计工作的过程。

2. 统计指标的特点

（1）数量性。即所有的统计指标都是可以用数值来表现的。这是统计指标最基本的特点。统计指标所反映的就是客观现象的数量特征，这种数量特征，是统计指标存在的形式，没有数量特征的统计指标是不存在的。正因为统计指标具有数量性的特点，它才能对客观总体进行量的描述，才使统计研究运用数学方法和现代计算技术成为可能。

（2）综合性。这是指统计指标既是同质总体大量个别单位的总计，又是大量个别单位标志差异的综合，是许多个体现象数量综合的结果。例如，某人的年龄、某人的存款额不能称为统计指标，一些人的平均年龄、一些人的储蓄总额、人均储蓄额才称为统计指标。统计指标的形成都必须经过从个体到总体的过程，它是通过个别单位数量差异的抽象化来体现总体综合数量的特点的。

（3）具体性。统计指标的具体性有两个方面的含义：一是统计指标不是抽象的概念和数字，而是一定的具体的社会经济现象的量的反映，是在质的基础上的量的集合，这一点是社会经济统计和数理统计、数学相区别；二是统计指标说明的是客观存在的，已经发生的事实，它反映了社会经济现象在具体地点、时间和条件下的数量变化，这一点又和计划指标相区别。统计指标反映的是过去的事实和根据这些事实综合计算出来的实际数量，而计划指标则说明未来所要达到的具体目标。

（三）标志与指标的区别和联系

1. 主要区别

（1）标志是说明总体单位特征的，指标是说明总体特征的。例如，一个工人的工资是数量标志，全体工人的工资总额是统计指标。

(2) 标志有用文字表示的品质标志和用数值表示的数量标志，指标则都是用数值表示的，没有不能用数值表示的指标。

2. 主要联系

(1) 统计指标的数值多是由总体单位的数量标志值综合汇总而来的。例如工资总额是各个职工的工资之和，工业总产值是各个工业企业的工业总产值之和。由于指标与标志的这种综合汇总关系，有些统计指标的名称与标志是一样的。

(2) 标志与指标之间存在着变换关系。如果由于统计研究目的的变化，原来的统计总体变成总体单位了，则相对应的统计指标也就变成了数量标志。反过来，如果原来的总体单位变成总体了，则相对应的数量标志也就变成了统计指标。

三、变异与变量

(一) 变异

变动标志在总体各个单位具体表现上的差别就是变异，如人的性别有男女之分，各时期、各地区、各部门的工业总产值各有不同等，这种差别称为变异。变异是必须存在的，包括质的差别和量的差别。变异是统计的前提条件，有变异才有统计。

(二) 变量

变量就是可以取不同值的量，这是数学上的一个名词。在社会经济统计中，变量包括可变的数量标志和全部统计指标，它都是以数值表示的，不包括品质标志。变量就是可变的数量标志或指标，变量的具体数值表现则称为变量值。例如，职工人数是一个变量，因为各个工厂的职工人数不同。某工厂有 852 人，另一工厂有 1686 人，第三个工厂有 964 人等，都是职工人数这个变量的具体数值，也就是变量值。

要注意区分变量和变量值。如 1167 人是 852 人、1686 人、964 人三个变量值的平均数，不能说是三个“变量”的平均数，因为这里只有“职工人数”这一个变量，并没有三个变量。

变量按是否连续可分为连续变量与离散变量两种。在一定区间内可任意取值的变量叫连续变量，其数值是连续不断的，相邻两个数值可作无限分割，即可取无限个数值。例如，生产零件的规格尺寸，人体测量的身高、体重、胸围等为连续变量，其数值只能用测量或计量的方法取得。可按一定顺序一一列举其数值的变量叫离散变量，其数值表现为断开的。例如，企业个数、职工人数、设备台数、学校数、医院数等，这种变量的数值一般用计数方法取得。

第五节 统计的组织和管理

统计要达到认识客观现象的目的，不仅需要科学的方法，而且需要强有力的组织领导。马克思早就指出“至于统计，如果没有坚强的组织，尤其是如果没有总的领导，这项工作是无法完成的”。

一、统计的组织原则

统计的组织必须贯彻集中统一的原则，即在全国范围内建立集中统一的统计系统，执行统一的方针政策和统计调查计划，贯彻统一的统计制度和统计标准，使用统一的统计报表和数字管理制度，以及协调税务、会计、业务核算制度和核算标准及分工等。国家统计组织贯彻集中统一原则的必要性在于：

（1）政府有效调控国民经济的需要。在社会主义市场经济条件下，国家要运用经济手段对宏观经济进行调控。间接引导企业的生产经营行为，实现经济结构的优化和国民经济的协调发展。这就客观上要求建立健全高效和集中统一的统计系统，以便灵敏地监测和准确地描述、评价、预测社会经济发展过程，从而为宏观经济决策提供真实可靠的依据。

（2）统计工作本身的要求。统计是一种具有严密的组织领导，同时又由广大专职统计人员和群众参加的工作。其涉及面广泛，要求严格，每项统计资料都要经过大量的调查、收集、整理并逐级汇总计算出来。因此，统计工作必须有统一的计划和步骤、统一的制度和方法、统一的组织和领导，才能保证统计工作的顺利开展，才能保证统计成果的真实有效。

二、我国的统计组织系统

国家统计系统是社会经济统计的主体，是国家管理系统的重要组成部分，它由自上而下的全国性统计信息网络所构成。担负着对国民经济和社会发展情况进行统计调查、统计分析、提供统计资料和统计咨询意见、实施统计监督的任务。我国集中统一的统计系统具体由以下三大系统所组成：

（1）各级政府部门的综合统计系统，由国家统计局和地方各级统计机构所构成，是我国国家统计组织的主系统。国家统计局是国务院的工作部门，负责组织领导各级和各部门统计机构开展统计工作，并承担全国性基本统计任务。各级地方（包括省、市、县）统计局是各级地方政府的组成部分，接受上级统计机构和各级地方政府的双重领导。在统计业务上，以上级统计机构的领导为主，负责组织本地区内的统计工作。

国家综合统计系统还根据统计业务开展的需要，设置以统计局系统为主体的各种子系统，主要有分别对城市、农村和企业进行抽样调查的三大统计系统。即国家统计局设立城市、农村和企业三支调查总队。各省、市、自治区及各地（市）、县（市）设城市、农村、企业抽样调查队。

（2）各级业务部门的专业统计系统，由中央及地方各级业务部门的统计机构所组成，是我国专业统计组织的子系统。国务院各业务部门（或直属的专业公司）设统计司或统计处。各省、市、自治区及各地（市）、县（市）业务部门根据工作需要设统计机构。各级业务部门统计机构在统计业务上受国家统计局或同级地方政府统计机构的指导，组织执行本部门统计任务。

（3）基层单位的统计组织。包括乡镇统计组织或统计专业人员、企事业单位的统计组织或统计人员。地方各级政府根据统计工作的需要设置乡镇统计员。建立健全乡镇统计信息网络，其统计业务受县政府统计机构的领导。乡镇以下的统计工作由村民委员会指定专人负责。并接受乡镇统计员的业务指导。企事业单位根据统计任务的需要设立统计机构，或在有关机构中配备统计人员。并在业务上受所在地方政府统计机构的指导，负责执行本单位的统计任务。

总之，我国的统计组织系统是以政府统计部门为主体，纵贯中央—省市—县区—乡镇和企业，横联各业务主管部门，形成纵横交叉的统计网络体系。

三、统计的管理

（一）统计管理的职责

我国各级政府和各部门统计机构的职责如下：

(1) 国家统计局和地方各级政府统计机构的主要职责：制定统计调查计划、部署和检查全国或本行政区域内的统计工作；组织国家或地方统计调查、收集、整理、提供全国或本区域内的统计资料；统计分析国民经济和社会发展情况，实行统计监督，依照国务院规定组织国民经济核算；管理和协调各部门制定统计调查表和统计标准；管理国家或本行政区域的统计信息自动化系统和统计数据库体系；乡镇统计员会同有关人员负责农村基层统计工作，完成国家和地方布置的统计调查任务。

(2) 中央及地方政府各级业务部门的统计机构或统计负责人的主要职责：组织、协调本部门各职能机构的统计工作，完成国家和地方部署的统计调查任务，制定和实施本部门的统计调查计划，收集、整理、提供统计资料；统计分析本部门和管辖系统内企事业单位的计划执行情况，实行统计监督；组织协调本部门管辖系统内企事业单位的统计工作，管理本部门的统计调查表。

(3) 企事业单位的统计机构或统计负责人的主要职责：组织、协调本单位的统计工作，完成国家、部门和地方统计调查任务，收集整理、提供统计资料；统计分析本单位的计划执行情况、实行统计监督；处理本单位的统计调查表，建立健全统计台账制度，并会同有关机构或人员建立健全原始记录制度。

(二) 统计管理体制

我国实行统一领导、分级负责的统计管理体制。这种管理体制的基本特征是：统计业务由中央统计机构统一布置，各级统计机构负责组织本地区或本系统的统计调查工作。具体实施则通过两条途径：①各级政府统计机构承担社会经济基本情况的综合调查与统计；②各级政府业务部门附设统计机构负责对本系统全国业务状况作专项调查统计。

统一领导、分级负责的统计管理体制的基本要求是：

(1) 必须处理好集中统一与因地制宜的关系。一方面，要按照集中统一的原则进行调查、分析，提供统计资料，实行统计监督；另一方面，要考虑我国幅员辽阔，各地区经济文化发展不平衡，工作条件差别大的实际情况，在不影响全局的前提下，给各地区、各部门必要的灵活性。结合部门、地区的特点和具体情况开展统计工作。以调动各地区单位的积极性和主动性，也有利于全国统计任务的完成。

(2) 必须处理好国家统计与地方统计的关系。各地统计部门应力求保质、按时完成国家规定的各项统计任务的前提下，积极开展本地区的统计工作，使统计工作更好地为本地区的社会经济发展服务。

(3) 必须处理好综合统计与专业统计的关系。国家综合系统统计反映国家和地区的社会经济发展情况，它并不能代替各业务部门为开发自己业务所需要的统计工作。因此，在国家综合统计与专业统计的关系上应明确分工、相互衔接。各专业部门应在国家集中统一原则下，完成国家和地方的统计任务，并根据本部门业务发展的需要，积极开展专业统计工作。而且，专业统计制度、计算方法、分类目录等，不得与国家的统一规定相抵触，专业统计还应尽可能地利用国家基本统计项目，避免重复。

(4) 必须加强国民经济核算的协调和标准化工作。国民经济核算由统计核算、会计核算和业务核算三种制度组成。由于不同的部门制订并执行不同的核算制度，所以存在核算范围、指标含义、分类标准、计算方法等许多方面的差异。因此，应建立全国统一的国民经济核算制度，对统计、会计、业务等核算制度进行协调，使之相互衔接，以提高资料的通用性和经济信息的有效利用，这也是统计管理体制需要改革和完善之处。

习 题 一

一、判断题

1. 社会经济统计的研究对象是社会经济现象总体的各个方面。（ ）
2. 大量观察法，是指必须对研究对象的所有单位进行调查。（ ）
3. 总体的同质性是指总体中的各个单位在所有标志上都相同。（ ）
4. 个人的工资水平和全部职工的工资水平，都可以称为统计指标。（ ）
5. 对某市工程技术人员进行普查，该市工程技术人员的工资收入水平是数量标志。（ ）
6. 社会经济统计学的研究对象是社会经济现象的数量方面，但它在具体研究时也离不开对现象质的认识。（ ）
7. 品质标志表明单位属性方面的特征，其标志表现只能用文字表现，所以品质标志不能直接转化为统计指标。（ ）
8. 品质标志说明总体单位的属性特征，质量指标反映现象的相对水平或工作质量，二者都不能用数值表示。（ ）
9. 某一职工的文化程度在标志的分类上属于品质标志，职工的平均工资在指标的分类上属于质量指标。（ ）
10. 总体单位是标志的承担者，标志是依附于总体单位的。（ ）

二、单项选择题

1. 社会经济统计的研究对象是（ ）。
   A. 抽象的数量特征和数量关系； B. 社会经济现象的规律性；
   C. 社会经济现象的数量特征和数量关系； D. 社会经济统计认识过程的规律和方法。
2. 构成统计总体的个别事物称为（ ）。
   A. 调查单位； B. 标志值；
   C. 品质标志； D. 总体单位。
3. 对某城市工业企业未安装设备进行普查，总体单位是（ ）。
   A. 工业企业全部未安装设备； B. 工业企业每一台未安装设备；
   C. 每个工业企业的未安装设备； D. 每一个工业企业。
4. 标志是说明总体单位特征的名称（ ）。
   A. 它有品质标志值和数量标志值两类； B. 品质标志具有标志值；
   C. 数量标志具有标志值； D. 品质标志和数量标志都具有标志值。
5. 总体的变异性是指（ ）。
   A. 总体之间有差异；
   B. 总体单位之间在某一标志表现上有差异；
   C. 总体随时间变化而变化；
   D. 总体单位之间有差异。
6. 工业企业的设备台数、产品产值是（ ）。

A. 连续变量；　　B. 离散变量；
C. 前者是连续变量，后者是离散变量；　　D. 前者是离散变量，后者是连续变量。

7. 几位学生的某门课成绩分别是 67 分、78 分、88 分、89 分、96 分，“学生成绩”是（　　）。

A. 品质标志；　　B. 数量标志；
C. 标志值；　　D. 数量指标。

8. 下列指标中属于质量指标的是（　　）。

A. 社会总产值；　　B. 产品合格率；
C. 产品总成本；　　D. 人口总数。

9. 指标是说明总体特征的，标志是说明总体单位特征的，（　　）。

A. 标志和指标之间的关系是固定不变的；
B. 标志和指标之间的关系是可以变化的；
C. 标志和指标都是可以用数值表示的；
D. 只有指标才可以用数值表示。

10. 统计指标按所反映的数量特点不同可以分为数量指标和质量指标两种。其中数量指标的表现形式是（　　）。

A. 绝对数；　　B. 相对数；
C. 平均数；　　D. 百分数。

三、多项选择题

1. 要了解某地区的就业情况（　　）。

A. 全部成年人是研究的总体；　　B. 成年人口总数是统计指标；
C. 成年人口就业率是统计标志；　　D. 反映每个人特征的职业是数量指标；
E. 某人职业是教师是标志表现。

2. 统计研究运用的方法包括（　　）。

A. 大量观察法；　　B. 统计分组法；
C. 综合指标法；　　D. 演绎法；
E. 归纳法。

3. 社会经济统计学研究对象的特点可概括为（　　）。

A. 社会性；　　B. 大量性；
C. 总体性；　　D. 同质性；
E. 变异性。

4. 在全国人口普查中（　　）。

A. 全国人口总数是统计总体；　　B. 男性是品质标志表现；
C. 人的年龄是变量；　　D. 每一户是总体单位；
E. 人口的平均年龄是统计指标。

5. 在工业普查中（　　）。

A. 工业企业总数是统计总体；　　B. 每一个工业企业是总体单位；
C. 固定资产总额是统计指标；　　D. 机器台数是连续变量；
E. 职工人数是离散变量。

6. 下列各项中，属于统计指标的有（ ）。

A. 2010 年全国人均国内生产总值；
B. 某台机床使用年限；
C. 某市年供水量；
D. 某地区原煤生产量；
E. 某学员平均成绩。

7. 下列统计指标中，属于质量指标的有（ ）。

A. 工资总额；
B. 单位产品成本；
C. 出勤人数；
D. 人口密度；
E. 合格品率。

8. 下列各项中，属于连续型变量的有（ ）。

A. 基本建设投资额；
B. 岛屿个数；
C. 国民生产总值；
D. 居民生活费用价格指数；
E. 就业人口数。

9. 总体、总体单位、标志、指标间的相互关系表现为（ ）。

A. 没有总体单位就没有总体，总体单位离不开总体而存在；
B. 总体单位是标志的承担者；
C. 统计指标的数值来源于标志；
D. 指标是说明总体特征的，标志是说明总体单位特征的；
E. 指标和标志都是用数值表示的。

10. 某企业是总体单位，数量标志有（ ）。

A. 所有制；
B. 职工人数；
C. 月平均工资；
D. 年工资总额；
E. 产品合格率。

四、简答题

1. 简述品质标志与数量标志的区别。
2. 简述统计指标与统计标志的区别与联系。
3. 举例说明标志与标志表现的区别。

第二章　统计设计和统计调查

统计作为认识数量方面的一门科学，它对社会经济现象进行研究时，首先对所研究的社会经济现象进行统计设计和调查，收集原始统计资料，这是统计工作的开始。

第一节　统计设计概述

一、统计设计的概念和意义

（一）统计设计的概念

统计设计是根据统计研究对象的性质和研究目的，对统计工作各个方面和各个环节通盘考虑和安排，制订各种设计方案的过程。统计设计是统计工作的第一阶段，进行任何统计工作都必须从统计设计开始。这里的统计工作各个方面，是指统计研究对象的各组成部分。就工业企业生产经营活动而言，包括人力、财力和物力，供应、生产和销售；就整个社会经济发展来说，包括人口、环境、资源等条件和生产、分配、流通、消费等扩大再生产过程，以及政治、文化、教育、科技、卫生、体育等社会活动。统计工作的各个环节，是指统计工作具体进行时的各个阶段，包括统计资料的收集，统计资料的汇总与整理，统计资料的分析研究、提供、保存和公布等。

任何一项统计工作，都会涉及相互联系的许多方面和诸多环节，均需要事先进行通盘考虑和适当安排，以使统计工作能够有秩序地、顺利地进行，避免出现差错，以取得最佳结果。

统计设计的结果，往往表现为各种设计方案，例如，统计指标体系，统计分类目标，统计调查方案，统计汇总和整理方案，统计分析提纲等。

（二）统计设计的意义

统计设计作为一个独立阶段，是由社会经济发展和统计研究的进步所决定的。只有通过统计设计，才能保证统计工作协调、统一、顺利地进行，避免统计标准不统一；只有通过统计设计，才能按需要与可能，分清主次，避免重复和遗漏，采用各种统计方法，使统计工作有秩序地进行。

二、统计设计的种类

从不同的角度，采用不同的分组标志，可以对统计设计作如下三种分类。

(1) 按统计设计所包括的统计研究对象的范围，可分为整体设计和专项设计两类。整体设计，是从统计研究对象的整体出发，对整个统计工作进行的全面设计。所谓对象的整体，是指研究对象所涉及的范围，范围可大可小。例如，可以把整个国家的社会经济发展情况作为一个整体，也可以把一个省的经济和社会发展情况作为一个整体或把一个企业或一个学校作为一个整体。对这些对象的统计设计，都可以看做是整体设计。

专项设计，是从统计研究对象的某一组成部分出发，对其某一项具体统计工作所作的统计。专项设计所涉及的规模也可大可小。例如，对全国个体经济发展情况的统计设计，对全国农业生产调查的统计设计等，都是全国规模的专项设计。而如果对一个企业内部人、财、物的各项专题统计研究的设计，则是小范围内的专项设计。

整体设计和专项设计是相对而言的，随着统计研究目的的变化而变化。例如，对于反映全国规模的经济和社会发展情况的统计设计来说，全国范围内的交通运输统计的设计则是专项设计，因为交通运输只是经济和社会发展情况这个总体中的一个组成部分，它的设计方案，应当和其他专项设计，如农业、建筑业等统计的设计方案相协调。但在专门研究交通运输的情况时，则交通运输统计的设计就成为整体设计，而对它的各个组成部分，如航空、海运、公路、铁道、管道等的统计设计则是专项设计。

整体设计和专项设计比较，整体设计是主要的。因为统计研究的目的是认识社会经济现象总体，所以专项设计应该在整体设计的基础上进行，应该服从整体设计的统一安排，并在整体设计的统一要求下，进行适当的调整或重新考虑原来的设计。就专项设计而言，无论其总体范围、指标口径、分类目录、计算方法等，都应该以整体设计为准。

（2）从统计设计所包括的阶段看，可分为全阶段设计和单阶段设计两类。全阶段设计，是对统计工作所经历的各个阶段的全面设计，是对统计指标体系的设置、统计调查、统计整理、统计分析等各个工作环节的通盘安排。

单阶段设计则是对统计工作过程中某一阶段的设计，如统计调查的设计，统计整理的设计，统计分析的设计等。

无论是整体设计还是专项设计，都有全阶段设计和单阶段设计。例如，交通运输业的整体设计，既要把交通运输业作为一个整体认识对象予以通盘安排，也要根据需要和可能对调查方法、整理方法、分析内容和方法等作出安排。当然，整体设计的全阶段设计和单阶段设计，只能是粗线条的，只能是一个大体的安排，不可能十分细致，而专项设计的全阶段设计和单阶段设计，则要作出比较细致、完整的安排。无论整体设计和专项设计的全阶段设计或单阶段设计，都需要逐步修改，不断完善。

全阶段设计和单阶段设计相比较，全阶段设计是主要的，单阶段设计要在全阶段设计的基础上进行，并且服从全阶段设计的安排。许多统计工作往往在实际进行之前，就已经做好了相当完整细致的全阶段设计。例如，全国的人口普查工作，在设计准备阶段就已经对全部过程和各个环节做了相当周密的通盘考虑和妥善安排。

全阶段设计和单阶段设计，它们各有分工。全阶段设计侧重于安排各个阶段的联系与衔接，安排整个工作进程的协调和统一；而单阶段设计则侧重于安排工作的步骤和方法，具体地安排工作的进度与细节。

（3）从统计设计所包括的时期来看，可分为长期设计和短期设计两类。长期设计，是对较长时期的统计工作的设计，例如，5 年以上统计工作的安排等。短期设计，是对较短时期的统计工作的设计，通常是对 1 年、半年或一个季度的统计工作的安排。

长期设计和短期设计，实质上是不同时期的统计工作规划，主要确定一定时期内统计工作的发展方向、工作内容、需解决的重大问题等。例如，我国统计工作中的“1986～1990 年统计工作改革要点”等，即属于长期的统计设计，而“1986 年统计工作要点”则是短期的统计设计。在这两类设计中，长期设计是主要的，短期设计要服从长期设计。但短期设计也不能忽视，因为长期设计还要通过短期设计来实现。

三、统计设计原则

统计设计必须坚持以马克思主义、毛泽东思想为理论指导，从我国实际情况出发，吸收国际上先进的统计科学成果，以适应国家社会经济管理现代化的需要。具体说来，进行统计设计应遵循下列基本原则。

（一）目的性

统计设计的目的性，就是指进行任何一项具体的统计设计时，应该紧紧围绕该项统计所要反映和研究的特定对象的性质特征，确定整个统计设计的各个方面和各个环节的具体内容。从总的方面来说，统计设计的根本目的在于使统计工作更有效地运用统计的理论和方法来反映和研究国情。

（二）科学性

统计设计的科学性，就是指统计设计所涉及的各项内容，在理论上必须要有科学的依据，要有正确的统计科学理论作指导，这样才能保证客观地收集资料，作出准确的描述，并加以分析和应用。所以只有使统计设计科学化，才可以使统计工作充分发挥作用。

（三）现实性

统计设计的现实性，就是指统计设计必须充分体现需要与可能相结合的要求。而所谓体现可能的要求，是指进行统计设计时，要从具体历史条件的实际出发，考虑社会经济的管理水平，统计部门现有的力量，原始资料的来源以及所需财力、物力的可能性等因素。

四、统计设计内容

统计设计所涉及面非常广泛，包括整个统计工作过程的全部内容。然而，许多内容不可能在统计工作开始阶段就能设计妥当，要根据工作的进程适当地进行调整和充实。而且，统计设计的内容又由于设计的种类不同而有所不同。尽管如此，它们却有许多共同之处。一般地说，按认识对象范围划分的整体设计和专项设计，只有范围大小之差，其设计内容类似。按工作阶段划分的全过程设计和单阶段设计的内容也大致相同，只是详略有别。这里仅就统计设计一般属于共性方面的内容，作一概略的说明。

（一）明确规定统计研究的目的和任务

统计设计的首要环节是明确规定统计研究的目的和任务，这是确定统计内容和方法的出发点。目的不明，任务不清，就无法确定研究什么和怎样研究。其结果可能不是当前迫切需要的，而迫切需要的却得不到充分反映。所以，明确规定统计研究的目的和任务是设计的首要问题。

明确规定统计研究的目的和任务，要考虑以下几方面的需要和要求：

（1）根据党的方针、政策和当前政治经济任务的需要，抓住现实生活中最重要的迫切问题；

（2）从统计工作的整体出发，立足于整个国民经济综合平衡研究的需要；

（3）根据制订和检查有关计划和宏观调控与微观管理的需要；

（4）从统计研究对象的客观实际出发，将需要与可能结合起来，通盘考虑，科学地规定。

（二）确定统计指标和统计指标体系

统计指标和统计指标体系是认识客观事物的工具，也是统计设计的中心内容。不论整体设计或专项设计，也不论全过程设计或单阶段设计，都要解决统计指标和统计指标体系的设计问题（详见本章第二节）。

（三）制订统计调查方案

为了保证在调查过程中统一认识，必须制订统计调查方案。这是统计设计的重要内容。（具体内容参见本章第四节）

（四）确定统计分类和分组

与统计指标和统计指标体系相联系，确定统计分类和分组也是统计设计的重要内容。这里说的分类和分组，指的是社会经济现象本身的分类和分组。例如，生产资料所有制的分类，国民经济部门分类，城乡分类，人口的职业分类，人口按年龄的分组，家庭按平均每人收入的分组，等等。

统计分类是一件很重要的工作。有些统计分类是很复杂的，需要统计设计人员具有广博的理论和实践知识。

（五）研究设计统计表

为了科学有序地表现统计资料，必须根据统计研究的任务，设计统计表（详见第三章）。

（六）制订统计整理方案

制订统计整理方案是统计设计的重要内容之一。制订整理方案实际上也就是制订统计汇总方案。一般说，它的基本内容，在统计调查之前就要确定下来，它要求根据统计分析的需要，设计统计汇总的具体内容，对整个汇总过程做出统一的安排。

（七）确定统计分析研究的内容

在整个统计工作过程中，统计分析研究，一般是在统计资料整理之后，但在统计设计过程中，对统计分析研究内容的考虑，通常是放在明确统计目的、任务，并确定统计指标、指标体系及分类分组体系之后。同时，统计分析研究内容的确定，还可以进一步对既定的统计指标和指标体系起核查校对作用。统计指标及其体系如不能满足统计分析研究的要求，可以修改和充实。统计分析研究内容的设计，最主要的是科学地选定分析研究的题目，确定分析方法。

统计分析的设计要考虑分析结果的表达形式。它可以是比较系统的书面分析报告，也可以是简明扼要的文字说明，还可以是鲜明生动的图表。这要根据统计指标的性质和服务对象来确定。

（八）规定各个阶段的工作进度和时间安排

就某一项统计工作而言，其过程也是由若干个阶段和许多小环节及细节构成的。在设计时，要对它们严格规定。例如，在统计调查阶段，包括资料登记、复查、质量抽查等工作；在统计整理阶段，包括资料审核、汇总等工作；在分析提供阶段，包括资料的公布、报告等工作，这些都要规定完成的期限。为使各个阶段、各个环节的工作能够互相衔接、相互联系、协调配合，顺利地进行，按时、保质、保量地完成，还要设计出“工作进度图”、“统筹图”、“流程图”，具体规定明确的起止日期。

（九）考虑各部门和各阶段的配合与协调

仅仅制订了统一的指标体系和统计分类、分组还不够，因为各级、各部门对统计指标的口径、分类粗细等要求不同。为了满足各方面的要求，必须考虑如何处理这些问题。

在统计工作全过程中，统计调查、统计整理和统计分析是互相联系的环节，不同的指标有不同的收集资料的方法，不同的时间要求，从而也就有不同的整理方法。而这些又取决于统计分析研究的目的和内容。因此，整体设计虽然不能完全代替阶段设计，但是需要考虑到各个阶段之间的关联。

（十）统计力量的组织与安排

统计力量的组织和安排是保证统计工作顺利进行的一个重要的统计设计内容。就广义而言，它包括专业统计机构的组织，包括统计机构与领导机关和其他业务机构的关系，包括非统计机构中统计活动和各种业务资料的利用。也就是说，包括统计机构与非统计机构的整个统计力量的组织和安排。

就狭义而论，统计力量的安排，则指专业统计机构的组织和统计力量的安排。就是说，如何组织专业统计机构，各项工作如何分工，各安排多少人，各负什么职责，怎样既有分工又有合作，是否有必要定期轮换，等等。

第二节　统计指标和指标体系的设计

统计研究社会经济现象总体的数量方面，是通过统计指标和指标体系来进行的。所以统计指标和指标体系的设计就是统计设计的中心内容。

一、统计指标的种类

统计指标是认识社会经济现象的重要工具。为正确掌握指标，对统计指标加以分类是非常必要的。对统计指标可以从不同角度进行分类，现择其主要说明如下。

（1）统计指标按其表现形式可以分为总量指标、相对指标和平均指标。总量指标是反映社会经济现象规模、水平或总量的指标，其数值表现为绝对数。相对指标是表明两个有联系的统计指标数值之比，是反映数量关系的指标，其数值表现为相对数。平均指标是同质总体内标志总量与总体单位数相除的结果，表明总体各单位标志值的一般水平的指标。

（2）统计指标按其说明的总体现象的内容不同，可以分为数量指标和质量指标。数量指标是反映社会经济现象的规模大小或数量多少的统计指标，一般表现为总量指标、绝对数。如人口数、企业数、商品销售额等。质量指标是说明总体性质和数量关系，表明总体的内部构成、比例、发展变化速度和一般水平的指标，一般表现为相对指标和平均指标，其数值表现为相对数和平均数。例如，人口的性别构成、出生率、死亡率、人口密度、职工平均工资、单位面积粮食产量等。

（3）统计指标按其反映事物的性质不同，可分为实体指标和行为指标。实体指标是指它所反映的事物具有实物形态，是客观存在的事物的量的特征。如产品产量指标、劳动者人数指标、固定资产价值指标，等等。行为指标是指它所反映的是某种行为的量的特征。如设备故障事故、人员工伤事故、违法犯罪行为指标等。

二、统计指标设计的具体内容

（1）确定指标的概念，即指标的名称、内涵和外延。指标的内涵是指事物本质属性的反映，只有对总体本质属性作科学的分析和如实的反映，才能明确指标概念的科学内涵。而指标的外延是指确定指标体系计算的范围。它应当最大限度的反映指标体系概念的实质含义。

（2）确定指标的计算方法和计量单位。在明确了统计指标概念之后，就需要确定其计算方法和计量单位，有了科学的指标概念，但如果没有科学的计算方法和计量单位与之对应，也不可能得到准确的统计指标值。在考虑一个统计指标的计算方法和计量单位时，首先要将这个指标所反映的现象的实质搞清楚，在此基础上才能够确定应该采用什么计算方法和计量单位。

(3) 确定统计指标计算的空间标准和时间标准。空间标准就是计算指标的空间范围，如地区范围、系统范围等。时间标准包括时期标准和时点标准。时期标准即指标计算的起止期限，时点标准即指标值所属的标准时刻。统计指标计算的空间标准和时间标准，应该根据所反映的现象本身的特征来确定。

三、统计指标体系的概念和种类

(一) 概念

统计指标体系是由一系列相互联系、相互制约的统计指标所组成的整体。一个指标只能表示社会经济现象某一总体特征或某一侧面的情况。为了全面地、系统地反映社会经济现象总体各方面的数量特征，就必须设计科学的指标体系。只有用统计指标体系，才能从各个方面的相互联系中反映总体的全面情况。例如，考核一个工业企业的生产经营情况，就要设置包括人、财、物和产、供、销等方面活动的一系列指标。这样才能认识生产经营活动的全貌，做出正确评价。

由于统计指标体系是由一系列相互联系的统计指标组成的整体，所以统计指标体系具有成套性特点，统计指标体系不是单个指标简单组合，而是相互联系、相互制约、系列的成套指标。统计指标体系还具有适用性特点，即统计指标体系不能脱离实际，要切合实际需要，与统计任务要求相适应。它并非繁多指标的随意结合，而是根据统计任务需要建立的。

(二) 种类

社会经济统计指标体系可以从不同的角度进行分类。

(1) 按指标体系的内容不同，可以分为社会统计指标体系、经济统计指标体系、科技统计指标体系。社会统计指标体系是从社会生活角度出发，反映以人们物质文化生活为中心的社会活动现象和发展趋势，它由社会人口、社会生活、社会发展、社会结构、社会问题等统计指标所构成。

经济统计指标体系由反映国民经济运行过程，即物质产品和劳务的生产、分配、交换、消费的全过程，以及国民经济活动的规模、水平、比例、结构等数量特征和发展变化趋势的一系列统计指标所组成。

科技统计指标体系由反映科学技术发展水平、发展变化情况，以及科学技术发展的各种条件的统计指标所形成。

(2) 按指标体系所设计的范围不同，可以分为微观指标体系和宏观指标体系。微观指标体系是反映一个企业、一个乡镇、一个农户、一个家庭的基本情况的指标体系。

宏观指标体系是反映全社会、全国工业、全国农业、全国商业等活动情况的指标体系。

(3) 按指标体系的作用不同，可以分为基本统计指标体系和专题统计指标体系。基本统计指标体系由反映国民经济和社会发展的基本情况的一些重大指标所组成。它可以分为三个层次：第一层次是反映整个国民经济和社会发展情况的统计指标体系。它是粗线条的，是从宏观角度来反映社会经济状态的。第二层次是反映各个地区和各个部门情况的统计指标体系，这是第一层次统计指标体系横向分支和纵向分支。它是连接第一层次和第三层次统计指标体系的桥梁。第三层次是基层统计指标体系，也就是各个企事业单位及家庭的统计指标体系。它是整个社会经济统计工作的基础。这一层次的统计指标体系具有双重任务，既要为本单位或本企业的管理提供服务和监督，又要符合地区的、部门的乃至整个国民经济和社会发展统计指标体系的要求。

专题统计指标体系是针对某一专门问题而研究制订的统计指标体系，是为了分析研究某种专门问题而特地设计的。例如，经济效益统计指标体系、人民生活统计指标体系、能源问题统计指标体系等。

四、统计指标体系设计原则

设计统计指标体系应遵循如下基本原则：

（一）科学性原则

科学性原则要求以正确的、科学的理论作指导，以客观事物内部及事物之间的本质联系为依据，使设计的统计指标体系符合统计研究对象本身的特点。无论指标名称、含义还是计算方法，都要充分考虑科学性，以求能正确反映客观事物内部及其彼此之间的数量关系。例如，建立反映国民经济活动总量指标体系，就应该以马克思主义再生产理论为基础，既要正确区分物质生产劳动与非物质生产劳动，又要全面核算社会劳动的投入与产出的情况，这样才有可能建立起描述国民经济运行过程的科学的指标体系。

（二）目的性原则

设计任何一个指标体系，应当明确究竟要解决什么问题，达到什么目的。只有明确了目的，才可以确定选择哪些指标进行观察和考核，哪个指标作为核心指标，怎样确定指标的计算方法。例如，设计社会统计指标体系，其目的是从社会生活角度出发，反映以人们物质文化生活为中心的社会活动现象和发展趋势。因此，在具体考虑这个指标体系内容时，就应紧扣人们物质文化生活这个中心来取舍有关的指标，确定指标之间的主辅关系。

（三）整体性原则

任何一个统计指标体系都是由一系列指标组成的有机整体，即在统计指标体系内各项具体指标之间应是相互联系、相互依赖、相互补充的关系，彼此之间应该协调一致。这样才可以充分发挥指标体系的整体功能。例如，在设计国民经济总量指标体系时，应该考虑由生产、分配、流通、使用等环节的统计指标组成一个有机整体。但由于对生产的概念的理解有宽、窄之分，因此，如果生产成果只核算物质产品，那么分配、流通、使用的指标也应围绕物质产品考虑，如果生产成果包括产品和劳务，那么分配、流通和使用的指标也要采用宽口径确定。这样的设计才能体现整体性原则。只有遵循了这一原则，才能设计出科学的、统一的、协调的统计指标体系。

（四）统一性原则

统计指标体系的统一性原则，主要是指计划、会计、业务的核算与统计核算之间的关系，要求这四种核算在指标口径、分类标准和计算方法等方面应该协调一致。统计为管理服务的一个重要方面，是为制订计划提供资料及检查监督计划的执行情况。计划对于统计的关系最密切，因此这两者在指标口径、分类标准和计算方法等方面就必须一致，否则就无法利用。

由于统计核算是全面性的、总体性的核算，比会计核算和业务核算的范围更广，内容更多。它要利用会计核算和业务核算的资料来进行，所以会计核算、业务核算在满足自己业务要求的同时，也需要充分考虑到统计的要求。而统计指标体系设计时，也应充分考虑会计、业务核算的现状和特点。

(五) 可比性原则

统计指标体系设计的可比性原则主要有三层含义。首先，要充分注意各地区、各部门的一致性和不同时期的相对稳定性；其次，要妥善解决指标口径和计算方法的前后统一的问题；再次，在改变或修订任何一个统计指标体系时，要慎重考虑前后期指标的对比问题，这里包括重要统计指标更换替代的方法，以及新旧统计资料的衔接方法等。

上述是统计指标体系设计一般原则，在具体设计时，要充分考虑实际情况的复杂性。实际工作中，常常不是指标体系的重新设计，而是对原有指标体系的改进，即使如此，也必须遵守上述原则。

第三节 统计调查概述

一、统计调查的概念、意义、要求

(一) 统计调查的概念

统计调查是按照统计设计所预定的目的和要求，运用各种调查的组织形式和方法，有组织、有计划地收集统计资料的工作过程，具体地说，就是登记总体各个单位的变异、变量，收集总体单位个别属性和特征的原始资料和有关情况。统计调查是统计工作的第二阶段。统计调查除收集原始资料外，也收集次级资料，即经过以往加工整理过的资料。但主要是收集原始资料，因为一切次级资料都从原始资料过渡而来。

(二) 统计调查的意义

通过调查所取得的原始资料是统计整理和分析的基础。原始资料的质量在很大程度上决定了整个统计工作的质量，正像工业企业原材料的质量在很大程度上决定成品的质量一样。如果统计调查工作做得不好，资料残缺不全或有错误，以后就很难弥补和纠正。统计调查是取得真实数字的基本环节，它对保证和提高统计工作的质量有着重要意义。

强调统计调查的重要性，并不意味着其他阶段不重要。如果原始资料质量很好，整理和分析不按科学的原则和方法进行，同样不会得出正确的结论。统计工作的四个阶段是不可分割的，其中有一个环节脱落，整个工作就要受到极大的影响。

(三) 统计调查的要求

调查主要是收集各种原始资料。因此如何保证原始资料的高质量，是统计调查的中心问题。原始资料的高质量有四个标准：准确性、完整性、及时性和系统性。这也是统计调查的基本要求。

(1) 准确性。准确性是指各项原始资料必须真实可靠，符合客观实际。它是保证统计调查工作质量的主要标志。只有原始资料真实可靠，才能对问题作出正确判断，得出科学结论。统计资料的失实有多方面原因，如新参加工作的统计人员对业务不熟悉，少数统计人员对工作不负责任，听从长官意志，有意虚报、瞒报。因此要教育广大统计人员努力学习统计业务，发扬对工作高度负责的精神，坚持实事求是原则，力求做到如实反映情况，与虚报、瞒报、弄虚作假的现象作斗争，保证统计资料的准确性。

(2) 完整性。完整性是指各项原始资料全面、系统，尽可能反映事物的全貌和全过程。残缺不全的资料会给整理工作带来困难，也会使分析研究工作不能正常进行。资料是否全面，一般包括以下几个方面：①是否包括全部应调查的单位；②是否包括全部应登记的标志；③是否全部问题都有答案。

（3）及时性。及时性是指及时完成调查任务，上报统计资料，及时满足党政领导的需要。统计调查一般都规定调查任务的完成期限，调查资料的报出日期。一般来说，统计是一种事后计量的工作，必须尽快争取时间，提高资料的时效性。如果资料真实可靠、全面系统，但提供不及时，也会降低资料的使用价值，犹如雨后送伞，起不了应有的作用。统计资料的及时性也是一个全局性的问题，只要有一个调查单位的资料上报不及时，就会影响到全面的汇总工作。所以每个调查单位都要增强全局观念，遵守统计制度和纪律，及时上报资料，保证综合部门能够及时完成统计工作。

（4）系统性。系统性是指收集的资料有条理，合乎逻辑，不杂乱无章，便于汇总。为了做到统计调查的准确、完整及时和系统性的基本要求，在实际工作中，除坚持实事求是的原则外，还必须采取一系列必要的措施：

1）健全统计机构，充实并稳定统计队伍，加强对他们的培训。

2）建立和健全企业的计量和统计制度，切实加强统计的基础工作。

3）建立和制订各种切实可行的原始记录、统计台账、过录表和厂内报表等环节的工作细则和责任制。

4）做好统计数字的质量检查工作。

总之，统计调查所取得的原始资料，要保证准确完整、及时，做到既好又快，尽可能把差错消灭在基层。但在每一次统计调查的实践中，可以根据具体情况，对准确、完整、及时的要求灵活掌握，不要不分具体时间、地点，一律都作同等要求。我们既反对“机械求全、绝对求准”的片面观点，也反对不顾质量和不负责任的错误做法。

二、统计调查的种类

社会经济现象是复杂的，调查对象是千差万别的，统计研究的任务是多种多样的。因此，在组织统计调查时，应根据不同调查对象和调查目的，灵活采用不同的调查方式、方法。根据不同情况，统计调查可分为不同的类别。

（一）按组织形式分类

统计调查的组织形式是指采取什么方式组织调查以取得统计资料。在我国统计调查的组织形式分为统计报表制度和专门调查两种。

统计报表制度是各企事业单位以原始记录为基础，按一定的表格形式和时间顺序，自下而上地定期提供统计资料的一种调查方式。统计报表的内容一般包括计划范围内的国民经济的基本指标，以及国家或上级主管部门所要求的指标及其进度。统计报表制度能为编制和检查计划、制定方针政策、指导日常工作等提供资料，是社会主义国家统计调查的基本组织形式。

专门调查是为了一定目的，研究某些专门问题所组织的一种调查方式。专门调查的内容一般包括非计划对象，或者某些变动不大的计划对象。它对了解国民经济状况，实行科学管理，编制长期规划来说也是非常必需的。专门调查有普查、重点调查、典型调查、抽样调查等。其中重点调查和典型调查有时也可通过报表取得资料。专门调查是社会主义国家经常采取的另一种统计调查的组织形式。

有关统计报表制度和专门调查的内容将在后面详细阐述。

（二）按调查对象的范围分类

统计调查按调查对象所包括范围的不同，分为全面调查和非全面调查。

全面调查就是对被调查对象的全部单位进行调查。例如要掌握全国人口数及其构成，需对全国每一个居民进行调查；要统计全国工业总产值，需对全国所有工业企业进行调查。各种普查，诸如人口普查、牲畜普查、工业普查、贸易企业普查等都是全面调查。我国的统计报表制度，在它的实施范围内，包括了全部应填报的企事业单位，因此，也属于全面调查。

非全面调查就是对被调查对象的一部分单位进行调查。例如，要了解职工的生活水平，只需调查部分职工家庭；要掌握企业某产品的质量，只需检验其一部分产品；要研究某种新技术、新经验的推广情况，也只需深入调查少数几个单位即可。非全面调查有重点调查、典型调查和抽样调查等。

全面调查固然十分重要，但是非全面调查也绝不能忽视。在某种场合下，非全面调查有它的特殊意义。非全面调查由于调查单位少，可作深入细致地调查，可节省人力、财力、物力，缩短调查时间，因而能提高资料的准确性和时效性。一般来说，如果用非全面调查可以满足调查任务的要求，则尽可能不要采用全面调查。有时全面调查和非全面调查可以结合运用，能更充分发挥统计的作用。

（三）按登记事物的连续性分类

统计调查按登记事物连续性的不同，分为经常性调查和一次性调查。

经常性调查是对被研究对象随时间的变化而进行连续不断地登记，以取得这些现象在一段时期内发展过程的指标。如工业产品产量，主要原材料、燃料和动力消耗，商品销售额，货运量等这些指标每日、每月、每季都发生较大的变化，必须进行经常性的调查。经常调查的资料可用来反映国民经济的动态，检查监督计划执行情况，并可满足经济管理和指导生产的需要。它在统计中占有重要的地位。统计报表制度属经常性调查。

一次性调查是对被研究对象每隔一段时间进行不连续的一次性的登记，以取得这些现象在一定时点上状态的指标。它一般用于对人口、劳动力、劳动对象及生产设备的调查，如人口数及其构成、企业数、职工人数、固定资产数量、原材料库存等指标在一定时间内变动不大，只需采取一次性调查即可。一次性调查又可分定期和不定期两种。

三、统计调查的收集资料方法

（一）直接观察法

直接观察法是指调查人员亲自到现场对调查单位的调查项目直接清点、测定、计量，以取得资料的一种统计方法。如为了及时了解农作物产量而进行农产量抽样调查时，调查人员亲自参加抽选样本、实割、实测、脱粒、晾晒、保管、过秤计量；为了解工业企业期末的在制品数量，调查人员深入到生产现场进行观察、计数、测量，等等。直接观察法取得的资料，具有较高的准确性。但需要大量的人力、物力、财力和时间。因此，它的应用受到很大限制。

（二）采访法

采访法就是根据被询问者的答复来收集资料的方法。它又可分为口头询问法、开调查会、被调查者自填法。口头询问法是由调查员对被调查者逐一询问来收集资料。它的优点是调查员对调查项目有统一的理解，可当场解释问题、纠正错误，保证资料的可靠性和一致性。缺点是需较多的人力和时间。我国人口普查采取询问法。开调查会是由调查员邀请熟悉情况的人员进行座谈。这种方法可使调查员深入实际、深入群众，与有经验的人员当面交谈和讨论，把调查过程和商讨过程结合起来，因而能取得各项较为满意的、丰富的数字和情况。被调查者自填法是由调查员把调查表分发给被调查者，说明填表要求、方法及应注意的事项。被调查者按表中的项目如实填写，调查人员按时审核收回。这种方法节省人力和时间，但被调查者必须具有一定的文化程度，并取得他们的支持和配合，才能保证资料的质量。

（三）报告法

报告法就是要求被调查者根据统一的要求，填报调查资料的方法。我国现行的各企业、机关填报的统计报表就是采用这种方法。这种方法由于有统一的要求，并以原始记录作为填报资料的依据，所取得的资料具有较高的可靠性，适合同时进行大量单位的调查。但花费的人力、物力、财力和时间较多。

（四）问卷调查法

问卷调查法是为特定目的，采取问卷形式，由被调查者自愿、自由回答的一种采集资料的方法。通常是在初步分析调查对象的基础上，从调查对象总体中随机地或有意识地选择若干调查单位，发出问卷，要求被调查者在规定时间内以不记名（也可记名）方式反馈信息，经调查综合整理、分析，以形成对调查对象总体的认识，这种方法多用于主观指标的调查。如果运用得恰当，可以真实地了解民情民意。科学地进行问卷调查，必须精心设计，问题要简明扼要，填写答案不需花费多少时间，程序严密，保证做到为被调查者保密。在实施上，要尽量防止回答率或答案质量不高的问题。

（五）卫星遥感法

卫星遥感法是一种使用卫星高度分辨辐射技术，提供地面资料的方法，主要用来估计农作物产量。这种方法覆盖面较广，但时间要选择恰当。过早难以推算成熟前长时间内外界环境条件变化的影响；过晚则会失去产量与叶绿素含量相等的最高时期，同时还会增加识别小麦与其他绿色植被的困难。卫星遥感资料要与地面其他资料相印证，以便作出综合分析。地面资料包括类型、抽样、定点所形成的大面积监测网络资料；还包括统计、农业、气象、农业科研等部门以其他调查方法取得的资料。卫星遥感法运用得好，可以达到投入少、速度快、准确度高的要求。我国运用这种方法估计北方冬小麦产量已有十多年，取得了一定成绩，今后应进一步完善。

第四节　统计调查方案

统计调查作为一项系统工程，是一项繁重复杂、高度统一和严格的科学工作，应该有计划、有组织地进行。在着手调查之前应该制定一个周密的调查方案，使得调查过程有统一内容、统一认识、统一方法、统一步调。统计调查方案应确定以下几个方面的内容：调查目的、调查对象、调查项目、调查时间和调查的组织工作。下面分别加以说明。

一、确定调查的目的和任务

确定调查目的是任何一项统计调查方案首先要解决的问题。任何社会经济现象和过程都可以根据人们的需要，从不同方面、不同角度来收集材料。例如，对于农村经济情况既可以从农业生产方面来研究，也可以从农民消费方面来考虑，还可以从农产品生产成本、推广农业科技的经济效益等方面来研究。因此调查目的应尽可能规定得具体、明确，突出中心，否则，调查来的资料可能并不是需要的，而需要了解的情况，又得不到充分的反映。

二、确定调查对象和调查单位

有了明确的调查目的，就可以确定调查对象。调查对象就是适应收集其资料的许多单位的总体。统计总体在统计调查阶段称调查对象。调查对象由调查目的所确定。例如为了了解我国人口状况，调查对象是所有具有中华人民共和国国籍并在中华人民共和国境内居住的人。

确定调查对象时，还必须确定两种单位，即调查单位和报告单位。调查单位也就是总体单位，它是调查对象的组成要素，是调查对象所包含的具体单位。报告单位也叫填报单位，是调查对象的组成要素，它要求提交调查资料的单位一般是基层企事业组织。报告单位可能是企业、住户、职工、学生等。确定调查单位，使我们知道要了解的现象总体界限。确定报告单位，使我们知道要了解的有关资料所从属的人或物等要素，以便从那里登记这些资料。需要指出，调查单位与报告单位有时一致，有时不一致。例如进行工业设备普查，报告单位是工业企业，调查单位是各种设备。又如，在普查某种水果树的种植时，调查单位是每一棵果树，而报告单位是农户或国有农场等农业生产单位。显然，这两种调查的调查单位与报告单位是不一致的。当我们调查国有工业企业产品产量、成本、利税的情况时，调查单位与报告单位又是一致的。

正确地确定调查单位，具有重要的意义，因为它不仅影响被研究对象统计的完整性和准确性，而且关系到调查结果的正确性。不难想象，在我们调查研究工厂生产情况时，连最普通的工厂情况都不清楚，就无法统计工厂的确切数字，也不可能对工厂的产量等资料的收集进行加工整理，更不要说统计下一阶段工作如何进行。

三、确定调查项目，设计调查表式

（一）确定调查项目

统计调查必须确定具体的调查项目。调查项目又称调查纲要，就是依附于调查单位的基本标志，它完全由调查目的、任务和调查对象的性质特点所决定，包括由品质标志和数量标志所构成的标志体系。标志问题在第一章有过说明。通俗地说，调查项目就是一份在调查过程中应该获得答案的各种问题的清单。

制订调查项目是一件非常有意义而责任重大的工作。调查项目制订的正确程度如何，决定了整个工作的成效。调查项目的确定应以调查目的任务为依据，同时考虑到国家管理部门、经济部门和科学研究对统计资料的需要。在拟定调查项目时要注意以下三个问题：第一，所选择的项目必须是能够取得确切资料的。对于不必要或者虽然需要但没有可能取得资料的项目，就应该加以限制，以便获得虽然数量不多却无疑是可靠的材料。第二，调查的每一个项目应该有确切的含义和统一的解释，以免调查人员或被调查者按照各自不同的理解进行回答，使调查结果无法汇总。第三，各个调查项目之间尽可能做到互相联系、彼此衔接，以便从整体上了解现象的相互联系，也便于有关项目相互核对，提高调查资料的质量。还要注意现行的调查项目同过去同类调查项目之间的衔接，便于动态对比，研究现象的发展变化。

制订调查项目是件复杂的事情。制订者对调查对象及其特征应有非常深刻的认识，因此，调查项目应该由熟悉被研究现象本质的调查人员集体制订，经过反复讨论，达成共识。

只有这样，调查项目才能与实际相符，才能适应客观情况的变化，经得起实践检验。

（二）设计调查表式

调查项目确定之后，就要使用调查表。把诸多的调查项目用最精练的措词在框格中表现出来，以便于调查登记资料规范化、标准化。使用调查表又为下一段的统计整理提供极大的方便。使用调查表是由统计调查工作大量性、系统性的要求所决定的，它作为统计调查过程的基本手段，也是拟定调查方案的重要步骤。

调查表格一般有单一表和一览表两种形式。单一表是每个调查单位填写一份，可以容纳较多的项目。一个问题的调查不限于只使用一张表，可以视调查（单位）项目内容的多少，由若干张组成。一览表是把许多调查单位填列在一张表上，在调查项目不多时较为简便，且便于合计和核对差错。但在项目很多的情况下，一览表并不适用，因为势必产生调查表篇幅太大。

设计一张好的调查表不是很容易的事情，项目要少而精，项目的措词要毫不含糊，形式上还要让被调查者易填、易答。一个烦琐的、包罗万象、项目繁杂的调查表会使被调查者难以负担，精神疲劳，产生错答、拒答或不完整、随意回答的情况。所以，确定调查项目、设计调查表就应考虑到可能发生的登记性误差，防止误差的发生。

为了正确填写调查表，必须附加简明扼要的填表说明和项目解释。填表说明是用来提示填表时应注意的事项。项目解释则是为了说明调查表中某些标志的含义，包括范围、计算方法等，填表说明和项目解释必须根据国家制定的统一标准，以保证统计调查中采用的指标的含义、计算方法、分类目录和统计编码等方面的标准化，这是填报人员必须遵循的准则。

四、确定调查的时间和期限

统计调查应规定调查时间和调查时限。调查时间是调查资料所属的时间，即所谓的客观时间。如果要调查的是时期现象，调查时间就是资料所反映的起讫日期；如果调查的是时点现象，调查时间就是规定的统一的标准时间。调查时限是进行调查工作的期限，包括收集资料到报送资料的整个工作所需要的时间，即所谓主观时间。统计调查及时性就是要遵守这种时间。假定某企业 2010 年经济活动成果年报呈报时间规定在 2011 年的 1 月底，则调查时间为 1 年，调查时限为 1 个月。又如牲畜调查，按 1 月 1 日情况登记，持续 5 天，调查时间即 1 月 1 日这个标准时间，调查时限为 5 天。任何调查都应尽可能缩短调查时限。

五、调查的组织工作

在调查方案中，还必须研究确定调查的组织工作计划，使调查工作的进行有组织，措施上有保证。组织工作计划包括明确调查机构、调查地点，选择调查方法等问题。

调查机构，是准备和进行统计调查并对该项调查工作负责的组织、机关或单位。在我国根据调查的目的、任务、对象范围的不同，可以是国家统计局、省（市）统计局、业务主管部门的统计机构、各种社会团体。调查机构也有专门组织起来的非常设机构，如工业普查领导小组、人口普查办公室。在组织工作计划中，应规定各级调查机构的权利、职责和彼此之间的关系。

确定调查地点是指确定登记资料的地点。调查地点有时与调查单位的所在地是一致的，如企业的报表在企业所在地编制，调查地点有时与调查单位的所在地不一致，此时就发生在什么地点调查登记的问题。如人口普查登记常住人口，在每个居民的常住地点进行，如果普查时被调查者暂时（一年以内）离开本地区外出居住，则仍按其常住地点进行登记。

选择调查方法也是实施统计调查的组织保证。可根据调查任务对调查资料全面性、可靠性的要求，确定采用哪一种调查方法。

此外，调查组织工作计划中，对于调查前的准备工作，包括宣传教育、调查人员培训、文件印刷、调查资料报送方法、调查经费的预算和开支办法、提供和公布调查成果的时间，均应作具体规定。

对于大规模统计调查，所规定的调查方案往往需要做试点调查。通过试点，检验调查方案是否切实可行，以便加以修改和补充；还要积累实施调查方案的经验，提高调查人员的业务技能，圆满完成调查任务。

第五节　统计调查的组织形式

统计调查是整个统计工作的基础，只有通过切实地统计调查取得真实的客观材料，才能充分发挥统计的作用。所以，必须科学地确定统计调查的组织方式，才能保证统计调查获得反映客观实际的材料。而组织方式要适应客观形势要求。随着社会主义市场经济体制的建立和发展，面对多种经济成分、多种经济类型、多种经营方式等复杂多样的调查对象，在经济结构复杂化和利益主体化的格局下，统计调查必须建立以周期性普查为基础，以经常性的抽样调查为主体，以必要的统计报表、重点调查和综合分析为补充，收集、整理基本统计资料的统计调查方法体系。

一、统计报表

（一）统计报表的概念及作用

统计报表是依照国家有关法规的规定，自上而下地统一布置，以一定的原始记录为依据，按照统一的表式、统一的指标项目、统一报送时间和报送程序，自下而上地逐级定期提供基本统计资料的一种调查方式。统计报表所包括的范围比较全面，项目比较系统，分组比较齐全，指标的内容和调查周期相对稳定。因此，它也是我国统计调查体系中取得统计资料的一种重要的调查方式。

统计报表的特点。统计报表在各种统计调查的组织方式中，显著的作用是

（1）统计报表可以根据研究任务事先布置到基层填报单位，基层单位可以根据报表的要求，建立健全各种原始记录。可以使统计报表的资料来源建立在可靠的基础上，保证统计资料的准确、及时、系统、完整、方便。基层单位也可以利用统计报表资料，对生产、经营活动进行科学管理。

（2）由于统计报表是逐级上报、汇总，各级领导部门都能得到管辖范围内的统计报表资料，可以经常了解本地区、本部门经济和社会发展情况。

（3）由于统计报表属于经常性调查，内容相对稳定，有利于经常收集和积累资料，可以系统进行历史资料的对比，研究经济建设和社会发展变化的规律性。

（二）统计报表的种类

按照不同的角度，统计报表可进行各种分类：

（1）按调查范围不同，统计报表分为全面调查的统计报表和非全面调查的统计报表。全面统计报表的范围，是调查对象的全部单位均要填报；非全面的统计报表的范围，是调查对

象中的部分单位填报。非全面统计报表又可采用重点的、抽样的和典型的调查方式。

(2) 统计报表按报送周期的长短，分为日报、旬报、月报、季报、半年报、年报等。报送周期的长短和指标项目的详简程度有密切联系。一般的情况是，报表报送周期越短，指标项目就越简单，反之，指标项目就越详细。上述统计报表，除年报外，通常称为定期报表。日报和旬报，由于时效性强，也可称为进度报表。

年报包括的指标项目较多，内容比较全面，实施的范围比较广泛，是一年经济活动的全面总结。它主要用来反映党的路线、方针、政策在国民经济各个领域的贯彻执行情况，检查国民经济及各部门、各单位年度计划执行情况，分析国民经济发展速度和各种重要的比例关系，为编制年度计划和长期计划提供依据。

月报和季报的指标项目比年报少，主要用来检查国民经济各部门、各单位月度和季度计划执行情况，反映各期生产业务情况和动态，作为上级领导了解情况、安排生产的依据。

日报和旬报的内容只限于少数几个最重要的指标，主要用来反映和检查中心工作和生产进度的进展情况，使领导及时掌握生产动态，发现问题，采取措施，保证计划的顺利完成。

(3) 按报送的方式不同，统计报表分为邮寄和电讯两种。电讯报表又可分为电报、电话和电传等。日报和旬报要求迅速上报，通常用电讯报送。月报、季报、半年报和年报，除月报中的少数指标用电讯报告外，一般都通过邮寄报送。

(4) 统计报表按填报单位的不同，分为基层报表和综合报表。基层报表由企业、乡镇等基层单位填报，它反映一个基层单位生产和经营活动的情况，是各部门、各地区汇总统计资料的基础。综合报表是上级主管部门和地方统计部门根据所属各单位提交的报表，进行汇总而填报的报表。它反映一个行业、一个部门或一个地区的综合经济情况。

(5) 按实施的范围不同，统计报表分为国家、部门和地方统计报表。国家统计报表是根据国家统计调查项目和统计调查计划相应制订的统计报表，也叫国民经济基本统计报表。这种统计报表从整个国民经济的角度出发并按照国民经济的部门划分，主要有农业、工业、基建、物资、国内商业、外贸、劳动工资、交通运输等统计报表。这些报表在全国范围内的各行各业实施，主要用来收集整个国民经济和社会发展情况的统计资料。部门统计报表是根据有关的部门统计调查项目和统计调查计划制订的统计报表，其实施范围限于各业务主管部门系统内，一般用来收集各级主管部门所需的专门统计资料。地方统计报表是根据有关地方统计调查项目和统计调查计划相应制订的统计报表，其实施范围是各省、市、自治区，主要用来满足地方专门需要。部门和地方报表都是国家统计报表的补充。

(6) 按性质和内容不同，统计报表分为基本统计报表和专业统计报表。基本统计报表由国家统计部门制发，在全国范围内执行，用来收集整个国民经济与社会发展的基本资料。专业统计报表是由各业务主管部门为适应本部门业务管理的需要而制定的，主要用来收集本部门系统内的统计资料。

(三) 报表制度

统计报表按国家统计法规定实施和管理的一整套办法，称统计报表制度。

统计报表制度是我国重要的国家管理制度之一。统计报表的制订是一项复杂细致的科学工作。其基本内容包括报表目录、表式和填表说明三个部分。

1. 报表目录

各种统计报表均列入报表目录之中。报表目录就是各种统计报表的一览表，它明确规定各种报表的填报单位、调查对象、报送时间和程序等。具体包括：①报表的表号；②报表的名称；③报表的期别（月报、季报、半年报和年报等）；④填报范围（执行国家统一规定填写某种报表的各单位的总体）；⑤报送时间；⑥报送方式（电讯或邮寄）；⑦受表单位（接受报表的单位名称）；⑧报送份数；⑨制表部门（制订报表的部门）；⑩其他（补充说明和其他要求）。

有了详细的报表目录，填报单位（基层填报单位和综合填报单位）对于要在什么时间、用什么方式，向哪些单位报送什么报表，报几份等，都可一目了然。在统计报表制度中，编制全面详尽的报表目录非常重要，它有利于各填报单位及时完成报表的上报任务，也有利于统计资料在全国范围的汇总整理。

2. 表式

表式是指统计报表的具体格式，包括填报的指标、项目和其他内容。每张表都要求简明清晰，具体写明表名、表号、报告期别、填报单位、报出日期、主栏项目、宾栏指标、单位负责人和填表人签署，以及制表部门等。例如我国工业总产值及主要产品产量月报的表式如下。

企业名称　　　　　　　　工业总产值及主要产品产量　　　　　　　　工定　1表

（盖公章）__________________　　　　　　　　　　　　　　　　国家统计局制订

经济类型__________________　　　　　　　　　　　　　　　　上海市统计局补充

主管机关__________________　　　　　年　　月

指标名称	计算单位	企业单位数（个）	计划			实际				说明
			本月	本季	本年	本月	本季	本月止累计	去年同月止累计	
甲	乙	丙	1	2	3	4	5	6	7	

说明：企业单位数由综合单位填报。

负责人签章________　制表人签章________　报出日期________　年____月____日

我国统计报表由基本统计报表和专业统计报表所组成，分年报和定期报表、基层报表和综合报表。因此，报表的表式也可分为基本表式、专业表式、年报表式、定期表式、综合表式和基层表式等。

3. 填表说明

为了对报表的指标项目有统一的理解，保证报表的质量，必须对报表编制填表说明，指明对问题的理解、填写方法及有关注意事项。填表说明包括填表范围、统计目录和指标解释等。

（1）填表范围。它就是报表的实施范围，指明每一张报表应该由哪些单位（编报单位）来填报，又指明汇总时应该包括哪些单位（编报范围）。这样，一方面可避免单位的遗漏；另一方面在填报范围有变动时，易于调整统计资料，保证不同时期或不同地区的统计资料具有可比性。

（2）统计目录。填报单位填报有关统计报表主要根据相应的统计目录。统计目录就是统计报表主栏项目的一览表。例如，工业企业填报产品产量报表时根据“主要商品目录”；商业部门填报主要商品购销存报表时根据“主要产品目录”等。统计目录并非一成不变，随着计划管理的改善和生产技术的发展，要及时加以修订。

(3) 指标解释。指标解释也是统计报表制度中的一项重要内容。它具体解释指标的概念、计算范围、计算方法及其他有关问题。指标的概念要简明清晰，计算范围要界限分明，计算方法要详细具体。只有这样，统计人员才易于理解、掌握和填报。

统计报表制度中，统计指标体系应与计划指标体系相适应。凡属检查计划执行情况的指标，其指标含义、口径、计算方法、计量单位等都应与计划指标相一致。不属于计划执行情况的指标，其指标体系及计算方法也应相对稳定和统一，以保证国民经济核算资料的可比性。同时，统计报表的指标体系还应与会计核算、业务核算的指标体系相互衔接，互为通用。

为了贯彻执行统计报表制度，克服报表重复、滥发报表等现象，切实减轻基层负担，提高报表的质量，关键在于加强报表管理的工作。报表管理工作的内容包括两个方面：即严格报表的制订颁发程序和审批制度；定期清理和整顿统计报表。此外，严格遵守统计报表纪律也十分重要。凡统计报表制度所规定的表式、指标、报送时间和程序等，未经批准不得擅自更改；不准虚报、瞒报和伪造统计数字；要妥善保管各种统计资料，严守国家机密，防止泄密和失散。

随着经济体制的改革，统计报表制度也在实行改革，在调查的组织形式方面，正在改变过去主要依靠统计报表制度来收集资料。

(四) 统计报表的基础工作

为了确保统计报表资料的真实可靠，提高报表的质量，基层单位要建立健全原始记录制度、统计台账和企业内部的统计报表制度。

1. 原始记录

原始记录是指对生产活动、经营管理活动所做的最初纪录，它是明确经济责任的书面证明。如记载商品购进、销售、调拨、库存、加工，易于损耗及财务收支的各项原始凭证和原始凭证整理表等，原始记录是企业经营活动的客观反映，也是企业经济核算的基础资料。为了保证统计资料的准确可靠、全面系统、及时完整，必须加强原始记录工作，在健全原始记录时，一般要注意下列几点：

(1) 根据统计制度要求按照统计核算和会计核算及业务核算的需要，建立和健全原始记录。必须注意在记录的范围、内容和计算方法等方面适应这三种核算的要求。

(2) 建立科学的管理制度。科学的、系统的管理制度是建立健全原始记录的基础，同时要根据管理的需要，原始记录应简便易行，通俗易懂，利于填写，便于复核，并不断充实完善，发现漏洞及时堵塞。

2. 统计台账

统计台账是指基层单位根据填报统计表和本单位经营管理的需要而设置的一种积累统计资料的表册。

每一份原始记录只能反映一时一事的情况，要填报上级规定的统计报表和满足本单位的需要，就必须对这些原始记录进行整理。设立统计台账，就是为了把整理的结果，分门别类，定期录入。逐日登记的台账，是计算旬、月数字的基础，按月登记的台账，是计算季、年数字的基础。原始记录的整理工作坚持在平时经常进行，填统计报表就有了可靠的依据。

同时统计台账还可以使零散的原始核算的数字资料系统化、完整化，而且也是积累历史资料的基本工具。

统计台账的基本形式，大体可分为两种：一种是多指标的综合台账，这种台账在一个表册上，按时间顺序，同时登记若干个指标数值发展变化的情况。二是单指标的分组台账。它是在一个表册上，按时间先后顺序同时登记各个下属单位某一指标，熟知其发展变化情况。

二、专门调查

（一）普查

1. 普查的概念

普查是根据统计任务的特定目的（如为详细了解重要国情、国力）而专门组织的一次性全面调查。它主要用来收集某些不能够或者不适宜用其他方式收集的统计资料，一般用来调查属于一定时点的社会经济现象的总量，如全国人口、全部生产设备、科技人员总数、第三产业状况等。普查也可以用来反映一定时期的现象的总量，如出生人口总数、死亡人口总数等。

普查是一种很重要的调查方式方法，是其他方式不可代替的。虽然有些情况可以通过统计报表经常收集全面的基本统计资料，但它不能代替普查。因为有些社会经济现象，如人口增长及其构成变化、物资库存、耕地面积、工业设备等情况不可能也不需要组织经常性的全面调查，而国家为了进行社会主义“现代化”建设，又必须掌握这方面比较全面详细的资料，这就需要通过普查来解决。为了搞清有关国情、国力的重要数字，要分期分批进行专项普查。根据社会主义现代化建设的需要，我国于1977年进行了全国职工人数普查，1978年进行了全国科学技术人员和基本建设项目普查，1982年进行了第三次全国人口普查，1990年进行了第四次全国人口普查，1993年进行了全国第三产业普查，2000年进行了第五次全国人口普查，2010年又进行了第六次全国人口普查。

有组织、有计划、有准备、有步骤地根据需要与可能，进行重大的全国性的国情、国力普查，有如下好处：

（1）领导重视，声势浩大，调查经费较易解决；

（2）有利于各部门之间相互配合，共同协作；

（3）能够较快地制定出各种分类标准、目录等；

（4）统一行动，限时完成，可及时提供基本统计信息；

（5）可为普查后经常性的必要的统计报表打下较好的基础，为各种抽样调查提供抽样框，它在调查体系中处于基础地位。

2. 普查的特点

普查的特点主要有以下几个方面：

（1）普查资料的准确性和标准化程度比较高，作为制定政策、计划的依据，作为市场预测的资料，其可靠程度比较高。调查资料的准确性是通过普查过程对各种规定的遵守实现的。普查的基本要求包括：①普查项目必须简明。普查中，调查对象广，参加人员多，组织工作复杂，因此项目不宜太多，必须尽可能简明。才能保证调查资料的准确性。②普查的时间必须统一。普查必须收集同一时间的市场现象资料，避免收集资料时出现重复或遗漏，造成调查误差。③迅速完成普查任务。进行普查，必须在尽可能短的时间内，迅速完成调查任务。

（2）普查最适合于了解宏观（中观、微观市场）的一些至关重要的基本情况，了解调查总体的特征。普查是了解国情、省情、地情的最重要的方法，它对于了解总体的某些基本特征是非常适用的。如与市场需求量有直接关系的人口因素，其中一些基本情况都可以在人口普查的数字中找到，可以利用这些数字分析人口因素对市场的影响，如人口总量及其变动对市场需求总量的影响；人口的年龄、性别、职业等构成对市场各类商品需求量的影响等。如果再把人口普查资料与商业网点及人员数资料对比分析，还可以计算商业网点密度等重要指标。

（3）普查的费用比较高。普查对人、财、物和时间的花费都比较大。普查作为一种全面调查方法，由于涉及面广，调查工作量大，所以费用较高。不宜过多采用，它属一次性调查，而不是经常性调查。普查往往是按一定时间间隔进行，如我国的人口普查10年开展一次。

普查费用比较高的特点，还决定了普查只对总体的基本特征进行研究，对组成总体的每个单位则不做更多的具体分析。它以取得总体基本特征资料为目的，不以研究总体单位特征为目的。

总之，在非常必要的情况下，必须进行市场普查来了解一些市场至关重要的基本情况。在准确、全面反映市场总体的某些特征方面，普查的作用是明显的，是其他调查方式无法完全替代的。

3. 普查的组织

普查的组织方式，基本上有两种：一种是通过专门组织的普查机构，配备一定数量的普查人员，对调查单位直接进行登记；一种是利用调查单位的原始记录和核算资料，颁发一定的调查表格，由调查单位进行核实填报来进行。但是，即使后一种方式，也仍需组织一定的普查机构，配备一定的专门人员，对整个普查工作进行组织领导。

普查是一次性全面调查，多在全国或很大范围内进行，涉及面广，工作量大，调查内容要求高、时效性强，通常需要动员和组织许多人力、物力和财力，组织工作是很繁重的。普查的组织，必须注意以下几点：

（1）要紧紧依靠各级党委和人民政府的统一领导。在党和政府的统一领导下，把各有关部门、各基层单位和各群众组织的力量组织起来，共同努力，相互协作，把普查作为一定时期的中心任务来做。

（2）要依靠群众，走群众路线。普查工作与人民群众的利益是一致的，要广泛动员群众，取得广大群众的积极支持与合作。

（3）要先进行试点，总结经验，再全面开展。普查是复杂的工作，要先行试点，总结经验，再全面展开。如人口普查，还应进行层层试点，先全国试点，再进行省、市、县试点，检查普查办法是否合适，积累组织实施的经验，为普查的全面展开提供条件。

（4）要组织和培训普查队伍。要依靠各级党委和政府领导的支持，从机关、团体、企业等有关单位，按照规定条件，抽调大批人员，经过培训、测试合格者投入工作。

（5）要制订周密的工作规程，以使工作有序进行。科学地进行普查，必须先运用系统工程的原理和统筹法，制订工作程序，使普查工作各个阶段和各个环节互相衔接，井然有序地进行。

（6）要对普查工作的各环节进行严格的质量控制。为保证普查资料的高质量，必须逐级负责，认真检查，层层把关，保证普查质量，在事后还应进行抽查。

普查要求有较高的准确性和时效性，因而普查工作必须有统一领导、统一要求和统一行动。在具体组织普查时必须遵守以下几项基本原则：

(1) 要确定一个统一的调查时点，也叫标准时间，使所有调查资料都必须反映这一时点上的状况，标准时间的选择，要根据研究对象性质和实际条件来决定。

(2) 在普查范围内的各调查单位或调查点要同时行动，在方法、步调上保持一致，要力求在最短的期限内完成，以保证调查材料的时效性，避免发生重复或遗漏。

(3) 普查项目要有统一的规定，不能任意改变或增减，以免影响汇总和综合，降低资料质量。性质相同的普查，其各个时期的普查项目也应尽可能保持相同，便于对比分析。

(4) 根据普查任务，选择最适当的普查时间。普查时间的间隔，应当尽可能保持一定的周期，以便进行动态分析，观察现象的发展变化情况及其规律性。

4. 快速普查

一般的普查，是采取逐级布置和逐级汇总的办法，这样就需要花费较长时间。为满足国家的迫切需要，就要进行一种特殊的普查，这就是快速普查。快速普查的特点是突出一个“快”字，在做到快的同时，尽力使资料准确，保证资料的质量。

进行快速普查，要注意以下几点：

(1) 调查项目要少，涉及的范围要小，这样才能使普查工作既快速又准确。

(2) 从布置任务到报送资料，要越过中间环节，由普查机构的最高层直接把任务布置到基层，由基层单位直接把资料报送给普查的最高层组织机构，进行超级汇总、集中整理。

(二) 抽样调查

抽样调查是按随机原则，从总体中抽选部分单位进行观察，并根据这部分单位的调查材料，从数量方面推断总体指标的一种非全面调查。对于无限总体或总体单位分散的调查来说，抽样调查有着其他调查无法代替的优越性（有关抽样调查的理论和方法，将在第六章详述）。

(三) 重点调查

1. 重点调查的概念

重点调查，是指在调查对象中，只选择一部分重点单位而进行的非全面调查。这些单位可能数目不多，但就调查的标志值来说，却在总体标志总量中占有很大比重。调查这部分单位的情况，即可反映被研究现象的基本情况和基本趋势。

重点调查中的重点单位并非是战略目标的重点建设项目、重点工程的单位。这里的重点单位是从现象数量方面考虑的，即这些单位的标志值之和占总体全部单位标志总量的绝大部分。例如，要及时了解全国原油生产的基本情况，只要调查占全国原油产量比重很大的大庆、大港、胜利油田等的原油产量即可，虽然只有几个单位，但原油产量却占很大比重。重点调查由于调查单位少，因此比全面调查省时、省力，能用较少的代价及时收集到总体的基本情况、基本趋势。重点调查的重点单位，虽然不完全等于工作重点，但这些单位的基本情况对全局工作的影响却有举足轻重的作用。因此，重点调查对于领导及时了解情况，掌握基本趋势指导全局有重要的作用。

2. 重点调查的方法

重点调查的具体做法可以根据调查任务需要灵活选择。当调查任务只要掌握基本情况、基本趋势，调查对象又具有明显的重点单位时，一般即可以采用重点调查。它既可以用于一次性调查，对重点单位的某些数量标志值组织专门机构进行调查，也可以用于经常性调查，对重点单位布置统计报表，经常取得资料，以便做系统的观察和研究。重点单位的选择确定，应着眼于调查目的和调查单位本身的条件。重点单位可以是一些单位，也可以是一些城市或地区。重点单位选多选少，要根据调查任务来确定。一般说来，选出的单位应尽可能少些而其标志值在总体标志总量中所占比重应该尽可能大些。选中的单位，管理应比较健全，统计力量应比较充实，统计基础应比较巩固，这样才能准确，及时地取得资料。

（四）典型调查

1. 典型调查的概念及其作用

典型调查是一种重要的调查研究方法，它根据调查的目的和要求，在对被研究现象进行全面分析的基础上，有意识地从中选出少数几个具有代表性的典型单位进行深入细致的调查研究，借以认识事物的本质及其规律性。所谓具有代表性的典型单位，是指这样一部分或个别单位，它们在被研究的现象总体中能最现实、最充分、最集中地体现总体的共性实质。典型的代表性指对共性的代表性而言，典型的代表程度指集中体现总体各单位共性实质的程度。以了解麻雀结构为例，只要认真解剖几只麻雀，就能充分体现麻雀五脏俱全的共性实质。麻雀的差别程度很小，因此其典型的代表程度就很大。

从统计调查的角度，典型调查是专门组织的非全面调查。它的特点在于调查单位少，机动灵活，能深入实际，深入群众，收集详细的第一手数字资料，掌握生动具体的活情况。由于典型单位是有意识选出的，对其所调查的资料进行分析研究，一般能满足预定的需要。

典型调查有以下作用：

（1）典型调查可用来研究新生事物。通过调查分析新生事物，及时反映各种新情况、新问题，从中看出事物发展的方向，形成科学的预见。

（2）典型调查可用来研究事物变化发展的规律。通过对所研究的问题作具体深入地分析，了解事物发生、发展的过程及与各个方面的联系，有数字、有情况、有原因、有结果，弄清事物变化发展的规律，提出解决各种矛盾的办法。

（3）典型调查可用采用分析事物的不同类型，研究它们之间的差别和相互关系。对于统计资料所反映的某些突出的变化，要有意识选择几个典型作深入的调查研究，如研究先进事物以总结经验，并加以推广和传播，分析后进事物以总结教训和存在问题，提出改进意见，促使后进不断前进。典型调查还可研究个别单位的一些专门问题、考察个别与一般的关系。

（4）典型调查的资料可用来补充和验证全面统计的数字，推论和测算有关现象的总体。统计工作中，典型调查和定期报表的结合运用，做到胸中有全局，手中有典型，补充了全面统计报表的不足，可以充分发挥统计的认识作用。对于人口普查、工业普查等全面调查资料的质量，也可利用典型调查的资料进行核实和验证。一般来说，典型调查资料不宜用来推算总体的数值。但当各单位的差别很小，每一个单位都有一定的代表性时，可以推算总体的数值；当各单位的差别较大，则需把总体划分若干类型，掌握各个类型的典型单位，然后按各类型在总体中的比重，对总体的数值进行测算。

2. 典型调查的方法

典型调查的中心问题在于如何正确地选择典型单位，典型单位选择的恰当与否，直接关系到调查工作的质量。为使所选出的典型单位在总体中具有一定的代表性，必须根据理论分析，对被研究现象的总体有一个客观、正确的认识。切忌从主观愿望出发，任意抽取个别事例作为典型。

在统计实践中，通常根据调查目的任务的不同，可以选择各种各样的典型。①为了观察事物的发展，形成科学预见，则选取新生事物典型；②为了总结先进经验、树立榜样，或帮助后进、分析后进的原因，则选取先进或后进典型；③为了反映一般情况或研究事物发展的一般规律，则选取一般典型。选取的典型单位可多可少，主要取决于总体单位之间的差异程度。总体单位的差异较小，选择一个或几个单位即可。总体单位的差异较大，选择少数几个单位不能满足调查的要求，此时，需要把总体按照一定的标志划分为几个类型，在同一类型中各单位的差异较小，可以从中选取少数典型单位进行调查，然后再把各类型的典型单位综合起来加以研究，这就是“划类选典”的典型调查。

选典可以是个别的，也可以是整群的，可以是个人、班组，也可以是单位、地区。按工作需要，有时可在典型之中再选典型。一般地说，为了了解典型单位一时性的问题，在完成调查后不再连续调查，这称为非定点的典型调查；为了深入观察典型单位的发展原因及其变动趋势，需要以它为固定基点进行连续调查，这称为固定基点的典型调查。

以上几种选择典型的方法，根据具体情况或需要，可以单独使用，也可以结合运用。

典型调查收集资料的方法也是多种多样的。有开调查会，个别访问，蹲点调查，查阅统计、会计、原始记录等资料，也可通过统计报表的形式收集资料。开调查会是最简单易行和比较可靠的方法。这是一种讨论式的调查，由调查者召集若干了解情况的人，按预定的调查纲目，提出问题展开讨论，把调查过程和研究过程结合起来，从中掌握第一手详细的材料和情况，借以真实地反映客观存在的各种矛盾，揭示现象的本质和规律性，提出解决各种矛盾的有效办法。

三、几种调查方式的结合运用

（一）重点调查、典型调查、抽样调查的区别

首先，它们调查单位的意义与取得的方式不同。尽管三者都属于非全面调查，但就重点调查而言，其重点单位是指那些单位占有标志总量的绝大部分，这些单位除了代表它们自身之外，不具有普遍的代表性。它们虽然是根据调查者主观上的认识确定的，但其重点地位不仅是客观存在的，而且是明显的。这一点，要比对典型单位的选择准确得多。抽样总体和由典型单位组成的典型总体，对总体来说都具有代表性，但由于单位选取的方式不同，其代表性是有差别的。抽样调查是按随机原则抽取的调查单位，而典型调查是对总体有相当了解和进行分析的基础上有意识地选择典型单位，这就是它们在代表性上产生差别的根本原因。

其次，它们的研究目的不同。重点调查的目的是为了从某种数量方面掌握重点单位的状况，从而对总体在这方面的基本情况作出估计。抽样调查则是为了用抽样指标推断总体及总体的指标。典型调查虽然也可以通过典型单位的研究或定性分析以说明总体，但作为统计上的典型调查主要是为了从数量方面推断总体。

再次，它们调查的准确性及其考核方式有所不同。重点调查由于它不需要推断总体，因而只要重点单位的确定基本符合实际，其结果就可以满足要求。抽样调查和典型调查要推断总体，因而不仅有准确性问题，而且还有考核推断的误差问题。抽样调查是按随机原则抽取的，因而在既定的概率和误差范围条件下，推断的准确性可以保证。同时，抽样误差可以计算和控制。典型单位的选择取决于人们对现象的认识程度，因而它的客观性和推断结果的准

确性就难以完全保证，推断误差也不能计算。

（二）几种调查方式的综合运用

在实际工作中，情况是复杂的，任何一种统计调查方法都有它的优越性与局限性，并且各有其不同的实施条件，因此常常是将几种调查方式结合起来运用。首先，普查是专门组织的一次性全面调查，普查提供的资料对于编制长期的经济、社会发展计划和决定重大政策和措施都有重要作用。普查间隔时间较长，如果需要年度数字，就可以在普查资料的基础上，进行一些比较简单的非全面调查，并用科学的估计推算方法取得资料。普查与抽样调查结合起来运用，还可以验证普查的准确程度。其次，统计报表是统计部门收集统计资料的主要手段。统计报表与重点调查结合起来运用，可以补充报表中所不能取得的资料。在市场经济条件下，除了建立必要的全面统计报表外，还应该较多地进行抽样调查。对重点单位可根据其管理水平较高的情况，实行较全面、详细的统计报表，而对一般企事业单位，则可实行较简单的统计报表。重点调查适宜运用于调查对象比较集中的场合。重点单位不但资料容易取得，而且代表性强，特点比较显著，而非重点单位则往往界限模糊不清，进行统计调查也比较困难。再次，抽样调查是非全面调查中最完善、最有科学根据的方式方法。在许多情况下，抽样调查所得出的结果比全面调查的结果可能更为准确。典型调查也是收集统计资料的一种有效方法，它和统计报表相结合，可以弥补定期报表的不足。

我们在制订方案时，应针对不同的调查对象，根据不同的调查目的和要求，从实际出发，灵活运用各种统计调查方式方法，并尽可能结合起来运用，以收集所研究现象的丰富而准确的数字资料。

四、调查误差及其控制

（一）调查误差的概念

统计调查误差指调查所得的统计数字与调查对象的实际数量之间的差异，即调查所得的数量大于或小于调查对象的实际数量之差。

（二）调查误差种类

（1）登记性误差。由于调查工作中的失误所造成的误差，是可避免的。主要有：计量错误、记录误差、计算错误、抄录错误、在逐级上报过程中的汇总错误、被调查者所报不实或调查者有意瞒报或虚报及调查方案的规定不明确等。

（2）代表性误差。以部分推断总体时存在的误差。代表性误差又可分为两种：一种是系统性误差，它一般是由于从总体中抽选调查单位没有按照随机原则而造成的。但在抽样调查中，即使严格按照随机原则，消除了系统性误差，也存在另一种不可避免的代表性误差，即抽样误差。这种误差是由于抽取样本的随机性带来的，用样本估算总体，两者之间总是要出现差距的，所以抽样误差是不可避免的。

（三）调查误差的控制

（1）要正确周密地制订统计调查方案。

（2）健全原始记录，完善统计台账。

（3）加强对统计人员的培训，提高统计人员的素质。

（4）要加强对调查资料的审核。

（5）要科学地抽取样本和选择典型。

（6）加强统计司法，严惩弄虚作假行为。

习 题 二

一、判断题

1. 全面调查和非全面调查是根据调查结果所得到的资料是否全面来划分的。 ( )

2. 对某市下岗职工生活状况进行调查，要求在一个月内报送调查结果。所规定的一个月时间是调查时间。 ( )

3. 对我国主要粮食作物产区进行调查，以掌握全国主要粮食作物生长的基本情况，这种调查是重点调查。 ( )

4. 典型调查既可以收集数字资料，又可以收集不能用数字反映的实际情况。 ( )

5. 统计调查误差就是指由于错误判断事实或者错误登记事实而发生的误差。 ( )

6. 重点调查与抽样调查的目的是一致的，即都是通过对部分单位的调查，来达到对总体数量特征的认识。 ( )

7. 我国人口普查的总体单位和调查单位都是每一个人，而填报单位是户。 ( )

8. 采用重点调查收集资料时，选择的调查单位是标志值较大的单位。 ( )

9. 与普查相比，抽样调查调查的范围小，组织方便，省时省力，所以调查项目可以多一些。 ( )

10. 对调查资料进行准确性检查，既要检查调查资料的登记性误差，也要检查资料的代表性误差。 ( )

11. 在对现象进行分析的基础上，有意识地选择若干具有代表性的单位进行调查，这种调查属于重点调查。 ( )

12. 普查一般用来调查属于一定时点上社会经济现象的数量，它并不排斥对属于时期现象的项目的调查。 ( )

二、单项选择题

1. 数量指标一般表现为（ ）。

A. 平均数； B. 绝对数；
C. 相对数； D. 指数。

2. 连续调查与不连续调查的划分依据是（ ）。

A. 调查的组织形式不同； B. 调查登记的时间是否连续；
C. 调查单位包括的范围是否全面； D. 调查资料的来源不同。

3. 统计调查是进行资料整理和分析的（ ）。

A. 基础环节； B. 中间环节；
C. 最终环节； D. 必要补充。

4. 调查几个重要铁路枢纽，就可以了解我国铁路货运量的基本情况和问题，这种调查属于（ ）。

A. 普查； B. 重点调查；
C. 典型调查； D. 抽样调查。

5. 某市工业企业 2010 年生产经营成果年报呈报时间规定在 2011 年 1 月 31 日，则调查期限为（ ）。

A. 一日；　B. 一个月；
C. 一年；　D. 一年零一个月。

6. 重点调查中重点单位是指（　　）。
A. 标志总量在总体中占有很大比重的单位；
B. 具有重要意义或代表性的单位；
C. 那些具有反映事物属性差异的品质标志的单位；
D. 能用以推算总体标志总量的单位。

7. 下列调查中，调查单位与填报单位一致的是（　　）。
A. 企业设备调查；　B. 人口普查；
C. 农村耕地调查；　D. 工业企业现状调查。

8. 在对总体现象进行分析的基础上，有意识地选择若干具有代表性的单位进行调查研究，这种调查方法是（　　）。
A. 抽样调查；　B. 典型调查；
C. 重点调查；　D. 普查。

9. 对一批商品进行质量检验，最适宜采用的方法是（　　）。
A. 全面调查；　B. 抽样调查；
C. 典型调查；　D. 重点调查。

10. 按统计设计所包括的工作阶段，可分为（　　）。
A. 多阶段设计和单阶段设计；　B. 长期设计和短期设计；
C. 全过程设计和单阶段设计；　D. 整体设计和专项设计。

11. 下述各项调查中属于全面调查的是（　　）。
A. 对某种连续生产的产品质量进行检验；
B. 对某地区对工业企业设备进行普查；
C. 对全面钢铁生产中的重点单位进行调查；
D. 抽选部分地块进行农产量调查。

12. 抽样调查的主要目的是（　　）。
A. 计算和控制抽样误差；　B. 推断总体总量；
C. 对调查单位作深入研究；　D. 广泛运用数学方法。

13. 抽样调查和重点调查都是非全面调查，二者的根本区别在于（　　）。
A. 灵活程度不同；　B. 组织方式不同；
C. 作用不同；　D. 选取单位方式不同。

14. 调查时间是指（　　）。
A. 调查资料所属的时间；　B. 进行调查的时间；
C. 调查工作的期限；　D. 调查资料报送的时间。

15. 调查时限是指（　　）。
A. 调查资料所属的时间；　B. 调查工作登记的时间；
C. 进行调查工作的期限；　D. 调查资料报送的时间。

三、多项选择题

1. 我国统计调查的方法有（　　）。

A. 统计报表；
B. 普查；
C. 抽样调查；
D. 重点调查；
E. 典型调查。

2. 抽样调查和重点调查的共同点是（　　）。
A. 两者都是非全面调查；
B. 两者选取单位都不受主观因素的影响；
C. 两者都按随机原则选取单位；
D. 两者都按非随机原则选取单位；
E. 两者都可以用来推断总体指标。

3. 普查是一种（　　）。
A. 专门组织的调查；
B. 一次性调查；
C. 经常性调查；
D. 非全面调查；
E. 全面调查。

4. 在工业设备普查中（　　）。
A. 工业企业是调查对象；
B. 工业企业的全部设备是调查对象；
C. 每台设备是填报单位；
D. 每台设备是调查单位；
E. 每个工业企业是填报单位。

5. 抽样调查方式的优越性表现在以下几个方面（　　）。
A. 全面性；
B. 经济性；
C. 时效性；
D. 准确性；
E. 灵活性。

6. 制订统计调查方案，应确定（　　）。
A. 调查目的和调查对象；
B. 调查单位和填报单位；
C. 调查项目和调查表；
D. 调查资料的使用范围；
E. 调查的时间和时限。

7. 重点调查的特点包括（　　）。
A. 重点调查是一种非全面调查；
B. 重点单位需要随着所调查的对象的改变而改变；
C. 其主要目的是要了解调查对象的基本情况；
D. 重点单位的某一主要标志值总量占总体标志总量的绝大比重；
E. 重点单位的选择带有主观因素。

8. 调查单位是（　　）。
A. 需要调查的总体；
B. 需要调查的总体单位负责人；
C. 调查项目的承担者；
D. 负责报告调查结果的单位；
E. 调查对象所包含的具体单位。

9. 我国第六次人口普查的标准时间是 2010 年 11 月 1 日零时，下列情况应统计人口数的有（　　）。
A. 2010 年 11 月 2 日出生的婴儿；
B. 2010 年 10 月 31 日出生的婴儿；

C. 2010 年 10 月 31 日晚死亡的人；

D. 2010 年 11 月 1 日 1 时死亡的人；

E. 2010 年 10 月 31 出生，11 月 1 日 6 时死亡的婴儿。

四、简答题

1. 一个完整的统计调查方案包括哪些主要内容？
2. 举例说明调查单位与填报单位的区别与联系。
3. 简述抽样调查的优点和作用。
4. 抽样调查的特点是什么？

第三章 统 计 整 理

统计整理在整个统计工作中起着承前启后的重要作用，统计分组是统计整理的关键，统计汇总是统计整理的核心。

第一节 统计整理概述

一、统计整理的意义

统计整理是指根据统计研究的目的任务，对统计调查所得的原始资料进行科学的分类和汇总，或对已初步加工的次级资料进行再加工，使其系统化、条理化、科学化，以及反映所研究总体特征的工作过程。

统计整理是统计工作的第三个阶段。统计工作经过了统计调查之后，所获取的统计资料主要是反映总体单位特征的原始资料。这些原始资料比较分散、零碎，很不系统，仅仅反映了事物的表面现象，不能深刻地说明事物的本质，难以揭示事物的发展规律。因此，需要对这些调查资料进一步进行加工和整理。

由此可见，统计整理在整个统计工作中起着承前启后的作用，它既是统计调查的继续，又是统计分析的前提。统计整理的结果能否如实地反映客观情况，决定着统计资料的科学价值，也直接影响到统计分析的准确性和真实性。

统计资料按来源不同分为原始资料和次级资料两种。由于收集次级资料比收集原始资料快捷方便且节省费用，因此人们有时只需对次级资料进行再加工就可以满足研究目的的需要。所以，统计资料整理不仅包括对原始资料的整理，也包括对次级资料的整理。

二、统计整理的原则和步骤

统计整理的目的是通过对事物个性的研究认识事物的共性，揭示事物的发展规律。社会经济现象的数量方面不是单一的，而是多方面的，彼此之间有着密切的联系。因此，在统计整理工作中，必须遵循以下原则：根据统计研究的目的，对社会经济现象进行深刻分析；运用统计分组和统计指标，对统计资料进行加工和整理。

统计整理工作是一项复杂的、细致的、科学性很强的工作，需要有组织、有计划地进行。统计整理的基本步骤如下。

1. 设计和编制统计资料整理方案

在进行统计资料整理之前，应当首先根据研究目的，确定对调查中所收集资料的哪些内容进行整理。同时，还要确定如何进行统计分组，采用哪些汇总指标以及统计资料如何表现等。最后这些整理方案的内容将体现在一系列的整理或汇总表中。

正确地制订统计资料整理方案，是保证统计整理有计划、有组织地进行的首要步骤，是统计设计在统计整理阶段的具体化。

2. 对原始资料进行审核

在进行资料整理之前，必须对调查来的原始资料进行审核，以保证统计资料和资料整理的质量。这是一项不可缺少的准备工作。对原始资料的审核主要包括资料的准确性、及时性、系统性和完整性四个方面的内容。

（1）资料的准确性是审核的重点。对资料准确性的审核是通过逻辑检查和计算检查两个方面进行的。逻辑检查主要审核原始资料的内容是否合理、有无相互矛盾或不符合实际的地方。计算检查是计算复核表中的各项数字有无差错，检查各项指标的计算方法是否恰当，计算单位是否正确，有关指标间的平衡关系是否得到保持等。

（2）审核资料的及时性，是要检查资料是否符合调查规定的时间，资料的报送是否及时等。

（3）审核资料的系统性和完整性，是要检查统计资料是否系统周密、合乎逻辑，是否按规定的调查项目收集齐全，调查单位是否有重复和遗漏，报送单位是否有不报、漏报的现象等。不系统、不完整的统计资料难以全面反映现象的总体特征和规律，会影响到资料的分析工作。

在审核资料时，既可以逐项地对资料进行全面细致的审核，也可以抽取重要部分或容易出现差错的部分作重点审核。对于通过审查发现的问题和错误，应及时予以查询和纠正。

3. 对原始资料进行统计分组和统计汇总

按照一定的组织形式和方法，对原始资料进行统计分组和统计汇总，计算出各组的单位数和合计总数，计算出各组指标和综合指标的数值。

4. 编制统计表或绘制统计图

将整理结果编制成统计表或绘制成统计图，简明扼要地表达现象的数量特征。

第二节 统 计 分 组

一、统计分组的概念

统计分组是根据所研究事物的特点和统计研究的目的，按照某一标志将统计总体划分为若干个组成部分的一种统计方法。总体的各个组成部分称为“组”。通过统计分组，使同一组内的各单位在分组标志上性质是相同的，不同组的各单位间性质则是相异的。能够对统计总体进行分组，是由总体单位所具有的“差异性”特点决定的，“差异性”是认识事物本质特征的依据。统计分组具有两个方面的含义：对总体而言，是“分”，即把总体区分为性质不同的若干个组成部分；对个体而言，是“合”，即把性质相同的个体结合起来。例如，在工业企业这个总体中，我们可以按照企业的生产规模将工业企业划分为大型企业、中型企业和小型企业三个组。每一组内各企业的生产规模相近，组与组之间的企业的生产规模差异较大。由此可见，统计分组实质上是在统计总体内部进行的一种定性分类，是统计研究的基本方法。

只有将统计总体进行科学的分组，才能把统计总体内不同性质的单位分开，使性质相同的单位归在一个组内。这样，才能从数量方面揭示现象的内部联系，深入分析总体的特征和规律性，得出正确的结论。因此，统计分组是统计整理的关键，它关系到整个统计研究工作的成败。

二、统计分组的作用

（一）区分现象质的差别

统计分组的根本作用就在于区分现象质的差别。统计分组的过程就是将所研究的现象划分为不同的类型组来进行研究的过程。例如，我国根据社会生产活动历史发展的顺序将国民经济产业结构划分为三个不同的部分：第一产业，指产品直接取自自然界的部门，它包括农业（含种植业、林业、牧业和渔业）；第二产业，指对初级产品进行再加工的部门，它包括工业（含采掘工业、制造业、自来水、电力、蒸汽、热水、煤气）和建筑业；第三产业，指为生产和消费提供各种服务的部门，除了第一、第二产业以外的其他各部门，它包括流通部门和服务部门。在区分事物性质的过程中，划分社会经济类型是极其重要的。划分社会经济类型指的是直接反映社会生产关系的各种类型的划分。这种分类可以直接反映一定社会经济结构的特点。例如，我国的企业可划分为国有及国有控股企业、集体企业、个体企业、股份制企业、外商及港澳台商投资企业等类型。

（二）反映现象总体的内部结构

现象包括的大量单位，不但在性质上不尽相同，而且在总体中所占比重也不一样。因此，按照一定标志将性质不同的单位进行分组，就可以计算各组的数量特征在总体总量中所占的比重，以分析和研究总体内部各组成部分的性质、结构和比例关系，从而认识现象的发展过程和发展规律。例如，2004～2009 年我国按三次产业分类的从业人员构成变化情况，见表 3-1。

表 3-1　　我国按三次产业分类的从业人员构成情况　　%

年份 / 产业	2004	2005	2006	2007	2008	2009
第一产业	46.9	44.8	42.6	40.8	39.6	38.1
第二产业	22.5	23.8	25.2	26.8	27.2	27.8
第三产业	30.6	31.4	32.2	32.4	33.2	34.1
合　计	100.0	100.0	100.0	100.0	100.0	100.0

资料来源：国家统计局：《中国统计年鉴（2010）》。

表 3-1 表明，2004～2009 年我国第一产业人员的比重逐年下降，第二产业和第三产业从业人员的比重逐年上升，且第二产业从业人员的比重上升幅度最大，由 22.5%上升到 27.8%，升幅达到 5.3%。

（三）分析现象之间的相互依存关系

任何现象都不是孤立的，现象之间是相互联系、相互依存、相互制约的。利用统计分组分析和研究现象之间的相互依存关系，有助于人们全面、深刻地认识事物。例如，某地区粮食单位面积产量和施肥量情况，见表 3-2。

表 3-2　　某地区粮食单位面积产量和施肥量的关系

每公顷化肥施用量（千克）	粮食单位面积产量（千克/公顷）	每公顷化肥施用量（千克）	粮食单位面积产量（千克/公顷）
116.25	2827.5	153.75	3608.3
133.50	3124.5	163.50	3484.0
145.50	3396.0		

通过表 3-2 可以分析化肥施用量与粮食单位面积产量之间的依存关系，合理适度地施用化肥可以有效地提高粮食单位面积产量。

上述统计分组的三个作用，不是彼此孤立的，而是相辅相成、相互补充的。在研究某一问题时三种作用有时也可结合运用。

三、分组标志的选择和分组方法

（一）分组标志的概念

所谓分组标志，就是划分总体单位为不同性质类型组的标准。要充分发挥统计分组的作用，必须正确选择分组标志，保证科学分组。不同的分组标志反映着总体的不同特征。因此，我们要根据统计研究的目的和任务，选择能够反映客观现象本质特征的标志。在实践中，分组标志的选择，不仅是个技术方法问题，而且还是一个重要的理论问题。

（二）选择分组标志的原则

选择分组标志可根据下面三条基本原则进行：

（1）根据统计研究的目的和任务，选择分组标志。同一总体，因为统计研究的目的任务不同，所以应选择与其有密切关系的分组标志，才能取得符合要求的分组资料。例如，每个工业企业均具有经济成分、职工人数、产品品种、生产能力、创利水平等各种标志。若要研究企业的经济效益，就应选择创利水平作为分组标志；若要研究企业经济成分，则要选择经济类型为分组标志。

（2）选择最能反映现象本质特征的标志作为分组依据。在同一总体的许多标志中，有的是能揭示总体的本质特征的标志，是决定性的重要标志；有的则是非本质的，无足轻重的标志。分组时，应选择最能反映事物本质特征的标志，才能得出触及问题实质的结果。如要研究企业的经营效果，应选择上缴利税水平、劳动生产率、平均工资等作为分组标志。

（3）要结合研究对象所处的历史条件和社会环境来选择分组标志。能反映现象本质的重要标志，往往会随着现象所处的时间、地点的变化而变化。某一标志，在这种条件下，可作为分组的重要标志而在另一种情况下，由于时过境迁，却丧失了其作为分组标志的现实意义。例如，过去，人们常用职工人数的多少作为划分大、中、小型企业的分组标志，而在科学技术高速发展的当今世界，用这个标志进行此类分组，显然意义不大。

（三）统计分组的种类

1. 根据分组标志的性质不同分类

（1）按品质标志分组。根据统计研究的目的，选择反映现象性质属性差异的品质特征对总体进行分组。所谓品质标志，是以事物性质属性来表现的标志。这种分组，有些比较简单明了，界限容易分清，如人口按性别分为男、女两组；有的则比较复杂烦琐，界限不容易分清，如工业产品按经济用途分类，工业部门细分类等。类似这种分组，在实际中，为了方便和统一，国家统计部门制定了适合一般情况的标准分类目录（见附录 A）。

（2）按数量标志分组。选择反映事物数量差异程度的数量标志对总体进行分组。所谓数量标志是以数量多少表现的标志。这种分组反映了客观现象的规模，在反映事物的量变及其过程中揭示质变，如私人经营活动按雇工人数分组，8 人是一数量界限可以区分个体工商户和私营企业的性质差异。因此，正确确定反映事物性质差异的数量界限，是按数量标志分组的关键。

2. 根据分组标志的个数不同分类

（1）简单分组是指按一个标志进行分组，只反映总体某一方面的数量状态和结构特征。

(2) 复合分组是指按两个或两个以上标志重叠分组，即先按一个主要标志分组，然后再按另一个从属标志在已分好的各组中再分组。如人口按性别先作简单分组，分为男、女两组后，再按接受教育程度分为大学文化程度、中学文化程度等。

复合分组比简单分组说明的问题更多，能对总体作出比较全面和深入的分析，反映其内部类型和结构特征。但复合分组的组数将随着分组标志个数的增加而成倍地增加。因此，在进行复合分组时，分组标志个数不宜过多，要适当控制。

第三节 次 数 分 布

一、次数分布的概念

次数分布是指将总体中的所有单位按某个标志分组后，所形成的总体单位数在各组之间的分布。分布在各组的总体单位数称为次数或频数。各组次数与总次数之比称为比重、比率或频率。次数分布实质上是反映统计总体中所有单位在各组间的分布状态和分布特征的一个数列，因此也可以称为次数分布数列，简称分布数列。例如，人口按性别分组后形成的人口数在各组分布情况的数列，学生按年龄分组后形成的学生人数在各组分布情况的数列等，都是次数分布数列。

次数分布数列主要由各组名称（或各组变量值）与各组单位数（次数）两部分构成。有时也可以把比重列入分布数列中。次数分布数列的形式很简单，但它是统计整理的重要表现形式。次数分布数列直观地表明了总体单位的分布特征和结构状况，在此基础上还可以进一步研究其构成、平均水平及其变动规律，它是进行统计分析的一种重要手段，在统计研究中具有十分重要的意义。

根据分组标志特征的不同，次数分布数列可以分为品质分布数列和变量分布数列。按品质标志分组形成的次数分布数列叫品质分布数列，简称品质数列，见表3-3；按数量标志分组形成的次数分布数列叫变量分布数列，简称变量数列，见表3-4。

表3-3　某学校学生的性别分布

性　别	人数（人）	比重（%）
男	250	32.1
女	530	67.9
合　计	780	100.0
各组名称	次数	频率

表3-4　某地区商业企业销售收入情况

销售收入（万元）	企业数（个）	比率（%）
80～90	2	7.14
90～100	4	14.29
100～110	16	57.14
110～120	6	21.43
合　计	28	100.00
各组变量值	次数	频率

对于品质数列，如果分组标志选择的恰当，现象性质上的差异就表现得比较明显，总体中各组的划分也就比较容易。对于变量数列，现象在数量上的差异表现得比较明显，而在性质上的差异却不显著。决定现象性质差异的数量界限往往依赖于人的主观认识。按同一数量标志进行分组，也可能形成多种变量数列。因此，我们有必要对变量数列作进一步讨论。

二、变量数列

变量数列有单项式变量数列和组距式变量数列两种。

1. 单项式变量数列

单项式变量数列是按数量标志分组后，用一个变量值代表一个组形成的数列，见表3-5。

单项式变量数列一般在变量值不多，且变量值的变动范围不大，变量呈离散型的条件下采用。表3-5中工人的日产量最高是30件，最低是25件，最大相差数仅5件，且变量值只有6个，因而可以采用单项式变量数列来反映。

2. 组距式变量数列

组距式变量数列是按照数量标志分组后，用变量值变动的一定范围（即组距）代表一个组所形成的数列，见表3-4。

当变量值较多，变量值变动的范围也比较大时，编制单项变量数列会使分组数过多，总体单位过于分散，不便于分析问题，这时应当采用组距式变量数列。

在组距式变量数列中，表示各组界限的变量值叫组限，其中较小的变量值称下限，较大的变量值称上限。表3-4中，80、90、100、110等都是组限，第一组中的80是下限，90是上限。各组上限与下限之间的距离叫组距，上限与下限之间的中点值叫组中值。即

组距＝上限－下限

组中值＝（上限＋下限）÷2

例如，表3-4中，第一组的组距＝90－80＝10万元，组中值＝（90＋80）÷2＝85万元。

编制组距式变量数列时，常常使用像“××以上”或“××以下”这样不确定组限的组，称为开口组，见表3-6。

表3-5　某企业工人日产量完成情况

按日产量分组（件）	工人人数（人）	比重（%）
25	10	6
26	20	10
27	30	17
28	50	28
29	40	22
30	30	17
合　计	180	100

表3-6　某地区商业企业销售收入统计表

销售收入（万元）	企业数	比重（%）
100以下	6	21.43
100～110	16	57.14
110以上	6	21.43
合　计	28	100.00

开口组的组中值按下列公式计算：

缺下限的最小组的组中值＝本组上限－相邻组的组距÷2

缺上限的最大组的组中值＝本组下限＋相邻组的组距÷2

例如，表3-6中，第一组的组中值＝100－（110－100）÷2＝95万元，第三组的组中值＝110＋（110－100）÷2＝115万元。

组距式变量数列根据各组的组距是否相等可以分为等距数列和异距数列。在等距数列中，各组的组距均相等，而在异距数列中，各组的组距并不都相等。编制组距式变量数列时，采用等距数列还是异距数列，要根据研究目的和现象的特点来决定。等距数列能清楚地反映总体的分布特征，而异距数列则能比较准确地反映总体内部各组成部分的性质差异。例如，人口按年龄分组编制的等距数列和异距数列见表3-7和表3-8。

在表3-8中，对人口按年龄进行异距分组，将全部人口划分为婴儿组、幼儿组、学龄

前儿童组、青少年组、青年组、中年组、老年组 7 个类别。与表 3-7 相比，表 3-8 更清楚地显示出人口的年龄构成。

表 3-7　某地区人口年龄构成

按年龄分组（岁）	人口数（万人）	比重（%）
10 以下	50	2.538
10～20	180	9.137
20～30	320	16.244
30～40	520	26.396
40～50	450	22.843
50～60	300	15.228
60 以上	150	7.614
合　计	1970	100.00

表 3-8　某地区人口年龄构成

按年龄分组（岁）	人口数（万人）	比重（%）
1 以下（婴儿组）	30	1.500
1～3（幼儿组）	100	5.000
3～7（学龄前儿童组）	220	11.000
7～18（青少年组）	380	19.000
18～35（青年组）	620	31.000
35～60（中年组）	490	24.500
60 以上（老年组）	160	8.000
合　计	2000	100.000

组距式变量数列的次数分布情况还可以用次数分布曲线图表示。次数分布曲线图除了具有曲线图的形式外，还具有面积图的性质，即以次数分布曲线下覆盖的面积代表总体单位总数。

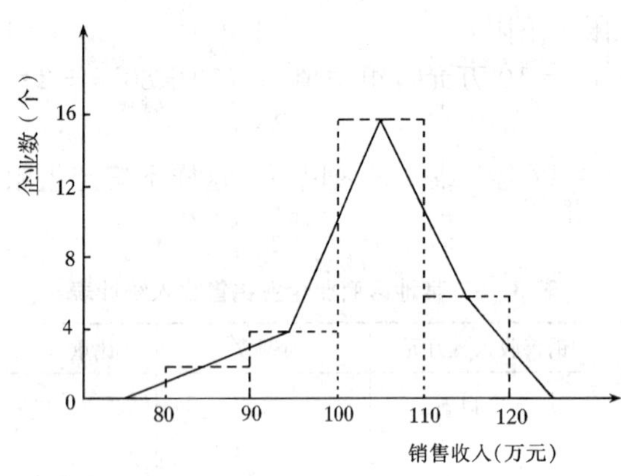

图 3-1　某地区商业企业销售收入次数分布曲线图

绘制次数分布曲线图，一般先绘制直方图。直方图是以横轴表示各组的组限，纵轴表示次数，依据各组组距的宽度与次数的高度来绘制。例如，依表 3-4的资料绘制的直方图如图 3-1 所示的虚线所示。在直方图的基础上，把相邻条形的顶边中点连接起来形成一条折线，再把折线两端与横轴上直方图两侧延伸的假想组中点相连，就形成了次数分布曲线（折线）图，如图 3-1 所示的实线所示。

上述次数分布曲线图的画法，适用于等距数列。对于异距数列，需要计算次数密度，即各组次数除以各组组距，然后根据次数密度和组距绘制次数分布曲线图。

三、变量数列的编制

变量数列的编制比较复杂。这是因为编制变量数列不仅要能反映总体各组单位之间的数量差异和特征，还要考虑通过各组数量界限的划分，能反映各组质的差异，比较准确地揭示出现象总体的本质特征。但由于人的主观认识不同，总体各组数量界限的划分也会随之而异，这样就会导致按同一个数量标志分组，出现多种变量数列的可能。为了使变量数列能确切地反映现象总体的分布特征和分布规律，就有必要对变量数列的编制方法、编制步骤进行探讨。

（一）将原始资料按数值大小依次排列求其全距

首先对原始资料进行初步整理，即把各个变量值按大小顺序排列，形成一个阵列，并确定其全距（R）。全距是指资料中的最大值与最小值之差，能反映资料中各变量值波动范围的大小。

（二）确定变量数列的形式

编制变量数列采用单项式数列还是组距式数列，主要取决于所研究变量的类型及变量变动的幅度。编制单项数列必须具备两个条件：①变量是离散变量；②变量值的具体表现只有有限的几种。只有同时具备这两个条件，才可以采用单项式数列。当上述条件缺少一个时，则只能采用组距式数列。

例如，在表3-5中，工人日产量为离散变量，其变量值较少，宜编制单项数列。又如，某市工业企业按职工人数分组，由于不同规模的企业职工人数差异很大，少则几十人，多则上万人。如编制单项数列，势必会造成组数太多，难以确切反映总体中性质不同的各部分的分布特征，这就必须编制组距数列，以增加各组所包含的变量值范围，减少组数。编制组距数列是采用等距数列还是异距数列，是采用开口数列还是闭口数列，这些要根据具体情况确定，下面将讨论这些问题。

（三）确定组距和组数

组距的大小和组数的多少互为制约成反比关系。组距越大，组数就会相应减少，容易把不同质的单位归在一个组内；组距减小，组数就会增多，又容易把同质单位划入到不同的组内。两者都不符合分组的要求，都不能确切地反映总体的分布特征。如何科学合理地确定组距和组数，是编制组距数列所必须解决的重要问题。

通常要求在确定组距和组数时，应全面分析资料所反映的经济内容，若要强调各组的质量界限，则应先确定组距，而且常采用异距数列形式；若要强调能较好地反映总体单位的分布特征，则可先确定组数，最常用的组数一般在6～10组。

组距数列有等距数列和异距数列两种，选用等距分组还是异距分组，应根据统计研究的任务和所研究现象的变化特点来决定。一般而言，凡是现象的变动比较均匀的，宜采用等距分组，如按工资、按身高、按零件尺寸误差等。由于等距分组各组组距相同，可直接比较各组的次数，同时，根据等距数列资料，便于直接绘出统计图，计算各项综合指标并进行对比分析。因此，应尽可能采用等距分组。在社会经济统计中，有些现象性质差异的变动并不是均匀的，有时波动很大，如急剧上升或实然下降，这就很难用等距分组的方法来划分不同性质的组，从现象量的变化中反映出质的差别。例如，为了适应某种社会经济工作编制计划、制订措施的需要，必须计算该种工作专门需要的一定年龄组人口数，这就必须采用异距分组。如表3-8中，按年龄分组就常采用异距分组。异距数列的组距和组数的确定，必须结合现象的性质特点和统计研究的要求全面综合地考虑。

当变量值变动比较均匀，适宜编制等距数列的条件下，组距可以用以下的简单公式确定：

$$组距=\frac{全距}{组数}$$

按此公式计算的组距仅作为一个参考数，在实际运用中，当总体单位数较多时，可以适当多分几组；当标志值比较集中时，组距可小点，反之则可大些；当出现少数或个别总体单位标志值特别大或特别小时，则可采用开口组。

（四）确定组限

具体采用什么数值作为各组的上限和下限，一般应遵循以下几条原则：

(1) 组限应尽可能的体现组与组之间的质量界限。例如，对企业按计划完成程度分组，组距为10%，若其中出现95%～105%的分组，就违背了分组原则，因为该组没有将完成计划和未完成计划这一重要界限划分出来。

(2) 组限最好采用整数表示。一般采用 5 或 10 的倍数，可以给人以整齐醒目的感觉。

(3) 最小变量值组的下限应略低于实际资料中的最小变量值，或采用下开口组的形式；最大变量值组上限应略高于实际资料中的最大变量值，或采用上开口组的形式。

(4) 对连续变量和离散变量组限的划分和表示方法，在技术上有不同的要求。对连续变量，相邻两组的组限应该重叠，并且习惯上按“上限不在本组内，应归入到下一组”的原则处理；对离散变量，相邻两组的组限可以间断，在实际工作中，离散型变量也常采用连续变量的组限表示方法。

(五) 对总体单位和相应的标志值进行汇总编制变量数列

在变量分组确定以后，通过手工汇总或计算机汇总，直接计量各组总体单位数目，得出各组总体单位的分配次数或组次数占总次数的比例形式，则变量数列的编制结束，根据变量数列可进一步绘制次数分布曲线图，进行各种统计分析。

下面，以某单位 30 个职工的月工资额作为原始资料，说明编制变量数列的过程。

【例 3-1】 某单位 30 名职工的月工资额（单位：元）原始资料如下。

1060.00　840.00　1100.00　910.00　1090.00　910.00
1110.00　1070.00　990.00　940.00　1190.00　870.00
1180.00　970.00　1030.00　1060.00　850.00　1060.00
1010.00　1050.00　960.00　1050.00　1070.00　1210.00
1050.00　950.00　1060.00　1280.00　1110.00　1010.00

编制过程：

(1) 将原始资料按大小顺序排列。

840.00　850.00　870.00　910.00　910.00　940.00
950.00　960.00　970.00　990.00　1010.00　1010.00
1030.00　1050.00　1050.00　1050.00　1060.00　1060.00
1060.00　1060.00　1070.00　1070.00　1090.00　1100.00
1110.00　1110.00　1180.00　1190.00　1210.00　1280.00

全距＝1280.00－840.00＝440

(2) 确定变量数列形式。由于 30 名职工的月工资均匀分布在 840.00～1280.00 之间，所以宜采用等距的组距式数列。

(3) 确定组距和组数。从上述资料看，月工资额主要集中在 1000～1100 之间，故可将组距确定为 100。另外

$$组数=\frac{全距}{组距}$$

所以组数＝440÷100＝4.4，可分为 5 组。

(4) 确定组限。月工资额最小值为 840.00，最大值为 1280.00，则确定最小变量值组的下限为 800，最大变量值组的上限为 1300，可分为

800～900、900～1000、1000～1100、1100～1200、1200～1300 五个组。

(5) 按分组情况，汇总各组总体单位数目，编制变量数列，见表 3-9。根据变量数列可进一步绘制次数分布曲线图（图形略）。

四、次数分布的主要类型

各种不同性质的现象有着各自特殊的次数分布。概括起来，主要有钟形、U形和J形分布三种。

（一）钟形分布

钟形分布的特征是“两头小、中间大”，即靠近中间的变量值分布的次数多，靠近两端的变量值分布的次数少。如果次数分配并不是完全对称，则称为非对称分布或偏态分布，通常有左偏态和右偏态两种，如图3-2（a）和（b）所示。如果次数分配是完全对称，则称为对称分布或正态分布。对称分布的特征是中间变量值分布的次数最多，以标志变量中心为对称轴。两侧变量值分布的次数随着与中间变量值距离的增大而渐次减少，并且围绕中心变量值两侧呈对称分布，如图3-2（c）所示。

表3-9　　某单位职工月工资额情况

月工资额（元）	职工人数（人）	比率（%）
800～900	3	10.0
900～1000	7	23.3
1000～1100	13	43.3
1100～1200	5	16.7
1200～1300	2	6.7
合　计	30	100.0

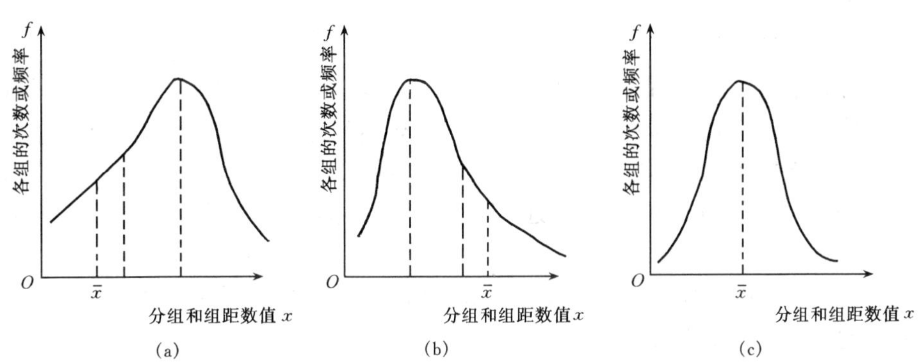

图3-2　钟形分布

（a）左偏分布；（b）右偏分布；（c）对称分布

正态分布是实际生活中最重要、最常见的分布，许多现象（如商品市场价格、农作物平均产量、零件公差等）统计总体的分布都趋于正态分布。

（二）U形分布

U形分布的特征与钟型分布恰恰相反，靠近中间的变量值分布的次数少，靠近两端的变量值分布的次数多，形成“两头大，中间小”的U形分布，如图3-3所示。如人口死亡现象按年龄分布便是如此。由于人口总体中幼儿和老年死亡人数较多，而中年死亡人数最少，因而死亡人数按年龄分组变表现为U形分布。

（三）J形分布

J形分布有正反J形两种类型。正J形分布是次数随着变量值的增大而增多，反J形分布是次数随着变量值的增大而减少，如图3-4所示。投资额按利润率大小分布，一般呈正J形分布；人口总体按年龄大小分布，一般呈反J形分布。

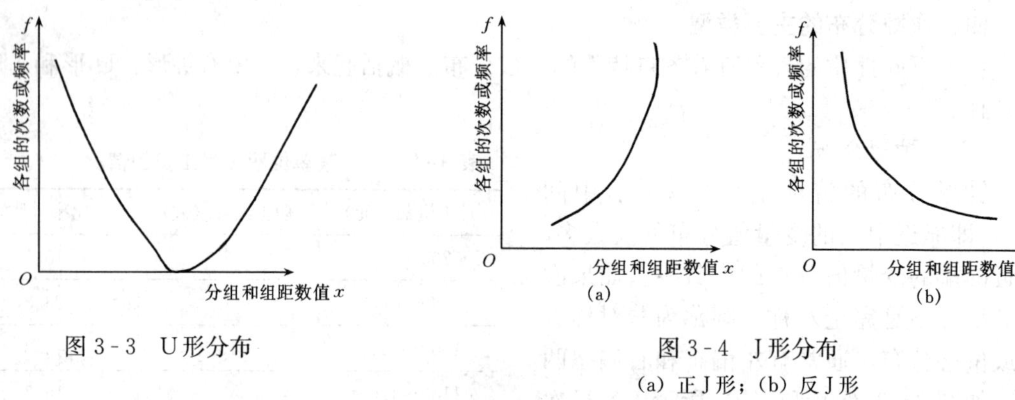

图 3-3 U形分布

图 3-4 J形分布
(a) 正J形；(b) 反J形

第四节 统 计 汇 总

统计汇总是按照预先设计好的汇总方案，对已经分组的原始资料进行综合加总，得出各调查单位分组资料和总体数值的过程。为了使汇总工作具有科学性和达到准确性的目的，必须按一定的步骤，采用适当的汇总方式和汇总技术进行。

一、汇总方案的设计

设计汇总方案是汇总之前必须考虑的工作。首先，对调查方案中，总体及总体各单位的分组及分组体系加以明确。即具体规定哪些总体单位需要分组，怎样进行分组。然后设计有关的统计指标和指标体系，列出需要汇总的调查项目、统计指标等。这些设计内容需要用各种汇总表格来表现，因此，汇总方案还应设计出有关的汇总表式、填表说明和各种分类目录。

此外在汇总方案中，还需包括汇总的组织形式，汇总方法，资料审核的要求和方法，汇总工作完成的期限及技术方式等。

二、统计汇总的组织形式

统计汇总是一项十分复杂的工作，需要有一整套科学的组织形式，以保证统计汇总的顺利进行。统计汇总一般有逐级汇总、集中汇总和综合汇总三种组织形式。

(一) 逐级汇总

逐级汇总是指自下而上一级一级地汇总本地区、本系统或本单位的调查资料。这种组织形式能够满足各级单位对资料的需要，也便于就地审核和订正原始资料，但汇总层次多，比较费工费时，出现差错的机会也较多。

(二) 集中汇总

集中汇总是把全部调查资料集中在一个机关或者最高统计机关进行一次汇总。这种组织形式可以缩短汇总时间，减少汇总差错，但原始资料如有差错不能就地更正，整理结果有时不能及时满足各地区、各部门的需要。

(三) 综合汇总

综合汇总是将逐级汇总和集中汇总结合起来的一种组织形式，即对于各地区和各级都需要的基本资料实行逐级汇总，对需要在全国或者本系统范围内进行加工的资料则实行集中汇总。

近年来，随着计算机的普及和计算机技术的飞速发展，我们借助于现代计算机技术和网络技术可以实现各级统计汇总的同步进行，逐级汇总、集中汇总、综合汇总的含义也将发生变化。例如，采用逐级汇总这种组织形式进行资料汇总时，只要各基层单位将原始数据输入数据库，各级汇总工作即可同时展开，上级部门的汇总工作不再需要等下一级的汇总工作结束之后才能进行，统计汇总的效率和质量将会提高。

三、统计汇总的审核

统计汇总的审核包括汇总前的审核和汇总后的审核两个环节。汇总前的审核是把握统计汇总质量的关键，审核的主要内容是资料的准确性、及时性和完整性。汇总后的审核是检查汇总工作的质量，审核的主要内容是汇总结果的真实性和准确性。

四、统计汇总的技术

统计汇总主要有手工汇总法和机械汇总法两种。

（一）手工汇总法

手工汇总法也称手工整理法，它是用手工方法利用一些简单工具对统计资料进行整理，其整理速度慢、时效性差，也比较容易出现差错，仅在资料较少、人力又许可的条件下采用。常用的手工汇总方法有划记法、过录法、折叠法和卡片法四种。

1. 划记法

划记法就是按照事先分好的组用点线符号（如“正”字）计算各组的单位数和合计总数。这种方法简便易行，但容易出现错漏，也不能汇总各组和总体单位的标志值，一般在总体单位资料不多的情况下采用。

2. 过录法

过录法就是将调查资料先过录到事先设计好的整理表上，并计算出各种合计数，然后再将其结果填入正式的统计汇总表中。这种方法汇总的内容比较全面，也便于校对检查，但工作量大，费时费力。

3. 折叠法

折叠法就是将所有调查表中需要汇总的项目和数值折在边上，一张接一张地叠在一起进行汇总计算。这种方法简便易行，但汇总时必须细致，并应随时进行检查。

4. 卡片法

卡片法就是将每个总体单位需要汇总的项目和数值摘录到事先准备好的卡片上，然后根据卡片进行分组和汇总计算。在调查资料多、统计分组细的情况下，宜采用卡片法进行汇总，它比划记法、过录法和折叠法的汇总质量要高。

（二）机械汇总法

机械汇总法也称机械整理法，它是利用机器设备对统计资料进行整理。对于大量的统计资料，靠手工的办法难以迅速、准确、及时地加以处理。手工汇总在实际应用中受到了极大的限制，机械汇总法应用得越来越广泛。随着科学技术的不断发展，统计资料整理经历了算盘、计算尺、手摇计算机、电动计算机到电子计算机汇总的历程，其汇总速度和质量越来越高。电子计算机具有强大的数据处理功能，而且具有运算速度快，精确度高，数据存储量大，修改、存储、取用方便，程序自动执行等特点，这些都是手工汇总无法比拟的。

近年来，电子计算机，尤其是微型电子计算机在我国得到了广泛的应用，把人们从大量繁杂的手工数据处理中解脱出来，而且完成了许多用手工难以处理的工作，极大地提高了工作效率和工作质量。一般地说，电子计算机对数据进行处理，包括对数据的收集、记载、修改、分类、排序、检索、存储、计算、传输、制表等工作。应用电子计算机进行统计资料的数据处理（或汇总）通常采用如下的步骤：

（1）明确所要编制程序的目的。即确定程序要完成些什么功能。它完全取决于统计汇总的目的和要求。

（2）进行技术准备工作。就是要掌握准备采用的电子计算机语言。

（3）进行可行性分析。可行性分析的目的是取得一个技术上可行、经济上合理、实施起来有效的数据处理方案。这就需要根据现有的基础、技术、人力等环境条件，结合费用和效果等具体分析所使用电子计算机本身的软件和硬件功能是否能满足所要进行数据处理（或汇总）的目的和要求。

（4）根据汇总方案画出程序框图，如图 3-5 所示。这是编写程序的重要步骤，框图应力求明了。

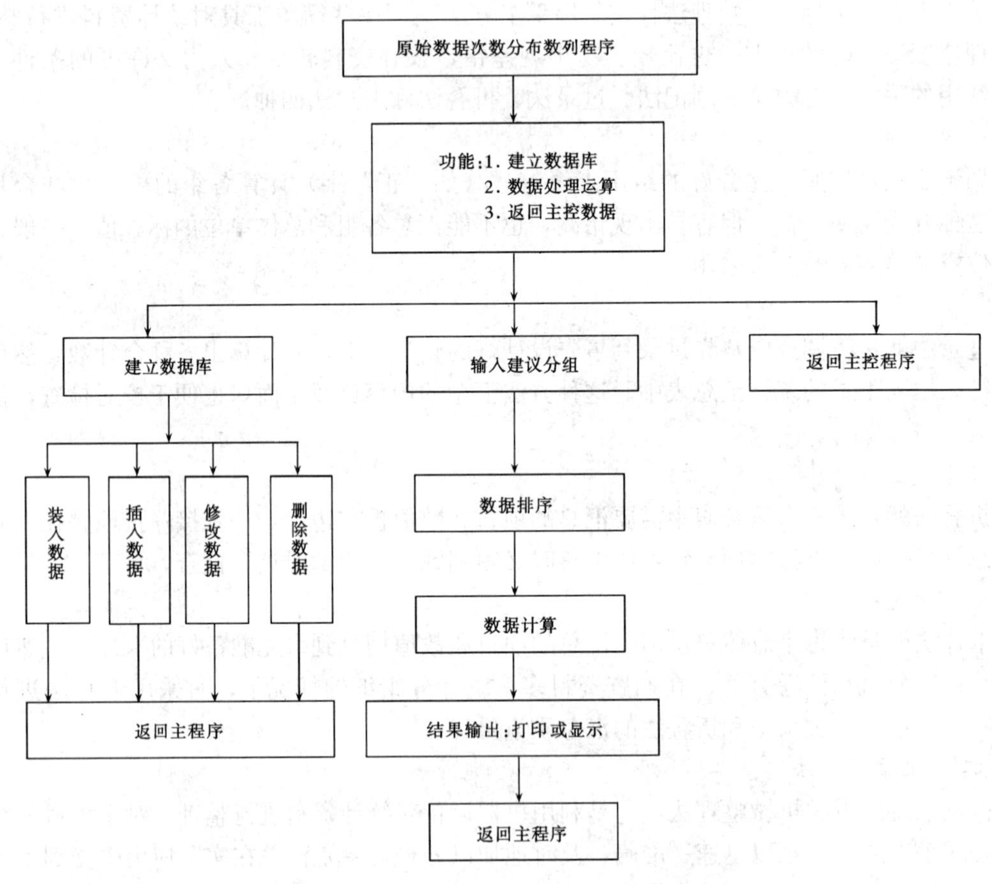

图 3-5　程序功能框图

（5）进行代码设计。就是对事物进行编码，例如，把汉字信息数字化。它的作用是使数据标准化、系统化，从而实现对数据资源的有效处理。代码设计是一项复杂的工作，其质量如何不仅影响数据输入的速度和质量，还将影响数据处理的最终结果。因此，在设计代码时要十分谨慎，它往往需要花费很长的时间（如全国的商品编码一般要用十几年的时间才能完成），编码体系一旦确定便不宜进行修改。

(6) 编写程序。设计程序时应尽量使程序结构模块化。这种程序便于阅读，结构清楚，条理性强，容易发现并修改错误。

(7) 程序调试及运行。程序的调试包括纠正程序中的各种错误，对程序的总体布局进行优化、改进等。最后，由电子计算机执行程序进行统计制表，并通过输出设备将结果打印出来。

从图 3-5 中可以看出，程序主要由主程序模块、建立数据库模块、计算模块和输出模块组成。

必须指出，现代计算机技术发展迅猛，计算机应用技术也是日新月异，这就为利用计算机进行资料整理提供了极大的方便。人们甚至可以不经过上述七步工作，只需安装好某些专用软件就可以直接在计算机上进行各种汇总工作和统计计算与分析工作了。

统计资料整理要实现现代化，就要运用先进的统计科学和现代化计算机技术。利用现代计算机技术、数据传输技术和网络技术，建立以计算机网络为主要特征的计算中心和信息交流中心，是统计资料整理工作的发展方向。计算机网络是指将地理位置不同，并具有独立功能的多个计算机系统通过通信线路和通信设备连接起来，且以功能完善的网络软件实现资源共享的系统。这种系统可以使网络内的所有用户都能享用网上各计算机系统中的全部或部分资源，它能够克服地理条件的限制，把分散在不同地区、不同行业和不同部门的计算机联成网络整体，实现数据和信息资源的共享，使手工方式逐级汇总时失掉的大量数据和信息资源得到开发和利用，即使在原始数据不变的情况下也能使可供信息量成倍增长。同时，这种现代化汇总系统可以避免系统中的重复劳动和投资，也便于均衡系统负载，提高系统的处理能力和可靠性，必将大大加快资料整理的速度和数据传输速度，并提高汇总数据的准确性。

第五节 统 计 表

一、统计表的结构

经过统计汇总，得出表明社会经济现象总体单位数和一系列标志总量的资料，把这些资料按一定顺序在表格上表现出来，这种表格叫统计表。

这里，我们是把统计表当做整理过程的最后一个环节来看的。当汇总的结果体现在表上，意味着整理过程的终止。但是，统计表应从广义方面来看，任何用以反映统计资料的表格都是统计表。

数字是统计的语言。统计研究社会经济现象的数量关系，主要是通过数字资料来表现的。统计表和统计图都是系统地表述数字资料的基本形式。统计表能够系统地组织和合理安排大量数字资料，便于对照比较，使得统计资料的表现显得紧凑、有力、突出，因而在描述统计资料中得到广泛的运用。

统计表的结构，从它的外表形式看，是由纵横线交叉的一种表格所组成的，在表格上，填写着反映社会经济现象的数字资料。因此，统计表是由总标题、横行标题和纵栏标题、数字资料等部分构成的。总标题是表的名称，放在表的上端，横行标题，写在表的左方，纵栏标题写在表的右上方，分别说明横行或纵栏所填列数字资料的内容。

从统计表的内容看，包括主词和宾词两个部分。主词就是统计表所要说明的总体、总体的各个组或各个单位的名称。表的宾词是用来说明主词的各种指标。在通常情况下主词列在表的左方，即列于横行；宾词列在表的上方，即列于纵栏。但是，当这样排列会使统计表的表式过分狭长或过分宽短时，也可以将主词宾词合并排列或变换位置排列。

表 3 - 10 为一个一般统计表的例子，表的组成部分在表旁加以标明。

二、统计表的种类

(1) 统计表按照主词是否分组和分组的程度，分为简单表、简单分组表和复合分组表。

1) 简单表是主词未经任何分组的统计表。例如，主词由总体单位清单组成的一览表；主词由地区、国家、城市等目录组成的区域表；主词由时间顺序组成的编年表等。表 3 - 11 是简单表的一个例子。

总标题

表 3 - 10　　某年我国固定资产投资分地区情况

	地　区	完成投资额（亿元）	增长百分数	占全部投资的比重（%）
横行标题	东部地区	12 188	17.5	62.7
	中部地区	4121	20.7	21.2
	西部地区	2387	21.2	12.3

（纵栏标题：表头各栏）

主词栏　　宾词栏

表 3 - 11　　某地区 12 个工业企业劳动生产率和固定资产利用效益

企　业	经济类型	职工人数	固定产原值（万元）	产值（万元）	人均固定资产（百元）	每百元固定资产产值（百元）	人均产值（百元）
(甲)	(乙)	(1)	(2)	(3)	(4) = (2) ÷ (1)	(5) = (3) ÷ (2)	(6) = (3) ÷ (1)
1	国有	540	459	963.9	85	210	178.5
2	国有	500	360	864.0	72	240	172.8
3	国有	480	384	844.8	80	220	176.0
4	集体	420	336	621.6	80	185	148.0
5	其他	400	288	518.4	72	180	129.6
6	集体	360	270	445.5	75	165	123.8
7	其他	360	198	277.2	55	140	77.0
8	国有	350	238	368.9	68	155	105.4
9	集体	340	221	309.4	65	140	91.0
10	集体	250	160	192.0	64	120	76.8
11	其他	240	144	165.6	60	115	69.0
12	其他	200	116	110.2	58	95	55.1
合计		4400	3174	5681.5	71.5	179	128.0

2) 简单分组表是主词按某一标志进行分组的统计表。利用分组来解释现象不同类型的不同特征，研究总体的内部构成，分析现象之间的依存关系。表 3 - 12 是简单分组表的一个例子。

表 3 - 12　某地区工业企业按固定资产原值分组的劳动生产率和固定资产利用效益

按固定资产原值分组（万元）	企业	职工人数		人均总产值（百元）	每百元固定资产产值（元）
		人数	%		
200 以下	4	1050	23.7	70.9	121
200～350	5	1870	42.1	121.0	167
350～500	3	1520	34.2	175.8	222
合　计	12	4440	100.0	128.0	170

3）复合分组表是主词按两个或两个以上标志进行复合分组的统计表。在一定分析任务要求下，复合分组表可以把更多的标志结合起来，更深入地分析社会经济现象的特征和规律性。表 3 - 13 是复合分组表的一个例子。

表 3 - 13　某地区工业企业按经济类型和固定资产原值分组的劳动生产率和固定资产利用效益

按经济类型和固定资产原值分组	企业数	人均固定资产（百元）	每百元固定资产产值（元）	人均产值（百元）
国有				
200 万～350 万元	1	68.0	155.0	105.4
350 万～500 万元	3	79.1	222.0	175.8
小　计	4	77.1	211.0	162.7
集体				
200 万元以下	1	64.0	120.0	76.8
200 万～350 万元	3	73.8	166.4	122.9
小　计	4	72.0	158.9	114.5
其他				
200 万元以下	3	57.3	120.7	69.1
200 万～350 万元	1	72.0	180.0	129.6
小　计	4	62.2	143.6	89.3
合　计	12	71.5	179.0	128.0

（2）统计表按用途分为调查表、整理表和分析表。

调查表，指在统计调查中用于登记、收集原始资料的表格，表中的数字可以说是未经综合的各个单位的标志值。

整理表，指在统计整理中用于表现整理过程和结果的表格，表中的数字是经过汇总的总量指标，包括总体单位数和一系列标志总量。整理表也可以成为汇总表、综合表。

分析表，指在统计分析中用于整理所得的统计资料进行统计定量分析的表格。这类表格往往与整理表结合在一起，成为整理表的延续。表中的数字既会有总量指标，又会有在总量指标的基础上计算的多种相对指标和平均指标。

三、宾词指标的分组配置

为使统计表的内容简明扼要，要注重统计表宾词的指标配置。在宾词指标不要求进一步分组的情况下，宾词配置就是指标体系的顺次列举，根据指标说明问题的主次先后排列，保持指标之间的逻辑关系。

当宾词指标需要分组时，宾词配置可有平行配置和层叠配置两种。平行配置就是宾词栏中各分组标志彼此分开，各标志的分组指标做平行排列；层叠配置则是将各分组标志层叠在一起，使各标志的分组指标有较大的增多。这样，在平行配置的情况下，宾词指标占有的栏数等于各标志的分组项数之和；而在层叠配置的情况下，宾词指标占有的栏数，要等于各标志的分组项数乘积。下面以某地区工业企业职工的性别和工龄为例，列出宾词指标不同的分组配置表式。平行配置见表 3 - 14，层叠配置见表 3 - 15。

表 3 - 14　　某地区工业企业职工的平行配置表

分组	企业数	职工人数	性　别		工　龄		
			男	女	五年以下	五至十年	十年以上
(甲)	(1)	(2)	(3)	(4)	(5)	(6)	(7)

从表 3 - 14 看出：平行配置的宾词占有栏数为 2＋3＝5 栏；层叠配置的宾词占有栏数为 2×3＝6 栏。如果在宾词指标中，再按年龄标志设置 5 个年龄组，这两种配置的差别就更大了。在平行配置的情况下，除原有栏数外，只要补充 5 栏，变为 2＋3＋5＝10 栏。而在层叠配置的情况下，则要扩充到 2×3×5＝30 栏。因此，对宾词指标的层叠配置要慎重考虑应用，它虽然能够详细说明研究对象的特征，但所用指标过分繁多，会影响到统计表表现的明确性。

表 3 - 15　　某地区工业企业职工的层叠配置表

分组	企业数	职工人数			工　龄					
		男	女	计	五年以下		五至十年		十年以上	
					男	女	男	女	男	女
(甲)	(1)	(2)	(3)	(4)	(5)	(6)	(7)	(8)	(9)	(10)

四、统计表的编制规则

统计表的编制，无论主词的内容或宾词指标的配置都要目的明确，内容鲜明，使读者能从表中看出研究现象的具体内容和情况。因此，在制表时，首先要强调目的要求，做到简明、紧凑、重点突出，避免过分烦琐。一个“包罗万象”的统计表，往往会使问题的实质被一些细枝末节所掩盖。

为此，编制统计表时必须注意的规则：

(1) 统计表的各种标题，特别是总标题的表达，应该十分简明、确切，概括地反映出表的基本内容。总标题还应该标明资料所属的地点和时间。

(2) 表中的主词各行和宾词各栏，一般应按先局部后整体的原则排列，即先列各个项目，后列总计。当没有必要列出所有项目时，可以先列总计，而后列出其中一部分的重要项目。

(3) 如果统计表的栏数较多，通常要加以编号。在主词和计量单位等栏，用（甲）、（乙）、（丙）等文字标明；宾词指标各栏，用（1）、（2）、（3）等数字编号。

(4) 表中数字应该填写整齐，对准位数。当数字为 0 或因数小可略而不计时，要写上 0；当缺乏某项资料时，用符号“…”表示；不应有数字时用符号“—”表示。

(5) 统计表中必须注明数字资料的计量单位。当全表只有一种计量单位时，可以把它写在表头的右上方。如果表中需要分别注明不同单位时，横行的计量单位可以专设一栏；纵栏的计量单位，要与纵标目写在一起，用小字标写。

(6) 统计表的格式一般是“开口”式的，即表的左右两端不画纵线。

(7) 必要时，统计表应加注说明或注解。例如，某些指标有特殊的计算口径，某些资料只包括一部分地区，某些数字是由估算来插补等，都要加以说明。此外还要注明统计资料的来源，以便查考。说明或注解一般写在表的下端。

习 题 三

一、判断题

1. 对统计资料进行分组的目的就是为了区分各组单位之间质的不同。（ ）

2. 统计分组的关键问题是确定组距和组数。（ ）

3. 组中值是根据各组上限和下限计算的平均值，所以它代表了每一组的平均分配次数。（ ）

4. 分配数列的实质是把总体单位总量按照总体所分的组进行分配。（ ）

5. 次数分配数列中的次数，也称为频数。频数的大小反映了它所对应的标志值在总体中所起的作用程度。（ ）

6. 某企业职工按文化程度分组形成的分配数列是一个单项式分配数列。（ ）

7. 连续型变量和离散型变量在进行组距式分组时，均可采用相邻组组距重叠的方法确定组限。（ ）

8. 对资料进行组距式分组，是假定变量值在各组内部的分布是均匀的，所以这种分组会使资料的真实性受到损害。（ ）

9. 任何一个分布都必须满足：各组的频率大于零，各组的频数总和等于 1 或 100%。（ ）

10. 按数量标志分组形成的分配数列和按品质标志分组形成的分配数列，都可称为次数分布。（ ）

11. 按数量标志分组的目的，就是要区分各组在数量上的差异。（ ）

12. 统计分组以后，掩盖了各组内部各单位的差异，而突出了各组之间单位的差异。（ ）

13. 分组以后，各组的频数越大，则组的标志值对于全体标志水平所起的作用也越大；而各组的频率越大，则组的标志值对全体标志水平所起的作用越小。（ ）

二、单项选择题

1. 统计整理的关键在（ ）。
   A. 对调查资料进行审核； B. 对调查资料进行统计分组；
   C. 对调查资料进行汇总； D. 编制统计表。

2. 在组距分组时，对于连续型变量，相邻两组的组限（ ）。
   A. 必须是重叠的； B. 必须是间断的；
   C. 可以是重叠的，也可以是间断的； D. 必须取整数。

3. 下列分组中属于按品质标志分组的是（ ）。
   A. 学生按考试分数分组； B. 产品按品种分组；
   C. 企业按计划完成程度分组； D. 家庭按年收入分组。

4. 有一个学生考试成绩为 70 分，在统计分组中，这个变量值应归入（ ）。

A. 60～70 分这一组；　　B. 70～80 分这一组；

C. 60～70 或 70～80 两组都可以；　　D. 作为上限的那一组。

5. 某主管局将下属企业先按轻、重工业分类，再按企业规模分组，这样的分组属于（　　）。

A. 简单分组；　　B. 复合分组；

C. 分析分组；　　D. 结构分组。

6. 简单分组和复合分组的区别在于（　　）。

A. 选择的分组标志的性质不同；　　B. 选择的分组标志多少不同；

C. 组数的多少不同；　　D. 组距的大小不同。

7. 有 20 个工人看管机器台数资料如下：2，5，4，4，3，4，3，4，4，2，2，4，3，4，6，3，4，5，2，4。如按以上资料编制分配数列，应采用（　　）。

A. 单项式分组；　　B. 等距分组；

C. 不等距分组；　　D. 以上几种分组均可以。

8. 在分组时，若标志值越高越好，凡遇到某单位的标志值刚好等于相邻两组上下限数值时，一般是（　　）。

A. 将此值归入上限所在组；　　B. 将此值归入下限所在组；

C. 此值归入两组均可；　　D. 另立一组。

9. 次数分配数列是（　　）。

A. 按数量标志分组形成的数列；　　B. 按品质标志分组形成的数列；

C. 按统计指标分组所形成的数列；　　D. 按数量标志和品质标志分组所形成的数列。

10. 划分连续变量的组限时，相邻组的组限必须（　　）。

A. 重叠；　　B. 相近；

C. 不等；　　D. 间断。

11. 将某地区国有企业按利润计划完成程度分为以下四组，正确的是（　　）。

A. 第一种；	B. 第二种；	C. 第三种；	D. 第四种。
80%～89%	80%以下	80%以下	85%以下
90%～99%	80.1%～90%	80%～90%	85%～95%
100%～109%	90.1%～100%	90%～100%	95%～105%
110%以上	100.1%～110%	100%～110%	105%～115%
110.1%以上	110%以上	110%以上	115%以上

12. 复合分组是（　　）。

A. 用同一标志对两个或两个以上的总体层叠起来进行分组；

B. 对某一总体选择一个复杂的标志进行分组；

C. 对同一总体选择两个或两个以上的标志层叠起来进行分组；

D. 对同一总体选择两个或两个以上的标志并列起来进行分组。

13. 对总体按某个标志进行分组，得到的统计表属于（　　）。

A. 分组表；　　B. 复合表；

C. 简单表；　　D. 整理表。

三、多项选择题

1. 统计整理的方法是（ ）。

A. 统计分组； B. 划分经济类型；

C. 检验统计资料库； D. 统计汇总；

E. 编制表统计。

2. 统计分组是（ ）。

A. 在统计总体内进行的一种定性分类；

B. 在统计总体内进行的一种定量分类；

C. 将同一总体区分为不同性质的组；

D. 把总体划分为一个个性质不同的、范围更小的总体；

E. 将不同的总体划分为性质不同的组。

3. 统计分组的作用是（ ）。

A. 划分社会经济类型； B. 说明总体的基本情况；

C. 研究同质总体的结构； D. 说明总体单位的特征；

E. 研究现象之间的依存关系。

4. 在组距数列中，组中值（ ）。

A. 上限和下限之间的中点数值； B. 用来代表各组标志值的平均水平；

C. 在开放式分组中无法确定； D. 就是组平均数；

E. 在开放式分组中，可以参照相邻组的组距来确定。

5. 在次数分配数列中（ ）。

A. 总次数一定，频数和频率成反比；

B. 各组的频数之和等于 100；

C. 各组频率大于 0，频率之和等于 1；

D. 频率越小，则该组的标志值所起的作用越小；

E. 频率表明各组标志值对总体的相对作用程度。

6. 统计表按主词是否分组及分组的程度，可分为（ ）。

A. 简单表； B. 一览表；

C. 分组表； D. 复合表；

E. 单一表。

7. 下列分组哪些是按品质标志分组（ ）。

A. 职工按工龄分组； B. 科技人员按职称分组；

C. 人口按民族分组； D. 企业按经济类型分组；

E. 人口按地区分组。

8. 下面哪些分组是按数量标志分组（ ）。

A. 企业按销售计划完成程度分组； B. 学生按健康状况分组；

C. 工人按产量分组； D. 职工按工龄分组；

E. 企业按隶属关系分组。

9. 次数分配数列（ ）。

A. 由总体按某标志所分的组和各组单位数两个因素构成；

B. 由组距和组数、组限和组中值构成的；

C. 包括品质分配数列和变量数列两种；

D. 可以用图表形式表现；

E. 可以表明总体结构和分布特征。

10. 表 3-16 数列属于（　　）。

A. 品质分配数列；

B. 变量分配数列；

C. 组距式变量分配数列；

D. 等距变量分配数列；

E. 次数分配数列。

表 3-16

按生产计划完成程度分组（%）	企业数
80～90	15
90～100	30
100～110	5
合计	50

四、简答题

1. 为什么说统计分组的关键在于分组标志的选择？
2. 简述变量分组的种类及应用条件。
3. 单项式分组和组距式分组分别在什么情况下运用？
4. 什么是统计分组？统计分组可以进行哪些分类？
5. 什么是统计分布？它包括哪两个要素？

五、计算题

1. 由 27 个工人看管机器台数如下：

5　4　2　4　3　4　3　4　4　2　4　3　4　3

2　6　4　4　2　2　3　4　5　3　2　4　3

试编制分配数列。

2. 某车间同工种的 40 名工人完成个人生产定额百分数如下：

97	88	123	115	119	158	112	146	117	108
105	110	107	137	120	136	125	127	142	118
103	87	115	114	117	124	129	138	100	103
92	95	113	126	107	108	105	119	127	104

试编制分配数列，并绘制直方图和次数分布曲线图。

3. 根据表 3-17 所示资料，绘制直方图和次数分布曲线图。

表 3-17　　某企业按生产定额分组情况

工人按完成生产定额百分比分组	工人数	比率（%）	工人按完成生产定额百分比分组	工人数	比率（%）
80～90	9	3.75	110～120	20	25.00
90～100	15	18.75	120～130	6	7.50
100～110	36	45.00	合　　计	80	100

第四章　总量指标和相对指标

通过统计整理得到大量的反映总体特征的统计指标，这时要进一步进行统计分析。统计分析中运用的统计指标可概括为三类，即总量指标、相对指标和平均指标，总称为综合指标。综合指标是统计整理的结果，又是进行统计分析的工具和方法。从本章开始，本书将进入统计分析阶段的讨论。本章只介绍总量指标和相对指标。

第一节　总　量　指　标

一、总量指标的概念和作用

总量指标是反映一定时期、地点和条件下某种现象总规模、总水平的综合指标。它是对统计调查来的原始资料经过分组和汇总得到的总计数字，是统计整理阶段的直接成果，为统计工作进入统计分析阶段提供可靠的基础。它的表现形式是绝对数，因此也称为绝对指标或绝对数。例如，一个国家或一个地区在一定时间条件下的人口数、耕地面积、粮食产量、钢铁产量、工农业总产值等，都是总量指标。它的数值随研究范围大小的变化而变化。

总量指标是统计中最基本的指标，在实际统计工作中应用十分广泛。其作用可概括为以下三点：

1. 反映一个国家、地区、部门或单位的基本状况

总量指标常用来反映一个国家的国情和国力，反映一个地区、部门或单位的规模、水平、基本经济状况和经济实力。例如，一个国家的粮食总产量、国内生产总值、钢铁产量、土地面积、石油储藏量等，标志着该国的生产水平和经济实力；一个地区的商品零售额、零售商业机构数等，标志着该地区的消费水平；某企业的职工人数、固定资产、增加值、利税总额等，反映了该企业人力、财力、物力的基本状况和生产经营活动的成果。

2. 制定政策、编制计划、进行科学管理的重要依据

无论是宏观调控还是微观管理，都不能凭空运作，必须从客观实际出发，以反映客观事物现在和历史的相关总量指标作为重要的参考依据。例如，一个国家的资源存储量、人口数、生产力水平和消费水平等总量指标是该国资源开发、利用和管理的重要参考依据。再如，城乡居民储蓄存款余额、全社会固定资产投资总额、货币流通量等总量指标是国家制定货币发行量、存贷款利率、存贷款额度、基本建设投资规模等各项金融政策和财政政策的基础。

3. 计算相对指标和平均指标的基础

相对指标和平均指标一般是由两个有联系的总量指标对比计算出来的，是总量指标的派生指标。总量指标的计算正确与否，直接影响到相对指标和平均指标的计算结果。可以说，总量指标是最基本的统计指标。例如，人口性别比例关系是男性人口数与女性人口数之比，单位面积产量是总产量除以播种面积之商。又如，2010 年我国粮食总产量 5464 亿 kg，年底人口数为 13.7 亿人，据以计算，这年人均粮食产量为 398.85kg。

二、总量指标的种类

(一) 总量指标按其反映现象总体内容的不同，分为总体单位总量和总体标志总量

总体单位总量是指总体内所有单位的总数，它表示总体本身的规模大小；如全国零售系统零售商店的总数、全国高等学校的总数等。

总体标志总量是指总体中各单位标志值的总和，它是反映总体单位某种标志值总和的总量指标。例如，研究某市国有企业的经营情况，则该市国有企业总数是单位总量，而该市国有企业的利税总额、职工人数、工资总额等是标志总量。

(二) 总量指标按其反映的时间状况不同，分为时期指标和时点指标

1. 时期指标

时期指标反映现象在一段时期内发展过程的总数量，它反映的是一段时间发展变化过程的结果。例如，产品产量、商品销售额、国内生产总值等。它有两个基本特点：

(1) 时期指标可以累计相加，累加结果表示更长一段时间内事物发展过程的总数量。例如，一年的利润额是本年度四个季度的利润额之和。

(2) 时期指标数值的大小与计算时期的长短有直接关系。例如，全年的利润额要比本年度任何一个季度的利润额都要大，一季度的利润额也比本季度任何一个月份的利润额要大。

(3) 时期指标是连续登记、累计的结果。例如，月产量是对每天的生产量进行登记，然后累计得到的，年产量是将 12 个月的产量累计得到的。

2. 时点指标

表示现象在某一时刻上的状态，它反映社会经济现象在某一时间（瞬间）状况下的总量指标，如人口数、土地面积、商品库存额、固定资产原值、银行存款余额等。它的特点如下：

(1) 各时点指标不能累计相加，累加结果无实际意义。例如，我们不能将某学校全年各月初或月末的学生人数相加作为本年度该校的全部学生人数。

(2) 时点指标数值的大小与时间间隔长短没有直接关系。例如，某企业某种物资的库存量年末数不一定大于本年第一季度末的数字，而第一季度末的数字也不一定大于当季一月末的数字。

(3) 时点指标是间断计数的，因为不可能对每一时点的数量都进行登记，通常是每隔一段时间登记一次。

(三) 总量指标按其采用的计量单位不同，分为实物指标、价值指标和劳动指标

1. 实物指标

实物指标是根据事物的属性和特点，采用自然的、度量衡的、物理的或化学的计量单位计算的总量指标，如人口数、粮食产量分别以“人”、“吨”为计量单位等。实物指标可以直接反映产品的使用价值或现象的具体内容。但是不同属性和计算单位的实物指标却不能直接汇总，因为它无法用来反映非同类现象的总规模和总水平。

2. 价值指标

价值指标是以货币为单位计算的总量指标，如增加值、产品销售收入、利税额等。价值指标代表一定的社会必要劳动量，具有最广泛的综合性和概括性。但是，价值指标脱离了具体的物质内容，比较抽象。因此，应将价值指标和实物指标结合起来使用，才能全面地认识问题。

3. 劳动指标

劳动指标是以劳动单位计量的总量指标。劳动单位是用劳动时间来表示的计量单位，它实际是一种复合单位。如工时、工日等。它借助劳动单位反映劳动总消耗量，并作为评价劳动时间利用程度和计算劳动生产率的依据。有时企业生产总成果也用劳动单位来表示。劳动指标主要在企业范围内使用，是企业编制和检查计划的重要依据。不同类型、不同经营水平企业的劳动指标不能直接相比。

三、计算和使用总量指标应注意的问题

为使总量指标资料准确，在进行总量指标统计时要注意以下问题：

1. 现象的同类性

只有同类现象才能计算总量。例如要计算工业总产值时，只有把工业产品与农业产品正确区分开，才能正确计算工业总产值。特别是在计算实物指标时，只有同类现象才能计算实物总量，而同类性是由事物的性质所决定的。例如，钢材和水泥的性质不同，就不能将它们混在一起计算实物总量，但是原煤、原油、天然气、水电等各种不同的燃料由于使用价值相同却可以折算为标准燃料计算总量，在统计粮食总产量时，如稻谷、小麦、玉米、高粱、谷子和豆类的产量也可以直接相加。

不过，在计算货物运输总量时，产品的同类性不成为计算的条件。因为它只要求计算货物的重量或里程而不问其品种如何。因此对于现象同类性的认识，还应取决于现在所处的条件或统计研究的目的。现象的同类性不等同于产品的同类性。

2. 有明确的含义和计算方法

统计指标的含义包括指标的内涵和外延两个方面。只有明确了总量指标的含义，才能正确地划分它的范围，正确地确定它的计算方法，进而才能正确地计算总量指标。例如，在计算工业增加值时，首先要明确工业的范围，工业的范围不清楚，就不可能统计出准确的工业增加值。再如，根据研究的目的不同，国内生产总值可以采用支出法、生产法和收入法三种计算方法。因此，一定要根据研究目的，统一规定指标的含义，采取明确而合理的计算方法。比如对社会总产品可以理解为企业的最终产品的合计。也可以理解为全社会范围的最终产品的总量。进行统计时，应明确究竟按什么含义和计算方法计算。不同国家的某一总量指标，在进行对比时，也要注意其含义和计算方法是否相同。

3. 有统一的计量单位

在计算实物指标总量时，不同实物单位代表不同类的现象，而同类现象又可能因为历史或习惯原因采取不同的计量单位。计算单位不统一，就容易造成统计上的差错或混乱，汇总起来就毫无意义。所以，不统一的要按全国统一的计量单位或国际计量单位换算为统一的计量单位再进行计算。

第二节　相　对　指　标

一、相对指标的概念、作用和表现形式

1. 相对指标的概念

相对指标也称相对数，是说明现象之间数量对比关系的指标，用两个或两个以上有联系的指标数值对比得到的一种抽象的比值，其结果表现为相对数。如我国 2004 年人口出生率

为12.29‰，房屋建筑面积竣工率为46.20%，财政收入增长速度为21.6%等，都是相对指标。它具有两个特点：

（1）相对指标是一种抽象值，它反映的不是现象之间的绝对差别，而是一种抽象化的数量对比关系，反映指标之间互相差别的相对程度。

（2）相对指标是把被比较的指标抽象化为1（或10、100、1000），然后以此为标准去衡量其他指标在同样条件下所处的相对水平。

2. 相对指标的作用

（1）相对指标可以说明事物发生和发展的程度、事物之间相互关联的程度、差别程度及计划执行情况或经济效益等。总量指标虽然是反映现象总体规模或水平的重要指标，但有时不易明显反映现象内部结构的数量特征和事物发展的程度。利用相对指标，可以较清楚地反映现象内部结构和现象之间的数量联系程度，对现象进行更深入地分析和说明。例如，我国海关的出口商品总额1980年为181.19亿美元，其中初级产品91.14亿美元，占出口商品总额的50.30%，工业制成品90.05亿美元，占出口商品总额的49.70%；2004年为5933.2亿美元，其中初级产品405.5亿美元，占出口商品总额的6.83%，工业制成品5527.7亿美元，占出口商品总额的93.17%。这些相对指标深刻地反映了1980～2004年的24年间，我国出口商品的结构有了根本改善，已经从主要出口初级产品转为主要出口工业制成品。如某地区粮食产量2010年为1989年的1.3倍，说明了该地区粮食生产的发展程度。

（2）利用相对指标可以使某些不能直接对比分析的统计指标，取得可以比较的基础，进行有效的分析。表4-1所示为两个企业某年的生产情况资料。

表4-1　　两个企业某年的生产资料

企　业	计划产量	实际产量
电机厂	2000台	2200台
钢铁厂	50 000吨	60 000吨

因为两个企业的类型不同产品不同，所以无法用总量指标直接比较其生产情况的好坏，但只要计算出各自的生产计划完成程度相对指标就可以进行比较分析。电机厂的计划完成程度为110%，而钢铁厂的计划完成程度为120%，可见后者要比前者生产完成得好。

又如，2010年甲、乙两个企业的利税总额分别是1000万元和800万元，直接依据这两个数字的大小来判断两个企业经济效益的好坏，难免会产生认识上的偏差，好像甲企业好。事实上，甲企业资本金为1亿元，乙企业为5000万元，甲企业资金利税率为10%，乙企业为16%，显然，乙企业好。所以，我们不仅要看企业的产出，还要考虑企业的投入，用资金利税率等相对指标来比较不同生产规模的经济效益进行评价则更为客观和合理。

3. 相对指标的表现形式

相对指标有有名数和无名数两种表现形式。有名数主要用来表现强度相对指标的数值，它是以相对指标中分子与分母指标数值的双重计量单位来表示的。如人口密度用“人/平方公里”表示，城市人口拥有公共汽车用“辆/万人”或“客位/万人”表示等。在相对指标中，大量的还是以无名数表示的。

无名数是一种抽象化的数值，常以系数、倍数、百分数、千分数、翻番数、成数、百分点等表示。系数和倍数是将对比的基数抽象化为1而计算的相对数。两个指标对比，其分子和分母指标数值相差不大时常用系数，子项较母项大得多时常用倍数。百分数是将对比的基数定为100而计算的相对数。千分数是将对比的基数定为1000而计算的相对数，当对比的分子数值比分母小得多的时候，宜用千分数表示。如人口出生率、死亡率、自然增长率多用于千分数表示。翻番数是指两个相比较的数值中，一个数是另一个数的“2^m”倍，则m是番数。例如，某地区2010年的工业增加值为220亿元，计划2015年翻一番，则该地区2015年的工业增加值应达到440亿元；若计划翻二番，即为880亿元；翻三番即为1760亿元。成数是将对比的基数定为10而计算的相对数，如某县2010年粮食产量比2000年增长二成，即增产十分之二。百分点是百分比中相当于1%的单位，它与百分数不同，它是把两个以百分数表示的指标进行对比，差距相当于1%。例如，某地区2010年的经济增长率比计划任务超过了1个百分点，并不是指经济增长超额1%完成了计划，而是实际经济增长率与计划的经济增长率之差为1%。

二、相对指标的种类及其计算方法

随着研究目的和任务不同，对比的基础也不同，也就产生不同的相对指标。以下介绍几种常用的相对指标。

（一）结构相对指标

1. 结构相对指标概念及计算公式

结构相对指标是表明总体内部的各个构成部分在总体中所占比重的相对指标，也叫比重指标。它表明总体内部构成情况。计算公式为

$$结构相对指标（\%）=\frac{总体部分数值}{总体全部数值}$$

【例4-1】　我国2009年的农林牧渔业总产值为60 361.0亿元，其中农业产值30 611.1亿元，林业产值2359.4亿元，牧业产值19 468.4亿元，渔业产值5626.4亿元，求结构相对指标。

农、林、牧、渔业的产值分别在总产值中所占的比重为

农业　30 611.1÷60 361.0=50.71%

林业　2359.4÷60 361.0=3.91%

牧业　19 468.4÷60 361.0=32.25%

渔业　5626.4÷60 361.0=9.32%

注：2003年起执行新国民经济行业分类标准，总产值包括农、林、牧、渔、服务业产值。

2. 结构相对指标特点

（1）结构相对指标一般用百分数或系数表示。

（2）结构相对指标计算公式的分子和分母既可以同是单位总量指标，也可以同是标志总量。对比的分子指标与分母指标不可以互换。

（3）结构相对指标必须以科学的分组为基础，才能正确反映现象总体的结构。总体各组成部分所占比重之和必须等于100%。

3. 结构相对指标作用

结构相对指标主要是用来反映现象的结构、比例关系及其发展变化规律的。具体来说，结构相对指标有两个主要作用：

（1）利用结构相对指标，对事物的内部结构的性质和特征进行分析。反映事物发展的不

同阶段由量变引起质变的过程。例如，表 4 - 2 反映了我国农、林、牧、渔业总产值构成在改革开放 20 多年来的显著变化。

从表 4 - 2 可以看出，农业产值在农林牧渔业总产值中的比重逐年下降；牧业、渔业产值的比重逐年上升（个别年份除外）；林业产值所占比重 1978～1985 年逐步上升，1990～1997 年逐步下降，而从 1998 年开始，又呈现出逐年上升的态势。表 4 - 2 清楚地表明了农业生产结构变动的过程和趋势。

表 4 - 2　　我国农、林、牧、渔业总产值构成的变化　　%

年份	1978	1980	1985	1990	1995	1996	1997	1998	1999
农业	80.00	75.63	69.25	64.66	58.43	60.57	58.23	58.03	57.53
林业	3.44	4.23	5.21	4.31	3.49	3.48	3.44	3.47	3.62
牧业	14.98	8.43	22.06	25.67	29.72	26.91	28.73	28.63	28.54
渔业	1.58	1.71	3.48	5.36	8.36	9.04	26.91	9.87	10.31
合计	100.00	100.00	100.00	100.00	100.00	100.00	100.00	100.00	100.00

资料来源：国家统计局《中国统计年鉴（2000）》，374 页，北京，中国统计出版社，2000 年。

（2）利用结构相对指标，可以反映事物总体的质量或工作的质量，反映人力、物力和财力的利用情况。如产品合格率、综合废品率等，可以表明工业企业的工作质量；工时利用率、设备利用率等结构相对指标能够反映企业的人力、物力和财力的利用状况。

（二）比例相对指标

1. 比例相对指标概念及计算公式

比例相对指标是反映总体内部各个组成部分之间的数量对比关系的相对指标。计算公式为

$$比例相对指标=\frac{总体中某一部分的数值}{总体中另一部分的数值}$$

例如，某市有 202 万人，其中男性 102 万人，女性 100 万人，那么该市人口的性别比例指标为 102%，如果以女性人口数 100 为基数，则男性人口数与女性人口数之比为 1.02∶1（102∶100）。

计算结果是比例相对指标，它表明了该市人口中的性别比例。

【例 4 - 2】　利用［例 4 - 1］的资料求比例相对指标。

以林业产值为对比基础的比例相对指标为

$$30\,611.1\div 2359.4=12.97$$

$$19\,468.4\div 2359.4=8.25$$

$$5626.4\div 2359.4=2.38$$

即农业、林业、牧业、渔业产值之间的比例为 12.97∶1∶8.25∶2.38

2. 比例相对指标的特点

（1）比例相对指标一般用倍数或系数表示。

（2）比例相对指标计算公式的分子指标与分母指标可以互换。

3. 比例相对指标作用

（1）比例相对指标能够反映事物内部各部分之间的数量联系程度和比例关系。社会经济生活的许多重大比例关系如人口的性别比例、积累与消费的比例关系等，都可以通过计算比

例相对指标来反映。

（2）比例相对指标有利于发现和改进存在的问题，研究社会经济发展的规律，如［例 4-3］。

【例 4-3】 根据表 4-3 所示资料计算比例相对指标。

表 4-3　国家财政收入　亿元

年份	财政收入		
	合计	中央	地方
2005	31 649.29	16 548.53	15 100.76
2006	38 760.20	20 456.62	18 303.58
2007	51 321.78	27 749.16	23 572.62
2008	61 330.35	32 680.56	28 649.79
2009	68 518.30	35 915.71	32 602.59

资料来源：国家统计局《中国统计年鉴（2010）》，北京，中国统计出版社，2010。

各年的比例相对指标为

2005 年：$$\frac{16\,548.53}{15\,100.76}=109.59\%$$

2006 年：$$\frac{20\,456.62}{18\,303.58}=111.76\%$$

2007 年：$$\frac{27\,749.16}{23\,572.62}=117.22\%$$

2008 年：$$\frac{32\,680.56}{28\,649.79}=114.07\%$$

2009 年：$$\frac{35\,915.71}{32\,602.59}=110.16\%$$

计算结果表明，2005～2009 年，中央财政收入与地方财政收入的比例在逐年提高。这种现象引起了各级领导的高度重视，通过采取有效措施，从 2008 年开始，这一比例逐步降低。

（三）比较相对指标

1. 比较相对指标的概念及计算公式

比较相对指标是不同条件下两个同类现象指标数值之比。计算公式为

$$\text{比较相对指标}=\frac{\text{某条件下的某类指标数值}}{\text{另一条件下的同类指标数值}}$$

例如，2010 年工业总产值，甲地区 120 亿元，乙地区 100 亿元，则甲地区为乙地区的 1.2 倍。

2. 比较相对指标的特点

（1）比较相对指标一般用倍数或系数表示。

（2）比较相对指标是同一时期同类现象在不同地区、部门、单位之间的对比，这种对比可以是两个总量指标，也可以是两个相对指标或平均指标，比较相对指标计算公式的分子指标与分母指标可以互换。

3. 比较相对指标的作用

(1) 反映同类现象在不同空间的数量差别程度。例如，某年北京市工业总产值为708.97亿元，上海市为1515.35亿元，天津市为635.22亿元，则上海市工业总产值为北京的2.14倍（1515.35：708.97），而北京市工业总产值又为天津市的1.12倍（708.97：635.22）。

(2) 通过对比可以揭示同类现象之间先进与落后的差异程度。例如，某地区工业企业劳动生产率最高的是甲企业，最低的是乙企业，指标数值分别为42 000元/人和16 000元/人。全地区工业企业劳动生产率平均为26 000元/人，则甲企业的劳动生产率是全地区平均水平的1.62倍，是乙企业的2.63倍，这说明甲企业的劳动生产率指标远远高于乙企业和全地区平均水平。

在经济管理工作中，将各单位的技术经济指标既可以与同类企业的先进水平对比，又可以与国家规定质量标准对比，从而找出差距，为提高本单位生产水平和管理水平提供依据。这是将比较的对象典型化而计算的相对指标。

（四）强度相对指标

1. 强度相对指标的概念及计算公式

强度相对指标是两个性质不同而有联系的总量指标之间的对比，用来表明某一现象在另一现象中发展的强度、密度和普遍程度。它和其他各种相对指标根本不同的特点，就在于它不是同类现象指标的对比。这里所指不同类现象可能分别属于不同的总体，也可能是同一总体中的不同标志或指标。例如，以人口数与土地面积对比得到的人口密度指标，以主要产品产量与人口数对比得到的人均产量，以铁路（公路）长度与土地面积对比得到的铁路（公路）密度。工农业生产中生产条件相互对比，计算各种装备程度指标，把生产成果与生产条件对比，计算各种效率指标等等均为强度相对指标。其计算公式如下：

$$强度相对指标=\frac{某种现象总量指标}{另一个有联系而性质不同的现象总量指标}$$

例如，2010年我国国内生产总值为397 983亿元，全国人口为1 370 536 875人，则平均每人的国内生产总值为29 038元。

2. 强度相对指标的特点

(1) 强度相对指标以双重计量单位表示，是一种复名数，如人口密度单位是人/km^2，人均主要产品产量用吨/人。另外，也有一些强度相对指标的数值用千分数或百分数表示，如人口死亡率用千分数表示，流通费用率用百分数表示，实质上仍是双重单位。死亡率为每千人口中死亡人数，流通费用率为每百元销售额中的费用。

【例4-4】 2009年我国有医院、卫生院、门诊部916 571个，医师2 329 206人，医院床位数441.66万张，人口数133 474万人，求强度相对指标。

每千人口医生数：(232.9÷133 474) ×1000=1.75（人）

每千人口医院床位数：(441.66÷133 474) ×1000=3.31（张）

平均每一医院服务人口数：(133 474×1000) ÷916 571=146（人）

(2) 强度相对指标有正逆指标之分。如每千人拥有的零售商业机构个数，或每个商业机构所服务的人数，前者为正指标，正指标从正方向说明现象发展水平所达到的发展程度或密度；后者为逆指标，逆指标从反方向说明现象发展水平所达到的程度或密度。一般来说，正指标越大越好，逆指标则越小越好。

例如，某城市人口1 000 000人，零售商店 3000 个，则该城市商业网点密度＝3000/1 000 000＝3 个/千人（正指标）或该城市商业网点密度＝1 000 000/3000＝333 人/个（逆指标）。

3. 强度相对指标的作用

（1）强度相对指标能够说明社会经济现象的强弱程度，因而被广泛地用于反映一个国家、地区或部门的经济实力并便于对比分析。如人均国民收入、人均粮食产量、人均钢产量等。

（2）可以说明为社会服务的能力。如按人口均摊的医生数或病床数，商业网点密度等。

（3）可以考核企业或社会的经济效益。许多重要的经济效益指标，都是强度相对指标，如商品流通费用率、全员劳动生产率和资金占用率等。

需要注意的是，许多强度相对指标带有“人均”字样，如人均粮食（棉布、钢）产量、人均国民生产总值等，这些指标很容易同平均数相混淆，使用时要注意区分。

（五）动态相对指标

动态相对指标又称发展速度，是表明某类现象在不同时间上的指标数值对比关系的相对指标，用以说明现象发展变化的方向和程度。计算公式为

$$动态相对数（\%）=\frac{报告期数值}{基期数值}\times 100\%$$

式中的报告期指的是被研究的时期，又称本期、现期、计算期，基期是作为比较基准的时期。

例如，某大学在校生人数 2000 年为10 000人，2010 年为15 000人，则该校在校生人数 2010 年是 2000 年的 150％

即（15 000/10 000）×100％＝150％。

计算结果表明 2000～2010 年 10 年间在校生增长了 50％。关于动态相对指标将在动态数列一章中详细介绍。

（六）计划完成程度相对指标

1. 计划完成程度相对指标的概念、基本计算公式及特点

计划完成程度相对指标简称计划完成程度、计划完成百分比，用来检查、监督计划执行情况的相对指标。它以现象在某一段时间内的实际完成数与计划任务数对比，借以观察计划完成程度。基本公式为

$$计划完成程度相对指标（\%）=\frac{实际完成数}{计划数}\times 100\%$$

计划完成程度指标的分子项是根据实际完成情况进行统计而得的数据，分母项是下达的计划指标。由于计划数总是用来衡量计划完成情况的标准，所以该公式的分子项和分母项不得互相换算，而且公式的子项和母项的指标含义、计算口径、计算方法、计量单位以及时间长短和空间范围等方面都要一致。公式的子项数值减母项数值则表明计划执行的绝对效果。

例如，某企业 2010 年产量计划达到 1500 吨，实际为 2000 吨，则：

$$产量计划完成程度（\%）=\frac{2000}{1500}\times100\%=133\%$$

计算结果表明，该企业超额完成产量计划任务 33%，实际产量比计划产量增加了 500 吨。

计划完成程度指标用来监督和检查国民经济计划的执行情况，分析计划完成或者未完成的原因，抓住薄弱环节，进一步挖掘潜力，为组织国民经济新的平衡和促进经济建设事业的发展提供依据。

2. 计划完成程度相对指标的计算方法

计划数是计算计划完成程度的基数，由于计划任务数下达的表现形式不同，计划完成程度相对指标有以下几种不同的计算方法。

（1）计划任务数以绝对数形式出现。当计划任务数以绝对数形式出现时，检查其计划完成情况一般分为短期计划完成和长期计划完成（一般为 5 年）的检查两种。它用来考察社会经济现象规模或水平的计划完成情况。

第一，短期计划完成情况检查。可以有两种不同算法表示其计划完成的不同程度。一是计划数与实际数是同期的，例如月计划数与月实际数对比，说明月度计划执行的结果。二是计划期中某一段实际累计数与全期计划数对比，用以说明计划执行的进度如何，为下阶段工作安排作准备。它的计算公式为

$$计划完成程度=\frac{累计至本期止实际完成数}{全期计划数}$$

例如：某商店某年计划销售额为 320 万元，到 9 月底累计销售额为 260 万元，则累计到 3 季度止销售额计划执行进度为

$$计划执行进度（\%）=（260/320）\times100\%=81.25\%$$

第二，长期计划完成情况检查。长期计划如 5 年计划，计划任务的规定有不同的性质。有的任务是按全期应完成的总数来规定的，如我国“七五”计划规定财政收入 5 年合计为 11 194亿元。有的任务则是规定计划期末所应达到的水平，如我国“九五”计划规定，2000 年粮食产量达到 4.65 亿吨。因而产生了两种不同的检查分析方法。一种叫累计法，一种叫水平法。

1）累计法。凡是计划指标是按计划期内各年的总和和规定任务时，或者是按计划全期（如 5 年）提出累计完成量任务时，就要求按累计法计算。如基本建设投资额、新增生产能力、造林面积等指标要求按累计法计算。计算时用整个计划期间实际完成的累计数与计划指标相比较，以检查计划完成程度。例如，我国某地区“十一五”计划规定：2005～2010 年的 5 年社会固定资产投资总额合计为12 960亿元，实际完成19 745.75亿元，则：

$$计划完成程度指标=\frac{5年计划期间累计完成数}{5年计划规定的累计数}=\frac{19\,745.75}{12\,960}=152.36\%$$

按累计法检查计划执行情况，将计划全部时间减自计划执行之日起至累计实际数量已达到计划任务时间，即为提前完成计划的时间。如某地区“十一五”时期基本建设投资总额规定为 20 亿元。该地区到 2010 年 6 月 30 日止实际完成投资额累计已达到 20 亿元，即提前半年完成投资计划。

2）水平法。制订长期计划时，有些计划指标是以计划期末应达到的水平来下达的，这样检查其计划完成情况就要用另一种方法——水平法来检查，例如我国某地区“十一五”计

划规定粮食产量2010年达到年产42 500万吨的水平，实际执行结果，2010年达到43 500万吨，则：

$$计划完成程度指标=\frac{计划期末实际达到的水平}{计划规定期末应达到的水平}=\frac{43\,500}{42\,500}=102.35\%$$

即超过完成计划2.35%。

用水平法检查计划执行情况，不仅计算计划完成程度，也应计算提前完成计划的时间。这是根据连续一年时间（不论是否在一个日历年度，只要连续12个月即可）的产量和计划规定最后一年的产量相比较来确定的。如计划规定某产品2010年年产量应达到120万吨的水平，实际执行结果从2000年7月到2010年6月止连续12个月产量已达到120万吨的水平，那么提前完成计划任务的时间为6个月。

(2) 计划任务数以相对数形式出现。在计划工作中，也有用提高或降低百分比来规定计划任务的。如劳动生产率计划提高百分之几，成本水平规定降低百分之几。这时计算计划完成百分比有它特殊的地方。这种计划任务实际上是把计划数和上年度实际数加以对比得出“计划为上年百分数”的相对指标（我们可称它为计划任务相对数），然后减去100%来确定。因此，相应就有本年实际数和上年实际数加以对比得出“实际为上年百分数”的动态相对指标减去100%的数值。

例如，某企业计划规定劳动生产率比上年提高10%，实际提高15%。在这种情况下，计划完成程度指标就不能直接用实际提高或降低百分之几除以计划提高或降低百分之几，而应当包括原有基数（以上年实际水平为100%）在内，即恢复“为上年的百分数”，然后进行对比，才符合计算计划完成程度指标的基本公式，得出正确的答案。我们以下面的公式来表达上述的内容：

$$计划完成程度指标=\frac{本年实际水平}{上年实际水平}:\frac{本年计划水平}{上年实际水平}=\frac{实际为上年的百分比}{计划为上年的百分比}$$

就上例，劳动生产率计划完成程度为

$$(1+15\%)/(1+10\%)=115\%/110\%=104.5\%$$

计算结果表明，该企业劳动生产率提高计划超额完成4.5%，或者说该企业劳动生产率计划完成104.5%。

又如，某企业计划规定某产品单位成本降低5%，实际降低7%，则成本降低计划完成指标为

$$(1-7\%)/(1-5\%)=93\%/95\%=97.9\%$$

计算结果表明实际成本比计划降低了2.1%。这里请注意，我们目的在于阐明当计划任务以相对数形式出现时，如何检查计划完成程度，但同时又使我们认识到动态相对指标和计划完成程度指标之间所存在的客观关系。记上年水平为 A_0，计划水平为 A_n，实际水平为 A_1。则各种相对指标可表示为

动态指标——A_1/A_0

计划任务相对数——A_n/A_0

计划完成相对数——A_1/A_n

则有：$A_1/A_0=A_n/A_0\times A_1/A_n$

显然，动态相对指标等于计划任务相对指标和计划完成相对指标的乘积。这个关系式很

有实际意义，因为可以从三个数中的两个已知数求另一个数。

【例 4-5】 某工厂 2011 年产量计划完成 110%，2011 年产量计划比 2010 年增长 8%，则 2011 年的产量同 2010 年比较增长率可通过下列关系式求出。

$$A_1/A_0 = 108\% \times 110\% = 118.80\%$$

这表明 2011 年的产量比 2010 年增长 18.8%。

三、计算和应用相对指标应注意的问题

1. 要正确选择对比基数

相对指标是通过指标之间的对比来反映现象之间的联系，而基数是对比的基础和标准，如果基数选择不当就会使指标没有实际意义。要正确选择基数必须注意以下两点：

(1) 要根据统计研究的目的选择对比基数。例如，计算和应用动态相对指标时，如果统计研究目的是反映一个国家、一个地区、一个企业或一个单位发展变化的大好形势时，对比基数就要选择建国、建厂年的指标作为基数，如果对比的目的是反映我国开放改革以来的巨大变化，则应选择 1978 年的指标作基数。因为党的十一届三中全会是开放改革的起点。

(2) 要根据被研究现象本身的性质和特点选择对比基数。例如，要对比电扇、蔬菜、水果等季节性强的指标时，就要考虑到淡季与淡季比，旺季与旺季比，这样才合理，才能起到相对指标的作用。

2. 要保持相对指标的可比性

相对指标是用两个指标相比较来反映现象间数量对比关系的综合指标。对比的现象能否可比是十分重要的问题，若将不能对比的现象加以比较，就会歪曲事实真相，导致认识上的严重错误。因此，可比性是计算和应用相对指标的一个重要条件。可比性主要包括以下几点：

(1) 范围上的可比性。范围上可比，一是指指标口径要可比。如工业统计中"工业总产值"指标进行动态比较时，就要考虑到不同时期的"工业总产值"指标包括范围是否一致。只有不同时期的指标口径相同，才具有可比性。二是分子与分母在空间范围上要可比。如果医疗机构或病床数与人口不属于同一个地区的数字，那么将由于分子与分母在范围上不一致而无可比性。

(2) 计算方法的可比性，这是计算同类现象在不同空间和时间上的对比时应注意的问题。例如，国民收入指标在社会主义国家与资本主义国家的计算方法就不一致，不能直接对比，要将指标调整为可比后才能进行比较。

3. 要与总量指标结合运用

相对指标是通过两个有关指标的对比，用一个抽象化的比值来表明现象之间的联系和变动程度，从而把现象的具体规模和水平抽象化了，不能反映出现象的绝对量的差别。因此，在应用相对数进行统计分析时，应尽量注意把它同用来作为比较基础的总量指标结合起来考虑，如果只看相对数，往往会得到不正确的结论。例如甲乙两企业工业总产值资料，如表 4-4所示。

甲企业计划完成程度（%）=20/10×100%=200%

乙企业计划完成程度（%）=150/100×100%=150%

表 4-4　　甲乙两企业工业总产值资料　　万元

企　业	计划数	实际完成数
甲	10	20
乙	100	150

从两个相对指标分析，甲企业大于乙企业，但以相对指标背后的绝对水平分析，却是乙企业大于甲企业。甲企业超出计划 10 万元，乙企业却超出 50 万。

由此可见，计算和运用相对指标，不能只凭相对指标的大小来判断事物，因为大的相对指标背后的总量指标可能很小，而小的相对指标背后的总量指标可能很大，或者同样的相对指标背后隐藏的总量指标可能不同。只有对总量指标和相对指标结合分析，才能对问题的实质做出正确的判断。

4. 要把多种相对指标结合起来运用

在进行对比分析时，我们不仅要把相对指标与总量指标结合起来，还要利用多种不同相对指标之间的相互关系和各自的特点结合起来进行分析。因为一种相对指标从一个角度出发，只能说明问题的一个方面，要更全面、更深刻地说明问题，就必须把多种相对指标结合起来运用。例如，要检查一个企业的生产发展情况，我们除了要计算计划完成相对指标说明计划完成程度外，还需要把本期的实际水平同前一期的实际水平或去年同期水平对比，分析生产的发展趋势，这样就须计算动态相对指标。另外，为了分析本企业的发展水平在同行业中所处的地位，就必须将本企业的水平和同行业的平均水平或先进水平对比，就须计算比较相对指标。只有这样，才能有助于认识事物的全貌。

习　题　四

一、判断题

1. 同一个总体，时期指标值的大小与时期长短成正比，时点指标值的大小与时点间隔成反比。（　）
2. 全国粮食总产量与全国人口对比计算的人均粮食产量是平均指标。（　）
3. 如果计划完成情况相对指标大于 100%，则肯定超额完成任务了。（　）
4. 同一总体的一部分数值与另一部分数值对比得到的相对指标是比较相对指标。（　）
5. 某年甲、乙两地社会商品零售额之比为 1.3，这是一个比例相对指标。（　）
6. 某企业生产某种产品的单位成本，计划在上年的基础上降低 2%，实际降低了 3%，则该企业差一个百分点，没有完成计划任务。（　）
7. 甲企业工人劳动生产率是乙企业的一倍，这是比较相对指标。（　）
8. 能计算总量指标的总体必须是有限总体。（　）

二、单项选择题

1. 反映社会经济现象发展总规模、总水平的综合指标是（　）。
   A. 质量指标；　B. 总量指标；　C. 相对指标；　D. 平均指标。
2. 总量指标按反映时间状况的不同，分为（　）。

A. 数量指标和质量指标； B. 时期指标和时点指标；
C. 总体单位总量和总体标志总量； D. 实物指标和价值指标。

3. 总量指标是用（　　）表示的。

A. 绝对数形式； B. 相对数形式；
C. 平均数形式； D. 百分比形式。

4. 某厂 2010 年完成产值 2000 万元，2011 年计划增长 10%，实际完成 2310 万元，超额完成计划（　　）。

A. 5.5%； B. 5%； C. 115.5%； D. 15.5%。

5. 反映不同总体中同类指标对比的相对指标是（　　）。

A. 结构相对指标； B. 比较相对指标；
C. 强度相对指标； D. 计划完成程度相对指标。

6. 下列指标属于时期指标的是（　　）。

A. 商品销售额； B. 商品库存额；
C. 商品库存量； D. 职工人数。

7. 由反映总体各单位数量特征的标志值汇总得出的指标是（　　）。

A. 总体单位总量； B. 总体标志总量；
C. 质量指标； D. 相对指标。

8. 计算结构相对指标时，总体各部分数值与总体数值对比求得的比重之和（　　）。

A. 小于 100%； B. 大于 100%；
C. 等于 100%； D. 小于或大于 100%。

9. 下列相对数中，属于不同时期对比的指标有（　　）。

A. 结构相对数； B. 动态相对数；
C. 比较相对数； D. 强度相对数。

10. 如果计划任务数是五年计划中规定最后一年应达到的水平，则计算计划完成程度相对指标可采用（　　）。

A. 累计法； B. 水平法；
C. 简单平均法； D. 加权平均法。

11. 某公司下属五个企业，共有 2000 名工人。已知每个企业某月产值计划完成百分比和实际产值，要计算该公司月平均产值计划完成程度，采用加权调和平均数的方法计算，其权数是（　　）。

A. 计划产值； B. 实际产值；
C. 工人数； D. 企业数。

12. 某企业的总产值计划比去年提高 11%，执行结果提高 13%，则总产值计划完成提高程度为（　　）。

A. $13\%-11\%$； B. $\frac{113\%}{111\%}$；

C. $\frac{113\%}{111\%}-100\%$； D. $\frac{111\%}{113\%}-100\%$。

13. 我国人口中，男女人口的性别比为 105∶100，这是（　　）。

A. 比例相对指标；　　B. 比较相对指标；
C. 强度相对指标；　　D. 平均指标。

14. 下列指标属于比例相对指标的是（　　）。
A. 工人出勤率；　　B. 农轻重的比例关系；
C. 每百元产值利税额；　　D. 净产值占总产值的比重。

15. 下列指标中属于时点指标的是（　　）。
A. 国内生产总值；　　B. 流动费用率；
C. 人均利税额；　　D. 商店总数。

三、多项选择题

1. 下列统计指标属于总量指标的是（　　）。
A. 工资总额；　　B. 商业网点密度；
C. 商品库存量；　　D. 人均国民生产总值；
E. 进出口总额。

2. 下列统计指标属于时点指标的有（　　）。
A. 某地区人口数；　　B. 某地区人口死亡数；
C. 某城市在校学生数；　　D. 某农场每年拖拉机台数；
E. 某工厂月末在册职工人数。

3. 下列指标中的结构相对指标是（　　）。
A. 国有制企业职工占总数的比重；
B. 某工业产品产量比上年增长的百分比；
C. 大学生占全部学生的比重；
D. 中间投入占总产出的比重；
E. 某年人均消费额。

4. 下列指标属于相对指标的是（　　）。
A. 某地区平均每人生活费 245 元；　　B. 某地区人口出生率 14.3%；
C. 某地区粮食总产量 4000 万吨；　　D. 某产品产量计划完成程度为 113%；
E. 某地区人口自然增长率 11.5‰。

5. 下列指标中强度相对指标是（　　）。
A. 人口密度；　　B. 平均每人占有粮食产量；
C. 人口自然增长率；　　D. 人均国内生产总值；
E. 生产工人劳动生产率。

四、简答题

1. 强度相对指标与平均指标的区别?
2. 时点指标与时期指标的区别?

五、计算题

1. 现有甲、乙两国钢产量和人口资料见表 4-5。

试通过计算动态相对指标、强度相对指标和比较相对指标来简单分析甲、乙两国钢产量的发展情况。

表 4-5 甲、乙两国钢产量和人口资料

项　目	甲　国		乙　国	
	2010年	2011年	2010年	2011年
钢产量（万吨）	3000	3300	5000	5250
年平均人口数（万人）	6000	6000	7143	7192

2. 某企业所属三个分厂 2011 年下半年的利润额资料见表 4-6。

表 4-6 某企业 2011 年下半年的利润额

项目	第三季度	第四季度				
	利润（万元）	计　划		实　际		
		利润（万元）	比重（%）	利润（万元）	比重（%）	计划完成百分比（%）
甲	(1)	(2)	(3)	(4)	(5)	(6)
A厂	1082	1234		1358		
B厂	1418	1724				95
C厂	915			1140		105
合计	3415					

要求：

(1) 计算空格指标数值。

(2) 如果未完成计划的分厂能完成计划，则该企业的利润将增加多少？超额完成计划多少？

(3) 若 B、C 两个分厂都能达到 A 企业完成计划的程度，该企业将增加多少利润？超额完成计划多少？

3. 某企业 2010 年甲产品的单位成本为 800 元，计划规定 2011 年成本降低 4.5%，实际降低 5%，试计算：

(1) 甲产品 2011 年单位成本的计划数与实际数；

(2) 甲产品 2011 年降低成本计划完成情况相对指标。

4. 某企业 2010 年乙产品产量为 1000 台，计划规定 2011 年年产量增长 5%，实际增长 6%。试计算：

(1) 2011 年乙产品产量计划数与实际数；

(2) 2011 年乙产品产量计划完成情况相对指标。

5. 某企业生产某种产品，按五年计划规定最后一年产量应达到 100 万吨。计划执行情况见表 4-7。

表 4-7 某企业某产品计划执行情况

指标＼年份	第一年	第二年	第三年		第四年				第五年			
			上半年	下半年	一季	二季	三季	四季	一季	二季	三季	四季
产量（万吨）	78	82	44	45	23.5	24	24.5	25	25	26	26.5	27.5

试计算：(1) 该产品计划完成情况相对指标；(2) 该企业提前多少时间完成了五年计划规定的指标。

6. A、B两地2011年主要农产品产量资料见表4-8。

表4-8　A、B两地2011年主要农产品产量　万吨

项目	A地	B地
粮食	260	210
油料	4	16
棉花	3	4
水果	45	22

计算：(1) 比较相对数；

(2) 强度相对数。

(注：2011年A、B两地人口数分别为1200万人和1400万人)

第五章　平均指标和变异指标

第一节　平均指标的概念和作用

在社会经济统计中，平均指标是最常用的一种综合指标。它是在总量指标基础上计算出来的，一般分成两种：一是静态平均指标，就是统计上经常使用的平均数，另一种是动态平均指标，又叫动态平均数。本章介绍前一类，后一类将在第八章中介绍。

一、平均指标的概念和作用

（一）平均指标的概念

平均指标是指用来反映社会经济现象总体各单位某一数量标志在一定时间、地点条件下所达到的一般水平，又称统计平均数。它是社会经济统计中常用的综合指标之一。

我们知道，在社会经济现象同质总体中，每个单位都有许多数量标志来表明它们的特征，这些特征的数量取值有大、有小，差异很大，分布有多、有少，参差不齐。但是在同质总体内的各个具体事物现象又具有共同性质的规定性，把数量上的差异制约在一定的范围中，这样就有可能利用一定的量来代表总体单位数量标志的一般水平。例如，工作人员的工资取决于他的技能、劳动性质、年龄、工龄和各种其他因素，因此，工资水平各种各样，但是，人们仍然可以谈论国民经济所有部门职工工资的平均水平。例如，某企业生产组 10 名工人的月工资额分别为 910 元、912 元、915 元、922 元、928 元、930 元、935 元、938 元、940 元、940 元。这 10 名工人工资的数值在总体中是不尽相同的，要说明他们的平均工资水平，用某一工人的工资额来代表 10 名工人的平均工资水平，显然是不适宜的。因此，必须计算他们的平均工资作为代表值，即

$$\frac{910+912+915+922+928+930+935+938+940+940}{10}=927\text{ 元}$$

这个 927 元就是在 10 名工人工资平均的基础上计算出来的，用以代表该 10 名工人月工资收入的一般水平，这就是平均指标。平均指标的特点在于它把总体各单位标志值的差异给抽象了，它可能与各单位所有标志值都不相同，但又作为代表值来反映这些单位标志的一般水平。平均指标广泛存在于社会经济现象总体中。

（二）平均指标的作用

1. 反映总体各单位变量分布的集中趋势

在社会经济现象总体中各单位某一标志在数量上的变化是有差异的，变量从小到大呈一定的分布形态。通常，标志值很小或很大的单位都比较少，而越靠近平均数的单位数越多，即标志值围绕在平均数周围的单位所占比重最大。平均数反映了标志值变动的集中趋势。比如农民家庭收入情况，人均纯收入很少或很多的户数只是少数，但在人均纯收入周围的中等收入的户数占总户数很大的比重。所以农户人均纯收入这一指标反映了农户收入分配的集中趋势，是农民收入在具体条件下所达到的一般水平。

2. 比较同类现象在不同单位的发展水平，用来说明生产水平、经济效益或工作质量的差距

例如，评价不同工业企业或乡村的生产情况，不宜用工业总产值或总收获量等总量指标

进行对比，因为受到企业或乡村生产规模大小的不同影响。如果用平均指标，如工人劳动生产率或单位面积产量来进行比较，就可以较好地评价它们的生产情况，反映其工作成绩和存在问题。这对于开展竞赛、竞争，找差距、挖掘潜力都有重要的作用。

根据同样的道理，平均指标也可用作同一单位不同时期的比较，说明生产水平、经济效益或工作质量的发展动态和趋势。

例如，某企业 2006～2010 年平均工资资料如下：

年　度	2006	2007	2008	2009	2010
平均工资（元）	926	943	960	998	1010

从上面的例子可以看出，该企业随着生产的发展，职工工资额是逐年提高的，如果用工资总额，或个别职工的工资来说明企业工资的变动水平都是不确切的，只有用平均工资额才能真正反映企业工资发展变化的基本情况。

3. 分析现象之间的依存关系

分析现象之间的依存关系，必须借助于平均指标，我们在阐明分组法的作用时已经强调。例如，将耕地按地形条件或施肥量等标志进行分组，再计算各组的农作物收获率，就可以反映出地形不同或施肥多少与收获率之间的依存关系。平均指标在研究现象的相互关系中很有用处。

平均指标除了在统计研究中有以上三方面作用外，经常被作为评价事物和问题决策的数量标准或参考。例如，对工厂工人劳动效率的评定，通常以他们的平均劳动生产率水平为依据。又如，在企业管理中，劳动、生产和消耗等各种定额往往是以实际的平均水平为基础，结合其他条件来制订的。在统计抽样中，常需要用样本的平均指标作为重要依据来推断总体。

二、应用平均指标的基本要求

应用平均指标的基本要求是：计算和应用平均指标必须注意现象总体的同质性。

要使平均指标真正成为反映总体数量特征的代表值，就只能针对同质性总体来确定，而不是随便对什么现象总体都可以计算。社会经济现象总体的同质性是计算或应用平均指标的基本要求。同质性指构成总体的各个单位必须具有某一共同的标志表现，比如“社会成分”都表现为“工人”，才能计算工人的平均工资；在一片耕地上都播种同样的作物，才能计算这一片耕地的平均亩产。如果各单位在类型上是异质的，特别是从社会生产关系来说存在着根本差别，那么，利用平均数就会抹去现象之间的本质差别，这样的平均数只能是“虚构”平均数。它不仅不能反映总体的一般水平，甚至还会得到歪曲真实情况的错误结论。所以科学的平均指标应建立在分组法的基础上，借助于分组法来区分不同性质的总体，然后就同类总体计算和运用平均指标。

三、平均指标的种类

静态平均数从计算方法来看，可分为数值平均数和位置平均数两大类。前者包括算术平均数、调和平均数和几何平均数，它们都是根据分配数列中各单位的标志值及其分布次数计算而得的；后者包括众数和中位数，它们是根据分配数列中某些标志值所处的位置来确定的。它们所反映的一般水平，有不同的意义，也有不同的应用场合。下面依次讲清楚各种平均指标的特点和计算方法。

第二节 算术平均数、调和平均数和几何平均数

一、算术平均数

统计中，算术平均数是将总体标志总量除以总体单位总量计算的平均数，它是计算社会经济现象平均指标最常用方法和最基本形式，基本公式如下：

$$算术平均数=\frac{总体标志总量}{总体单位总量}$$

算术平均数是统计中最基本、应用最广泛的一种平均数，这是因为许多社会经济现象和过程的平均水平都是总体各个单位标志值的总和来加以平均的。

算术平均数的计算特点正是符合客观现象这种数量对比关系的。因此，当谈到平均指标而又未说明是哪一种形式时，一般指的就是算术平均数。

需要注意的是，算术平均数既然是两个总量指标的对比关系，因而它和强度相对指标颇有相似的地方，但实质上是不相同的。平均指标是在一个同质总体内标志总量和单位总量的比例关系。它要求标志总量和单位总量相对应，即标志总量必须是总体各单位标志值的总和。例如，计算 50 个工人的平均工资，作为分子的工资总额只能是这 50 个工人工资的总和。强度相对指标的分子分母是两个不同总体现象总量，不存在各个标志值与各个单位相对应的问题。例如，人均粮食产量是全国粮食总产量与全国人口数之比，反映粮食生产与人口发展的密切关系。但是粮食产量并非全国人口每个人都具有的标志，粮食总产量不直接依附全部人口数，所以是强度相对指标。

在实际工作中，有一些平均指标可以借助于直接具有的标志总量和单位总量来计算。如粮食总产量、播种面积、工资总额、职工人数等资料，可以从统计部门取得，就可据以直接计算平均亩产和平均工资。例如，1995 年我国城镇职工 14 900 万人，工资总额为 8100 亿元，依此计算 1995 年我国职工年平均工资为 5436 元。

但是，大量的平均指标不能依靠直接得到的标志总量和单位总量的资料来计算，要采用简单算术平均数和加权算术平均数形式来计算。

（一）简单算术平均数

它是对每一个标志值一一加总得到的标志总量，再除以单位总量求出的平均指标。简单算术平均数适用于未分组资料。其计算公式如下：

$$\bar{x}=\frac{x_1+x_2+\cdots+x_n}{n}=\frac{\sum x}{n} \qquad (5-1)$$

式中，$\bar{x}$ 代表算术平均数，x 代表各单位标志值，$\sum$ 是总和符号，n 代表总体单位数。

例如，某工厂生产班组有 8 个工人，各人生产某种零件的日产量为 12、13、14、15、16、17、18、20 件，则平均每工人日产量为

$$\bar{x}=\frac{\sum x}{n}=\frac{12+13+14+15+16+17+18+20}{8}=16(件) \qquad (5-2)$$

简单算术平均数之所以简单，就在于各个变量值出现的次数相同，如上例中每个变量值都出现一次，因此，只要把各项变量值简单相加除以项数就可以了，如果情况不是这样，相同的变量值出现多次，那就要采用加权平均法计算。

（二）加权算术平均数

当原始资料已经进行分组整理，按标志值大小顺序组成变量数列，加权算术平均数就是根据整理后形成的变量数列计算其平均指标的。根据数列表现形式不同又分为如下两种情况：

（1）单项式变量数列计算的加权算术平均数，就是直接用各组变量值乘以该组的次数之和作分子，把次数相加作分母，两者相除之商即为加权算术平均数，其计算公式为

$$\overline{x}=\frac{x_1f_1+x_2f_2+\cdots+x_nf_n}{f_1+f_2+\cdots+f_n}=\frac{\sum xf}{\sum f}$$

式中，f 为标志值出现的次数。

【例 5-1】　设某建筑工地上有 10 台起重机在工作，其中一台的起重量为 40 吨，两台为 25 吨，三台为 10 吨，其余四台为 5 吨，则每台起重机平均起重量计算见表 5-1。

表 5-1　某建筑工地起重量资料表

起重量（吨） x	台数 f	起重总量（吨） xf
40	1	40
25	2	50
10	3	30
5	4	20
合计	10	140

$$\overline{x}=\frac{\sum xf}{\sum f}=\frac{140}{10}=14\text{（吨）}$$

这说明加权算术平均数是在分配数列的条件下计算，它必须首先求出每组的标志总量，并加总取得总体的标志总量，然后除以总体单位总数。

从上式可见，平均数的大小不仅决定于总体各单位标志值 x，同时也决定于各标志值的次数 f。次数多的标志值对平均数的影响要大些，次数少的标志值对平均数的影响也相应地小。标志值次数的多少，对平均值的大小有权衡轻重的影响作用，所以称为权数。这种用权数计算算术平均数的方法称为加权算术平均数。

权数除用总体各组单位数即频数形式表示外，还可以用比重即频率形式表示。因此，便有另一种加权算术平均数形式，就是用标志值乘以相应的频率。其公式为

$$\overline{x}=x_1\cdot\frac{f_1}{\sum f}+x_2\cdot\frac{f_2}{\sum f}+\cdots+x_n\frac{f_n}{\sum f}=\sum x\frac{f}{\sum f}\qquad(5-3)$$

【例 5-2】　在［例 5-1］中，某建筑工地上，各种起重机起重量和起重机台数构成表见表 5-2，具体资料如下：

平均起重量＝40×10％＋25×20％＋10×30％＋5×40％＝14（吨）

表 5-2　起重量和起重台数构成表

起重量（吨） x	起重机台数 构成比重（％） $f/\sum f$	起重总量（吨） $xf/\sum f$
40	10	4
25	20	5
10	30	3
5	40	2
合计	100	14

这说明，权数的权衡轻重作用，说到底是体现在各组单位数占总体单位数的比重的大小上。从［例 5-1］可明显地看出，比重的大小就直接表明了该组标志值占据平均数的地位。那些比重的数字意味着起重机起重量 40 吨中取 10％计入平均数，起重机起重量 25 吨中取其 20％计入平均数……，所取的百分数越大，该标志值占据平均数的地位也就越大。由此可见，权数对于算术平均数

的影响作用，不决定于权数本身数值的大小，而决定于作为权数的各组单位数占总体单位数的比重大小。哪一组的单位数所占的比重大。那一组标志值对平均数的影响就大。因此当各组的单位数相等或各组单位数所占的比重相等时，权数对各组的作用都一样，就失去了加权的意义了。因而将简单算术平均数和加权算术平均数进行比较，可以看出，二者存在着这样的关系：当各组次数相等时，即当 $f_1=f_2=\cdots=f_n$ 时，加权算术平均数就可以转换为简单算术平均数，即

$$\bar{x}=\frac{\sum xf}{\sum f}=\frac{f\cdot\sum x}{n\cdot f}=\frac{\sum x}{n} \tag{5-4}$$

［例 5 - 2］中，如果各种起重机的台数都一样，则平均起重量为

$$\bar{x}=\frac{\sum x}{n}=\frac{40+25+10+5}{4}=20\text{ 吨}$$

因此，简单算术平均数和加权算术平均数之间并没有根本的区别，简单算术平均数可以看成是加权算术平均数的一个特例。

(2) 组距式变量数列计算加权算术平均数。用组距式变量数列计算加权算术平均数与用单项式变量数列计算加权算数平均数的方法基本相同，所不同的是先需要计算组中值，并以组中值作为各组的代表值，而后进行加权计算。

【例 5 - 3】 某车间工人每日生产工件数分组情况见表 5 - 3。

表 5 - 3　　某车间工人每日生产工件数分组情况表

按工件分组	工人数 f	组中值 x	工件数 xf
40～50	15	45	675
50～60	19	55	1045
60～70	20	65	1300
70～80	14	75	1050
80～90	8	85	680
合计	76		4750

则平均日产工件数 $\bar{x}=\frac{\sum xf}{\sum f}=4750/76=62.5$ 件

这里应该说明一点，在组距分配数列条件下计算加权算术平均数，照理可用各组的实际平均数乘以相应的权数来计算。但在实际编制组距数列中，很少计算组平均数。在缺乏组平均数资料条件下，可用各组中值来代替计算。当然，这种用组中值来代替计算的算术平均数，是以假定各组内的标志值均匀分布为前提的，不可避免地会存在一定程度的误差，具有近似值的性质。

计算加权算术平均数会遇到权数选择问题。在分配数列条件下，一般来说，次数就是权数。但也有次数是不合适的权数，这在从相对数或平均数求平均数时经常遇到。

【例 5 - 4】 某局所属 15 个企业产值计划完成情况的组距分配数列资料见表 5 - 4。

本例的平均对象是各企业完成产值计划百分比。为了计算整个局产值计划平均完成程度，是用企业数为权数，还是用计划产值为权数？企业数虽是完成产值计划不同程度的次数但并不是合适的权数。因为各企业规模大小不同，产值多少也有差别，正确计算产值计划平均完成百分比，需用计划产值来加权。这样，才适合于这一指标的性质，即从实际产值和计

划产值的对比中来确定。计算如下：

$$\text{平均计划完成程度}\bar{x}=\frac{\sum xf}{\sum f}=\frac{95\%\times100+105\%\times800+115\%\times100}{100+800+100}=105\%$$

表 5-4　**某局 15 个企业产值计划完成情况表**

计划完成程度（%）	组中值（%）x	企业数	计划任务数（万元）f	实际完成数（万元）xf
90～100	95	5	100	95
100～110	105	8	800	840
110～120	115	2	100	115
合　计	—	15	1000	1050

二、调和平均数

调和平均数是标志值倒数的算术平均数的倒数，又称倒数平均数。一般是在统计资料没有总体单位数的情况下，无法直接采用算术平均数，这时，就需要把算术平均数的形式加以改变而成为另一种计算平均数的方法，这就是调和平均数。它仍然是依据算术平均数的基本公式——总体标志总量除以总体单位总量来计算。从计算方法上来看，有简单调和平均数和加权调和平均数两种。

（一）简单调和平均数

简单调和平均数适用于未分组的资料。计算公式为

$$H=\frac{n}{\frac{1}{x_1}+\frac{1}{x_2}+\cdots+\frac{1}{x_n}}=\frac{n}{\sum\frac{1}{x}} \tag{5-5}$$

式中，H 为调和平均数；x 为标志值；n 为项数。

例如，5 名工人生产每件产品的时间分别为 5 分、6 分、7 分、8 分、10 分，则

$$\text{平均每件产品生产时间 }H=\frac{n}{\sum\frac{1}{x}}=\frac{5}{\frac{1}{5}+\frac{1}{6}+\frac{1}{7}+\frac{1}{8}+\frac{1}{10}}=6.807\text{ 分}$$

（二）加权调和平均数

加权调和平均数适用于分组资料。计算公式为

$$H=\frac{\sum m}{\sum\frac{m}{x}} \tag{5-6}$$

式中，m 表示各组标志总量。

它和加权算术平均数的关系如下：

$$H=\frac{\sum m}{\sum\frac{m}{x}}=\frac{\sum xf}{\sum\frac{1}{x}xf}=\frac{\sum xf}{\sum f}=\bar{x} \tag{5-7}$$

上式表示，加权调和平均数以各组标志总量（m）为权数，加权算术平均数以各组单位数（f）为权数，但二者计算内容和结果都是相同的。作为算术平均数变形的加权调和平均数，一般运用于没有直接提供被平均标志值的相应单位数的场合。举例如下：

【例 5-5】　某企业工人月产量资料见表 5-5。

表 5-5　　某企业工人月产量资料

月产量 x（各组工人平均月产量）	每组工人月产量 m	工人数 m/x
10	100	10
12	240	20
15	450	30
20	600	30
30	600	20
合计	1990	110

在资料中，已具备了基本公式的分子条件，缺少分母条件，即有了各组即全部工人月产总量资料。在这种情况下，可先用各组月产量除以各组变量值得出各组工人数，然后求和得出全部工人数，便找出了基本公式的分母条件，即

$$H=\frac{\sum m}{\sum\frac{m}{x}}=\frac{\sum xf}{\sum\frac{1}{x}xf}=\frac{\sum xf}{\sum f}$$

具体计算过程如下：

$$H=\frac{\sum m}{\sum\frac{m}{x}}=\frac{100+240+450+600+600}{\frac{100}{10}+\frac{240}{12}+\frac{450}{15}+\frac{600}{20}+\frac{600}{30}}=\frac{1\,990}{110}=18$$

当所有标志值的权数都相等时，就可以采用简单调和平均数代替加权调和平均数。

即，当 $m_1=m_2=\cdots=m_n=m$ 时，$H=\frac{\sum m}{\sum\frac{m}{x}}=\frac{m_1+m_2+\cdots+m_n}{\frac{m_1}{x_1}+\frac{m_2}{x_2}+\cdots+\frac{m_n}{x_n}}=\frac{nm}{m\sum\frac{1}{x}}=\frac{n}{\sum\frac{1}{x}}$

三、几何平均数

几何平均数是 n 项变量值连乘积的若干次方根。几何平均数主要应用于：当若干个比率的连乘积等于总比率时，计算其平均比率；各期发展速度的连乘积等于总发展速度时，计算其平均发展速度。本节主要介绍用于平均比率的计算；用于平均发展速度的计算，将在第八章“动态数列”中具体介绍。

（一）简单几何平均数

简单几何平均数适用于未分组资料。其计算公式为

$$G=\sqrt[n]{x_1\cdot x_2\cdot\cdots\cdot x_n}=\sqrt[n]{\prod x}$$

式中，G 为几何平均数；x 为变量值；$\prod$ 为连乘符号；n 为变量值的项数。

【例 5-6】 设某轧钢厂报告期资料如表 5-6 所示，要求计算各车间平均成材率。

表 5-6　　轧钢厂各车间报告期生产情况

车间	投入量（吨）	产出量（吨）	成材率（%）
开坯	钢锭 1000	钢坯 800	80.0
粗轧	钢坯 800	粗材 720	90.0
精轧	粗材 720	精材 504	70.0
全厂	钢锭 1000	精材 504	50.4

解　由于各车间成材率与全厂总成材率之间存在着连乘积的关系，所以适宜用几何平均法计算各车间的平均成材率。即

$$G=\sqrt[n]{x_1\cdot x_2\cdot \cdots \cdot x_n}=\sqrt[n]{\prod x}=\sqrt[3]{0.8\times 0.9\times 0.7}=\sqrt[3]{0.504}=0.7958$$

计算结果表明，该轧钢厂三个车间平均成材率79.58%。

（二）加权几何平均数

加权几何平均数适用于分组资料。计算公式为

$$G=\sqrt[\Sigma f]{x_1^{f_1}\cdot x_2^{f_2}\cdot \cdots \cdot x_n^{f_n}}=\sqrt[\Sigma f]{\prod x^f}$$

【例5-7】　某建设银行进行某项工程投资，年利率按复利计算，投资25年的年利率分配为：有1年为5%，有4年为8%，有8年为10%，有10年为15%，有2年为18%，求25年的平均年利率。

解　年平均比率$=\sqrt[25]{1.05^1\times 1.08^4\times 1.10^8\times 1.15^{10}\times 1.18^2}=112.1\%$

年平均利率$=112.1\%-100\%=12.1\%$

几何平均数的特点：

（1）它适用于反映特定现象的平均水平，即变量的总水平不是各变量的总和，而是各变量的连乘积。

（2）如果数列中有一个标志值等于零或负值，就无法计算几何平均数。

四、算术平均数、调和平均数和几何平均数的关系

如果根据同一标志值数列计算且各标志值不等，则有$\bar{x}>G>H$。例如，有5个变量值3、4、5、6、7，求其平均数得$\bar{x}=5$，$H=4.59$，$G=4.79$。当所有变量值都相等时，$\bar{x}=G=H$。概括而言，即有$\bar{x}\geqslant G\geqslant H$。

第三节　众数和中位数

众数和中位数是根据处于特殊位置的一部分标志值计算的。所以说它是两个位置平均数。以下分别加以说明。

一、众数

众数是现象总体中出现次数最多的标志值，由于它在总体中出现的次数最多，所以，可以用它来代表总体的一般水平。

众数是现象总体中最普遍出现的标志值，因此，在分配数列中，具有最多次数的那个组的标志值，就是众数值。在实际统计工作中，可以利用众数表明现象的一般水平。例如，为了掌握集市上某商品价格水平，可不必全面登记该商品的全部贸易量和贸易额加以平均，只用该日市场上最普遍的成交价格，假定市场上某商品最多成交量价格为10元/kg，这10元即可用来代表这种商品价格的一般水平。

（1）由单项式变量数列确定众数。在单项式变量数列中，出现次数最多的标志值就是众数。例如，某村农民家庭按儿童人数分组情况见表5-7。这里，众数就是两个儿童的家庭，因为这个标志值所相对的次数最多。

（2）由组距式变量数列确定众数。对于组距式分组资料，在确定众数所在组后，还要进行具体计算，以求得近似的众数值。

下面以某乡农民家庭年人均纯收入的资料（见表5-8）来说明众数的计算方法。

表5-7 某村农民家庭按儿童人数分组表

家庭按儿童数分组（个/户）	家庭数（户）
0	20
1	60
2	150
3	90
4	40
合计	360

表5-8 某乡农民家庭年人均纯收入

农民家庭按年人均纯收入分组（元）	农民家庭数（户）
1000～1200	240
1200～1400	480
1400～1600	1050
1600～1800	600
1800～2000	270
2000～2200	210
2200～2400	120
2400～2600	30
合计	3000

第一步，确定数列的众数组。本例中最多次数相应组，其标志值从1400～1600元即众数组。

第二步，代入计算公式：

$$m_0 = L_{m0} + d_{m0}\frac{f_{m0} - f_{m0-1}}{(f_{m0} - f_{m0-1}) + (f_{m0} - f_{m0+1})} \qquad (5-8)$$

式中，m_0 为众数；L_{m0}为众数组下限；d_{m0}为众数组组距；f_{m0-1}为众数组前一组次数；f_{m0}为众数组的次数；f_{m0+1}为众数组后一组次数。

将表5-8的数据代入式（5-8），则

$$m_0 = 1400 + 200 \times \frac{1050-480}{(1050-480) + (1050-600)} = 1400 + 111.8 = 1511.8\text{元}$$

式（5-8）的意思是：众数组的下限须要加上众数组组距的一部分数量，这一部分数量取决于前一组与后一组频数的大小。上面的计算是1400加上111.8，也就是占了组距（200）的半数以上，因为后一组的频数（600）大于前一组的频数（480）。

众数的计算有一定条件，即如果遇到所有标志值的频数都是一样的分配数列，则不存在众数。在单位数不多或一个无明显集中趋势的资料中，众数的测定是没有意义的。某些场合，不是一个标志值，而是两个标志值具有最大的频数，那就是两个众数，属于双众数分配数列。双众数分布从被研究标志方面来看，可以说总体不具有同质性。

二、中位数

中位数是将总体各单位标志值按大小顺序加以排列后，处于数列中点位置的标志值。在一定情况下，可用它反映社会现象的一般水平。

中位数的概念表明，数列中有一半单位的标志值小于中位数，另一半单位的标志值大于中位数。例如根据1990年人口普查资料，我国人口年龄中位数为25.25岁，这个数字反映了我国人口年龄结构的水平。又如在研究社会居民收入水平时，以居民收入中位数比平均收入更能代表居民收入水平等。

（一）根据未分组资料确定中位数

在标志值未经分组的情况下，其确定中位数的方法是相对简单的：先把各单位按标志值大小顺序排列，如果总体单位数为奇数，则处于$(n+1)/2$（n代表总体单位数）位置的标志值是中位数；如果总体单位数为偶数，那么中位数就是位次为 $n/2$ 和 $(n+1)/2$ 的两个标志值的平均数。

【例 5-8】 甲乙两班组工人分别为 11 人和 12 人，每人日产零件数为

甲班组 15，17，19，20，22，22，23，23，25，26，30

乙班组 15，16，17，17，19，20，22，22，23，25，26，28

甲组中位数位置为（11+1）/2=6，即第 6 位工人的日产量 22 件为中位数。

乙组中位数位置为 6（12/2=6）与 7（12/2+1=7）之间，即第 6 位和第 7 位工人日产量的算术平均数 21 件［（20+22）/2=21］为中位数。

（二）根据分组资料确定中位数

1. 由单项式变量数列确定中位数

在资料经过分组变成单项式变量数列的情况下，也是按上面所讲的方法来确定中位数的位置。例如上面某农村家庭按儿童人数分组的例子（见表 5-6），中位数的位置是在 180 和 181 家庭之间，即

$$\frac{\sum f}{2}=\frac{360}{2}=180\text{ 和 }\frac{\sum f}{2}+1=\frac{360}{2}+1=181$$

因为总体已经分了组，所以以 $\sum f$ 代表总体单位数。

现在把家庭做自下而上累计到第三组（20+60+150），即已超过 181，表示中位数是 2 个儿童的家庭。

2. 由组距式变量数列确定中位数

在组距数列的条件下计算中位数较为复杂。用表 5-7 组距分组资料来说明其计算方法。

首先确定中位数的所在组。为了确定分配数列中的中点位置，要把整个数列的总次数除以 2，即 3000÷2=1500，它说明了中位数应为这个数列中的第 1500 个农民家庭的年人均纯收入。我们知道，在组距分配数列中，各组距数值已是按大小顺序排列，这样，计算各组累计农民家庭数，至第 2 组止为 240+480=720 家，至第 3 组止为 1720+1050=1770 家。可见，第 3 组包括第 721 家至第 1770 家，第 1500 家就在这一组里，即中位数应在年人均纯收入 1400～1600 元的组内。

再计算中位数的近似值。我们假定中位数所在组内的各个数值是均匀地分布着，这样可从中位数在该组内的位次，用比例推算它的近似值。中位数在该组内的位次为 1500－720=780，它与全组农民家庭数的比例为 780÷1050=0.743，按该组组距数值 1600－1400=200 元加以推算，则为 200×0.743=148.6 元。于是，从中位数所在组的下限数值加上这个数字——1400+148.6=1548.6 元，即为中位数。

以上计算过程，可以概括为如下计算中位数的公式：

$$m_e=L_{me}+d_{me}\cdot\frac{\frac{\sum f}{2}-s_{me-1}}{f_{me}} \tag{5-9}$$

式中，L_{me} 代表中位数组的下限；d_{me} 代表中位数组组距；$\sum f$ 代表数列频数总和；s_{me-1} 代表累计至中位数所在组前一组止的频数；f_{me} 代表中位数所在组的频数。

上面资料按公式代入计算如下：

$$m_e=1400+200\times\frac{\frac{3000}{2}-720}{1050}=1548.6$$

从以上关于众数和中位数的计算说明，它不像算术平均数那样，把总体各个单位标志值差异抵消，因而应该把它们看成为对现象总体一般水平描述的重要补充指标。

在实践中，众数和中位数常用来代替算术平均数，或者与算术平均数同时使用。当现象总体包含有极大或极小标志值的单位时，尤其适合于计算众数和中位数。因为这些对于总体不太有代表性的标志值会影响算术平均数的数值，但不影响众数和中位数的数值。众数与中位数也就成为非常有价值的统计分析指标。

第四节 计算和运用平均指标应注意的问题

平均指标在实际统计工作中的应用，是十分广泛的。在应用平均指标反映现象特征时，不是任何变量值都可以混在一起进行平均，应注意以下几个问题。

一、要在同质总体中计算和应用平均指标

所谓同质性，即统计总体的各个单位在某些标志上应具有共同性质。同质性是计算平均指标的前提条件，也是利用平均数对现象进行正确认识分析的基础。例如，在研究平均收入时，一定要在同质的总体内进行计算，不能把性质不同的现象混在一起进行计算，否则，就会掩盖现象本质。

二、以组平均数补充说明总平均数

总平均值的大小同时受各组平均值和权数两个因素的影响，通过平均，各组平均值之间的差异被抽象化了。若仅用总平均值说明总体特征常会掩盖其质的差别。

【例 5-9】 某企业两个车间工资资料见表 5-9。

表 5-9　　某企业工资资料表

按技术熟练程度分组	甲车间				乙车间			
	工人数（人）(1)	比重（%）(2)	工资总额（元）(3)	平均工资（元）(4)=(3)/(1)	工人数（人）(5)	比重（%）(6)	工资总额（元）(7)	平均工资（元）(8)=(7)/(5)
熟练工人	117	90	87 750	750	78	78	60 840	780
非熟练工人	13	10	5850	450	22	22	10 560	480
合计	130	100	93 600	720	100	100	71 400	714

从表 5-9 看出，甲车间总平均工资高于乙车间总平均工资 6 元（720－714），那么，能否说明前者比后者工资水平高呢？我们从分组资料可以看出，乙车间不论熟练工人和非熟练工人的平均工资都比甲车间高出 30 元。所以，还是后者比前者工资水平高。因此，在用总平均数说明总体的一般水平时，必须用组平均数作补充说明。

三、以分配数列补充说明平均数

如前所述，平均指标抽象并掩盖了各单位标志值的差异，所以，在应用平均指标说明总体特征时，必须与分配数列相结合，才能取得更全面认识。

【例 5-10】 某企业所属 8 个车间生产计划完成情况见表 5-10。

表 5 - 10　　某企业生产计划完成情况表

所属车间	1	2	3	4	5	6	7	8
计划完成率（%）	105	80	128	116	85	146	90	106

根据表 5 - 10 资料可以测得，整个企业计划完成 107%，即超额 7%完成任务。但是，结合数列分析，就可以看出 2、5、7 三个车间都没有完成计划，占整个企业所属单位的 37.5%，这不能不说是个严重问题。应该深入实际，调查研究，总结经验教训，制订相应措施，以便更好地完成下达的任务。

四、计算和运用平均数时，要注意极端值的影响

算术平均数受总体内极端数值的影响较大。为了正确反映总体的一般水平，当变量数列存在过大或过小的极端值时，计算算术平均数时应予以剔除，然后将其余数值计算平均数，或者计算众数、中位数来作为其代表水平。

第五节　标志变异指标

一、变异指标的概念及作用

（一）变异指标的概念

变异指标是反映总体各单位标志值之间差异程度的统计指标，也称标志变动度，它与平均指标的作用相辅相成。平均指标反映总体单位在某一数量标志上的一般水平或总体分布集中趋势，变异指标则反映总体单位之间在某数量标志上的差别大小和总体分布的离散趋势。

我们对现象总体的规模和一般水平的认识，可以借助于总量指标和平均指标，但这些指标都不能反映各单位的差异情况，相反地它们却把各单位的差异抽象化，即使是相同的总量指标和平均指标也可能掩盖极其显著的差异事实，这样对于总体的认识就不能说是全面的。举一个简单的例子来说明。

【例 5 - 11】　表 5 - 11 是甲、乙两城区房屋按层数分配数列。

表 5 - 11　　甲、乙两城区房屋按层数分配数列表

房屋层数 x	房屋数量 f		xf	
	甲	乙	甲	乙
1	9	3	9	3
2	0	7	0	14
3	1	14	3	42
4	4	28	16	112
5	160	73	800	365
6	76	46	456	276
7	0	25	0	175
8	3	11	24	88
9	4	2	36	18
合计	257	209	1344	1093

从表5-11知道，甲乙两区房屋总量并不相同，而且它们按层数分配特征也很不同。例如甲区5层房屋的比重为62.3%，乙区则为34.9%；同时，乙区1～9层的房屋全有，而甲区却没有2层和7层的房屋。但是，这两区房屋的平均层数是相同的：

$$\bar{x}_{甲}=\frac{1344}{257}=5.23$$

$$\bar{x}_{乙}=\frac{1093}{209}=5.23$$

显然，5.23这个平均层数把两区房屋方面的特殊性给掩盖了。所以我们有必要探讨总体各单位标志值变化的差异程度，以便从另一方面说明总体的特征。变异指标正是用来说明总体中各单位标志值之间的差异程度或标志值分布的变异情况，所以变异指标是说明总体的另一个重要指标。

（二）变异指标的作用

变异指标在统计分析研究中的作用主要有如下几方面：

1. 变异指标反映总体各单位标志值分布的离中趋势

我们说总体各个单位的标志值总是围绕着自身的平均值这一中心变动着。例如价格围绕着价值（作为平均价格）上下波动。所以平均指标反映总体各单位标志值的集中趋势。而变异指标则表明总体各单位标志值的分散程度，也就是反映标志值的离中趋势。例如价格背离价值的平均程度。变异指标值愈大，说明标志值的分布愈分散，总体的同质性一般地说也愈差。

2. 变异指标可以说明平均指标的代表性程度

平均指标作为总体各单位标志值一般水平的代表，其代表性的高低，随着标志值的差异程度不同，而有很大区别。就上面两区房屋的例子，平均层数同是5.23，对两区具有不同程度的代表性和可靠性，通过比较这个区的5层房屋的数量（最接近于平均指标的标志值），就可证实这一点。显然5.23这个平均层数对于甲区比之乙区是更有代表性的平均指标。一般地说，标志变异愈大，说明平均数的代表性愈小。而标志变异愈小，说明平均数的代表性愈大。把平均指标与变异指标结合起来运用，才能使统计分析更完整、内容更充实，从而能更深刻地认识所研究现象的本质。

3. 变异指标说明现象变动的均匀性或稳定性程度

例如考察工业企业的生产情况，在研究生产计划完成程度的基础上，利用变异指标，可以测定生产过程的均匀性程度。如果发现时间数列中，各时期（如每日、每旬、每月等）的产量差异变动很大，说明该企业生产的均匀性差，或前松后紧，或时作时辍，生产中存在着突击现象，执行计划缺乏节奏性，应该采取措施纠正这一现象。又如用一新品种的种子作试验，除确定这一品种作物所达到的平均收获水平外，还要研究它在生产中的稳定程度。如果这种作物在不同地块上的平均亩产量比较接近，差异程度较小，说明该品种作物产量上具有较大的稳定性，标志着该品种为良种作物，可以推广种植。

二、变异指标的计算

为了客观反映现象的特征和实际，在研究平均指标的同时，还必须对总体各单位标志值之间的差异程度进行测定。测定标志变异程度靠直观不行，也必须进行指标的计算。测定标志值变异程度的指标常用的有全距、平均差、标准差和标准差系数。

（一）全距

全距是指总体中单位标志值的最大值和最小值之差，也称极差。根据全距的大小，可以

说明标志值的变动范围，其计算公式为

$$全距（R）=最大标志值-最小标志值$$

【例 5 - 12】 甲、乙两组工人月产量见表 5 - 12。

表 5 - 12　　甲、乙两组工人月产量　　件

甲组	10	35	55	65	85
乙组	46	48	51	52	53

则

$$甲组全距=85-10=75$$

$$乙组全距=53-46=7$$

可见，虽然甲、乙两个组的平均月产量都是 50 件，但是甲组的标志变异程度大于乙组，因而，甲组工人月平均产量的代表性低于乙组。很显然用全距的方法测定标志变异程度，总体单位标志值变动范围大，标志变异指标的数值越大，它的平均数的代表性就越小；反之，总体单位标志值变动范围越小，标志变异指标数值也越小，它的平均数的代表性也就越大。标志变异指标的数值大小与平均数代表性的大小成反比。

用全距来衡量各总体单位的变异程度意义明显，计算简单，但它只受两个极端值的影响，没有考虑中间数值的变动情况。因此，过于粗略，不能充分反映现象的离散程度。

（二）平均差

平均差，就是根据每个标志值与平均数的绝对离差计算的算术平均数。所谓离差，就是指标志值与平均数之差量。所谓绝对离差，就是标志值与平均数之差的绝对值。其计算分为简单平均差与加权平均差。

1. 简单平均差

在资料未分组时，采用简单平均差。其计算公式为

$$A \cdot D=\frac{\sum|x-\bar{x}|}{n} \tag{5 - 10}$$

式中，$A \cdot D$ 为平均差；x 为各标志值；$\bar{x}$ 为算术平均数；n 为总体单位数。

现仍用［例 5 - 11］资料（表 5 - 11）计算如下：

$$甲组\ A \cdot D=\frac{|10-50|+|35-50|+|55-50|+|65-50|+|85-50|}{5}=\frac{110}{5}=22$$

$$乙组\ A \cdot D=\frac{|46-50|+|48-50|+|51-50|+|52-50|+|53-50|}{5}=\frac{16}{5}=3.2$$

计算表明，甲组平均差 22 件，乙组平均差为 3.2 件，甲组标志变异程度大于乙组。同时，也说明乙组数列各标志值波动小，变动稳定均衡。

表 5 - 13　　某车间工人月产量

按月产量分组（千克）	人数（人）
50～60	2
60～70	8
70～80	16
80～90	10
90～100	4
合计	40

2. 加权平均差

对于已分组资料，采用加权平均法，其计算公式为

$$A \cdot D=\frac{\sum|x-\bar{x}|f}{\sum f} \tag{5 - 11}$$

式中，f 为各组次数；$\sum f$ 为次数和。

【例 5 - 13】 某车间 40 名工人月产量资料，见表 5 - 13。

平均差计算如下，详见表 5 - 14。

表 5 - 14　　平 均 差 计 算 表

按月产量分组（千克）	组中值 x	工人数 f	xf	$x-\overline{x}$ $\overline{x}=76.5$	$\lvert x-\overline{x}\rvert$	$\lvert x-\overline{x}\rvert f$
50～60	55	2	110	−21.5	21.5	43
60～70	65	8	520	−11.5	11.5	92
70～80	75	16	1200	−1.5	1.5	94
80～90	85	10	850	8.5	8.5	85
90～100	95	4	380	18.5	18.5	74
合计		40	3060			318

$$\overline{x}=\frac{\sum xf}{\sum f}=\frac{3060}{40}=76.5$$

$$A\cdot D=\frac{\sum|x-\overline{x}|f}{\sum f}=\frac{318}{40}=7.95$$

以上计算结果表明，平均差愈大表示标志变动程度愈大，平均差愈小表示标志变动程度愈小。平均差不同于变异全距，它考虑到总体所有单位标志的差异。平均差能综合反映各单位标志值的变动影响。但是，由于平均差是取绝对值计算的，不符合数学运算的基本原则。因此，也就影响了它的应用。

（三）标准差

标准差，它是各标志值与算术平均数的离差平方的算术平均数的平方根。标准差也是通过各标志值对其算术平均数的平均离差来反映标志变异程度的，但在数学处理方法上不同于平均差，它是采用平方的方法消去离差的负号，再将平方后得到的变量值加以平均，最后开方取算术根求得的。标准差的计算也分为简单式和加权式两种。

1. 简单平均法

当资料未分组时用简单平均法。其公式为

$$\sigma=\sqrt{\frac{\sum(x-\overline{x})^2}{n}} \tag{5 - 12}$$

式中，σ 为标准差。

现仍用［例 5 - 13］的资料，计算分析见表 5 - 15。

表 5 - 15　　标 准 差 计 算 表

甲　组			乙　组		
$x_{甲}$	$x_{甲}-\overline{x}_{甲}$	$(x_{甲}-\overline{x}_{甲})^2$	$x_{乙}$	$x_{乙}-\overline{x}_{乙}$	$(x_{乙}-\overline{x}_{乙})^2$
10	−40	1600	46	−4	16
35	−15	225	48	−2	4
55	5	25	51	1	1

续表

甲组			乙组		
$x_甲$	$x_甲-\overline{x}_甲$	$(x_甲-\overline{x}_甲)^2$	$x_乙$	$x_乙-\overline{x}_乙$	$(x_乙-\overline{x}_乙)^2$
65	15	225	52	2	4
85	35	1225	53	3	9
合计		3300	合计		34

由表 5-15，得

$$甲组标准差\ \sigma_甲=\sqrt{\frac{\sum(x_甲-\overline{x}_甲)^2}{n}}=\sqrt{\frac{3300}{5}}=25.69$$

$$乙组标准差\ \sigma_乙=\sqrt{\frac{\sum(x_乙-\overline{x}_乙)^2}{n}}=\sqrt{\frac{3.4}{5}}=2.61$$

从以上两个企业标准差计算结果看，甲组标准差大，平均代表性小，乙组标准差小，平均代表性大，由此可作出与全距分析法相同的结论。

2. 加权平均法

当资料为变量数列时，采用加权平均公式。其公式为

$$\sigma=\sqrt{\frac{\sum(x-\overline{x})^2\cdot f}{\sum f}} \tag{5-13}$$

【例 5-14】 用某车间 50 名工人月产量零件数的分组资料（见表 5-16）来说明求标准差的方法。

表 5-16　　某车间 50 名工人月产量零件数的分组资料

月产零件数 x	工人数 f	各组生产零件数 xf	$x-\overline{x}$	$(x-\overline{x})^2$	$(x-\overline{x})^2\cdot f$
32	10	320	−4	16	160
34	15	510	−2	4	60
37	10	370	1	1	10
40	15	600	4	16	240
合计	50	1800			470

$$\overline{x}=\frac{\sum xf}{\sum f}=\frac{1800}{50}=36$$

$$\sigma=\sqrt{\frac{\sum(x-\overline{x})^2\cdot f}{\sum f}}=\sqrt{\frac{470}{50}}=3.07$$

标准差跟平均差一样，考虑到了总体所有单位标志值的差异，能综合反映各单位标志值变动的影响。但标准差消除了离差中负值并避免了取绝对值的缺点，具有数学性质上的优点，故成为各种变异指标中最重要、最常用的一种。

在计算标准差时，如遇组距数列，则应先求出组中值，以组中值代表各组变量值进行计算，计算公式与分组资料公式相同。

（四）标准差系数

标准差系数是标准差与其算术平均数的比值，它是用相对数形式来表现的变异指标。

全距、平均差、标准差都是用绝对数说明标志变动情况的，它们不仅取决于标志值之间的离差大小，而且还受标志值水平高低的影响，为了对比不同水平的总体之间的标志变异程度，就要计算标准差系数指标，其计算公式为

$$V_\sigma=\frac{\sigma}{\bar{x}}\times 100\%$$

式中，V_σ 为标准差系数；σ 为标准差；$\bar{x}$ 为算术平均数。

【例 5-15】 有甲乙两个工厂平均月产量分别为 600 件，800 件，标准差为 15 件，18 件，虽然乙企业的标准差大于甲企业的标准差，但因甲企业的平均月产量低于乙企业，用标准差无法比较两个企业标志变动度的大小，若用标准差系数就可消除平均水平的影响，使两厂月产量的变异情况变得可以比较。

甲厂 $$V_\sigma=\frac{15}{600}\times 100\%=2.5\%$$

乙厂 $$V_\sigma=\frac{18}{800}\times 100\%=2.25\%$$

从标准差系数的比较中，可以看出：乙企业的标准差系数比甲企业小，可见乙企业的月产量不但高，各个车间的产量比较稳定，因而，乙企业月产量 800 件，更具代表性。

这里需要强调指出：如果比较不同数列平均指标的代表性，标准差和其系数比较后产生不同结论时，应以标准差系数为准进行最终的判断。

习 题 五

一、判断题

1. 平均数反映了总体分布的集中趋势，它是总体分布的重要特征值。 ( )

2. 当各组的单位数相等时，各组单位数所占的比重相等，权数的作用相等，加权算术平均数就不等于简单算术平均数。 ( )

3. 权数对算术平均数的影响作用取决于权数本身绝对值的大小。 ( )

4. 各变量值的次数相同时，众数不存在。 ( )

5. 标志变异指标说明变量的集中趋势。 ( )

6. 标志变异指标数值越大，说明总体中各单位标志值的变异程度就越大，则平均指标的代表性就越小。 ( )

7. 平均差是各标志值对其算术平均数的离差的算术平均数。 ( )

8. 标准差是总体中各单位标志值与算术平均数离差平方的算术平均数的平方根。 ( )

9. 对任何两个性质相同的变量数列，比较其平均数的代表性，都可以采用标准差指标。 ( )

二、单项选择题

1. 平均指标是指同类社会经济现象在一定时间、地点和条件下（ ）。

A. 复杂的总体数量的总和水平；

B. 可比的总体数量的相对水平；

C. 总体内各单位数量差异抽象化的代表水平；

D. 总体内各单位数量差异程度的相对水平。

2. 平均数反映了（　　）。

A. 总体分布的集中趋势；　　B. 总体中总体单位的集中趋势；

C. 总体分布的离散趋势；　　D. 总体变动趋势。

3. 已知5个水果商店香蕉的单价和销售额，要求计算5个商店香蕉的平均单价，应该采用（　　）。

A. 简单算术平均数；　　B. 加权算术平均数；

C. 加权调和平均数；　　D. 几何平均数。

4. 权数对算术平均数的影响作用，实质上决定于（　　）。

A. 作为权数的各组单位数占总体单位数的比重大小；

B. 各组标志值占总体标志总量比重的大小；

C. 各组标志值的大小；

D. 标志值数量的多少。

5. 算术平均数的基本计算公式（　　）。

A. 总体部分总量与总体单位数之比；

B. 总体标志总量与另一总体总量之比；

C. 总体标志总量与总体单位数之比；

D. 总体标志总量与权数系数总量之比。

6. 加权算术平均数的大小（　　）。

A. 主要受各组标志值大小的影响，而与各组次数的多少无关；

B. 主要受各组次数大小的影响，而与各组标志值的多少无关；

C. 既受各组标志值大小的影响，又受各组次数多少的影响；

D. 既与各组标志值的大小无关，也与各组次数的多少无关。

7. 众数是（　　）。

A. 出现次数最少的次数；　　B. 出现次数最少的标志值；

C. 出现次数最多的标志值；　　D. 出现次数最多的频数。

8. 标志变异指标说明变量的（　　）。

A. 变动趋势；　B. 集中趋势；　C. 离中趋势；　D. 一般水平。

9. 用标准差比较分析两个同类总体平均指标的代表性，其基本的前提条件是（　　）。

A. 两个总体的标准差应相等；　　B. 两个总体的平均数应相等；

C. 两个总体的单位数应相等；　　D. 两个总体的离差之和应相等。

10. 为了比较两个不同水平的总体之间标志变异程度，必须利用（　　）。

A. 全距；　B. 标准差；　C. 平均差；　D. 标准差系数。

11. 已知甲、乙两个同类型企业职工工资的标准差分别为：$\sigma_{甲}=5$元，$\sigma_{乙}=6$元，则两个企业职工平均工资的代表性是（　　）。

A. 甲大于乙；　B. 乙大于甲；　C. 一样的；　D. 无法判断。

12. 标志变异指标与平均数代表性之间存在（　　）。

A. 正比关系；　B. 反比关系；　C. 恒等关系；　D. 倒数关系。

三、多项选择题

1. 平均指标的作用是（　　）。
   A. 反映总体的一般水平；
   B. 对不同时间，不同空间的同种平均值指标进行对比；
   C. 测定总体各单位分布的离散程度；
   D. 测定总体各单位分布的集中趋势；
   E. 反映总体的规模。
2. 加权算术平均数的大小受哪些因素的影响（　　）。
   A. 受各组频率或频数的影响；　　B. 受各组标志值大小的影响；
   C. 受各组标志值和权数的共同影响；　　D. 只受各组标志之大小的影响；
   E. 只受权数大小的影响。
3. 当（　　）时，加权算术平均数等于简单算术平均数。
   A. 各组标志值不相等；　　B. 各组次数均相等；
   C. 各组标志值均相同；　　D. 各组次数均为 1；
   E. 各组次数占总次数的比重相等。
4. 不受极端值影响的平均指标有（　　）。
   A. 算术平均数；　B. 调和平均数；　C. 几何平均数；
   D. 众数；　E. 中位数。
5. 中位数（　　）。
   A. 是居于数列中间位置的那个数；　　B. 是根据各个变量值计算的；
   C. 不受极端变量值的影响；　　D. 不受极端变量值位置的影响；
   E. 在组距数列中不受开口组的影响。
6. 假定市场上某种商品最多的成交价格为每公斤 4.60 元，则每公斤 4.60 元（　　）。
   A. 可用来代表这种商品的一般价格水平；　　B. 是平均指标值；
   C. 是中位数；　　D. 是众数；
   E. 是调和平均数。
7. 众数（　　）。
   A. 是居于按顺序排列的分组数列中间位置的变量值；
   B. 是出现次数最多的变量值；
   C. 是根据各个变量值计算的；
   D. 不受极端值的影响；
   E. 适用于总体次数多，有明显集中趋势的情况。
8. 如果在分配数列中，有一个标志值为零，则不能计算（　　）。
   A. 加权算术平均数；　　B. 加权调和平均数；
   C. 简单调和平均数；　　D. 简单几何平均数；
   E. 加权几何平均数。
9. 平均指标与变异指标结合运用体现在（　　）。
   A. 用变异指标说明平均指标的代表性的大小；
   B. 以变异指标为基础，用平均指标说明经济活动的均衡性；

C. 以平均指标为基础，用变异指标说明经济活动的均衡性；
D. 以平均指标为基础，用变异指标说明经济活动的节奏性；
E. 以平均指标为基础，用变异指标说明总体各单位的离散程度。

10. 标志变异指标中的标准差和标准差系数的区别是（　　）。
A. 两者的作用不同；　B. 两者的计算方法不同；
C. 两者的使用条件不同；　D. 指标表现形式不同；
E. 与平均数的关系不同。

四、简答题

1. 什么是平均指标？平均指标的特点和作用有哪些？

2. 如何理解加权算术平均数中权数的意义？在什么情况下，应用简单算术平均数和加权算术平均数计算的结果是一致的？

3. 加权算术平均数和加权调和平均数有何区别和联系？

4. 简述标志变异指标的意义和作用。

五、计算题

1. 某厂三个车间一季度生产情况见表5-17。

表5-17　一季度生产情况

车间	计划完成百分比（%）	实际产量（件）	单位产品成本（元/件）
第一车间	90	198	15
第二车间	105	315	10
第三车间	110	220	8

根据以上资料计算：
（1）一季度三个车间产量平均计划完成百分比；
（2）一季度三个车间平均单位产品成本。

2. 某企业产品的有关资料见表5-18。

表5-18　某企业有关资料

产品	单位成本（元/件）	2009年产量（件）	2010年成本总额（元）
甲	25	1500	24 500
乙	28	1020	28 560
丙	32	980	48 000

试分别计算企业该产品2009年、2010年的平均单位产品成本。

3. 某商场出售某种商品的价格和销售资料见表5-19。

表5-19　商品价格和销售资料

等级	销售价格（元/kg）	销售额（万元）
一级	20	216
二级	16	115.2
三级	12	72

试求该商品的平均销售价格。

4. 某工业集团公司工人工资情况见表 5 - 20。

表 5 - 20　　某工业集团公司工人工资情况

按月工资（元）分组	企业个数	各组工人所占比重（%）
400～500	3	20
500～600	6	25
600～700	4	30
700～800	4	15
800～900	5	10
合计	22	100

计算该集团工人的平均工资、平均差、标准差和标准差系数。

5. 2010 年某月份甲、乙、丙农贸市场某农产品价格和成交量、成交额资料见表 5 - 21。

表 5 - 21　　某农产品价格、成交量、成交额资料

品种	价格（元/kg）	甲市场成交额（万元）	乙市场成交量（万 kg）
甲	1.1	1.2	2
乙	1.4	2.8	1
丙	1.5	1.5	1
合计	—	5.5	4

试问哪一个市场农产品的平均价格较高？并说明原因。

6. 某市 80 个企业工业增加值完成资料见表 5 - 22。

表 5 - 22　　某市工业增加值

企业按工业增加值分组（百万元）	企业数	企业按工业增加值分组（百万元）	企业数
10 以下	10	30～40	15
10～20	25	40～50	8
20～30	20	50 以上	2

试计算中位数和众数。

7. 某厂甲、乙两个工人班组，每班组有 8 名工人，每个班组每个工人的月生产量记录如下：

甲班组：20、40、60、70、80、100、120、70

乙班组：67、68、69、70、71、72、73、70

计算甲、乙两组工人平均每人产量；计算全距、平均差、标准差，标准差系数和比较甲、乙两组的平均每人产量的代表性。

第六章　抽　样　调　查

抽样调查是一种专门组织的非全面调查，对弥补其他调查方法的不足起很大的作用。它是现代统计调查方法中最重要的一种调查方法，在社会经济领域中有着广泛的应用。

第一节　抽样调查概述

一、抽样调查的概念和特点

（一）抽样调查的概念

抽样调查是一种非全面调查的组织方式，它是按照随机原则，从全部总体中抽取一部分单位作为样本进行实际调查，然后根据调查所得的样本数据，对总体的指标数值做出具有一定可靠程度的推断。随机原则是指从调查对象抽取部分单位，抽取谁是不受调查者主观意志的影响，调查对象中每个调查单位都有同等机会被抽中，最终哪个单位被抽中，纯粹是偶然的事情。例如，从一定面积的小麦中，通过随机抽样，抽取若干块地实割实测，计算平均亩产，以此来推断全部面积的小麦亩产。而且还可以利用亩产乘以全部面积推算出全部面积的小麦总产量。再如，对一批产品进行质量检测时，从全部产品中抽取部分产品进行检测，计算合格率，以此来推断全部产品的合格率。并且还可以利用全部产品数量乘以合格率，推算出全部合格产品数量。可见，抽样调查不仅是一种科学的收集资料的方法，而且也是一种科学的估计和推断方法。

（二）抽样调查的特点

1. 以部分推断总体

抽样调查是一种非全面调查，但调查的目的却不在于了解部分单位的情况，它只是作为一种进一步推断的手段，目的仍在于要认识总体的数量特征。抽样调查资料如果不进行抽样推断，这种资料就不会有什么价值。这里存在着手段与目的之间、局部与整体之间的矛盾。这种矛盾在现实生活中是大量存在。例如检测几克棉花纤维的强度，能不能判断整批棉花纤维的强度。又如对几克种子进行催芽试验，能不能判断该品种整批种子的发芽率等。如果在方法上不能解决这类问题，那么统计的认识活动就要受到限制，统计科学也很难得到发展。抽样推断原理解决了这一矛盾，它科学地论证了样本指标与相应的总体参数之间存在着内在的联系，两者的误差的分布也是有规律可循的，并提供一套利用抽样调查的部分信息来推断总体数量特征的方法，这就大大提高了统计分析的认识能力，为信息的采集和开发开辟了一条崭新的途径。

2. 按随机原则抽取调查单位

按随机原则抽取调查单位是它与其他非全面调查如重点调查、典型调查的主要区别之一。重点调查和典型调查的调查单位是由调查者有意识选取的，抽样调查的调查单位选取不受调查者主观意志的影响。抽样调查为什么要遵循随机原则呢？首先，遵循随机原则才能使调查对象中每个单位有同等机会被抽中或抽不中，当抽取足够多的单位时，才能使被抽中单位的次数分布类型与调查对象相同。从而增强被抽中单位对总体的代表性。其次，遵循随机原则才能计算抽样误差，从而达到推断总体的目的。

3. 抽样推断是运用概率估计的方法

利用样本指标来估计总体参数，在数学上运用概率估计法，而不是运用确定的数学分析法。因为样本数据和总体参数之间并不存在严格对应的自变量和因变量的关系，它不能利用一定的函数关系来推算总体参数。那么用这样的样本指标值来代表相应的总体指标值其可靠程度究竟有多大，这就是概率估计所要解决的问题。例如我们不知道全校学生平均身高是多少，现在抽取若干学生为样本，并计算样本的平均身高为 168cm，又求得以这个 168cm 来代表全校学生平均身高其误差不超过 1.5cm 的概率保证程度不低于 95%。如果这一估计的可靠程度被认为已经满足分析工作的要求，我们就可以用 168cm 作为全校学生身高的平均水平，否则就要改善抽样组织，重新进行抽样调查，以提高结论的可靠程度，这是概率估计的基本思路。

4. 抽样调查的误差可以事先计算并加以控制

以样本指标估计相应的总体指标肯定存在一定的误差，但它与其他统计估算不同。其抽样误差范围可以事先通过有关资料计算出来，并且可以采取必要的措施如改善样本、扩充样本容量、采用更适当的抽样组织形式等来控制这个误差范围，还可以保证抽样调查结果达到所要求的可靠程度。这一特点体现了抽样调查方法的科学性，这些都是其他估算方法所办不到的。

二、抽样调查的作用

(1) 有些现象是无法进行全面调查的，为了测算全面资料，必须采用抽样调查的方法。例如，对无限总体不能进行全面调查。还有，有些产品的质量检查具有破坏性，如轮胎里程试验、灯管耐用时数检验等，这些调查所用测试手段对产品具有破坏性，不可能进行全面调查，只能采用抽样调查。

(2) 从理论上讲，有些现象可以进行全面调查，但实际上没有必要或很难办到，也要采用抽样调查。例如，要了解全国城乡居民的家庭生活状况，从理论上讲可以挨门逐户进行全面调查，但是调查范围太大，调查单位太多，实际上难以办到，也没有必要。采用抽样调查既可以节省人力、物力、费用和时间，提高调查结果的实效性，又能达到和全面调查同样的目的和效果。

(3) 抽样调查的结果可以对全面调查的结果进行检查和修正。全面调查涉及面宽，工作量大，参加人员多，调查结果容易出现差错。因此，在全面调查（如人口普查、工业普查）之后进行抽样复查，根据复查结果计算差错率，并以此为依据检查和修正全面调查结果，从而提高全面调查的质量。

(4) 抽样调查可用于工业生产过程的质量控制。在工业产品成批或大量连续生产过程中，利用抽样调查可以检验生产过程是否正常，及时提供信息，进行质量控制，保证生产质量稳定。

(5) 利用抽样调查原理，可以对某些总体的假设进行检验，来判断这种假设的真伪，以决定行动的取舍。例如，某地区去年粮食平均亩产 400kg，本年抽样调查结果表明，粮食平均亩产 408kg，这是否意味着粮食生产水平提高呢？我们还不能下这个结论，最好通过假设检验，检验这两年粮食平均亩产是否存在显著性统计差异，才能判断该地区今年粮食亩产是否高于去年水平。

总之，抽样调查是一种科学实用的调查方法，目前它不仅广泛应用于自然科学领域，也愈来愈多地应用于社会经济现象数量方面的研究。随着抽样理论的发展和抽样技术的进步和完善，广大统计工作者业务水平的提高，抽样调查在社会经济统计中的应用将愈加普及。

三、抽样调查中的几个基本概念

在学习抽样推断方法的过程中，常会遇到一些名词、术语，为了掌握抽样调查推断的方法，首先要明确抽样调查推断过程中常用的几个基本概念。

（一）总体和样本

1. 总体

总体也称全及总体，指所要认识的研究对象的全体。总体单位数通常是很大的，甚至是无限的，这样才有必要组织抽样调查。一般用英文字母大写 N 来表示总体单位数。

2. 样本

样本又称抽样总体或子样，它是从总体中随机抽取出来的，作为代表总体的那部分单位组成的集合体。样本的单位数总是有限的，相对来说它的数目小，一般用英文字母小写 n 来表示样本单位数。

作为推断对象的总体是确定的，而且是唯一的。但作为观察对象的样本就不是这样。从一个总体可以抽取很多个样本，每次可能抽到哪个样本不是确定的，也不是唯一的，而是可变的。

例如，某城市有 30 万户居民，我们采用抽样调查方法，从全部住户中抽取千分之三即 900 户进行调查，则全部住户构成总体，$N=30$ 万，被抽中的 900 户构成样本，$n=900$。总体 30 万户是唯一的，但哪 900 户构成样本呢？答案有很多种，即样本不是确定的，也不是唯一的。

（二）参数和统计量

1. 参数

参数是指总体指标，即根据总体各单位的标志值或标志属性计算的综合指标。它是确定的、唯一的。对于总体中的数量标志，常用的总体参数有总体平均数 $\overline{X}$、总体方差 σ^2（或总体标准差 σ）、总体成数 P 及方差 σ_P^2。

设总体变量 X 为：X_1、X_2、…、X_N，则有

$$\overline{X}=\frac{\sum X}{N}=\frac{\sum Xf}{\sum f} \tag{6-1}$$

$$\sigma^2=\frac{\sum(X-\overline{X})^2}{N}=\frac{\sum(X-\overline{X})^2f}{\sum f} \tag{6-2}$$

对于总体中的品质标志，由于各单位标志不能用数量来表示，因此总体参数常以成数 P 来表示总体中具有某种性质的单位数在总体全部单位数中所占的比重。以 Q 表示总体中不具有某种性质单位数在总体中所占的比重。

设总体 N 个单位中，有 N_1 个单位具有某种性质，N_0 个单位不具有某种性质，$N_1+N_0=N$，则有

$$P=\frac{N_1}{N}$$

$$Q=\frac{N_0}{N}=\frac{N-N_1}{N}=1-P$$

如果品质标志表现只有是非两种，这种标志可以称作是非标志。例如，产品质量标志表现为合格品和不合格品，性别标志表现为男性和女性。如果把“是”的标志表示为1，而“非”的标志表示为0，那么成数 P 就可以视为（0，1）分布的平均数，并可以求相应的方差和标准差。

$$\overline{X}_P=\frac{1\times N_1+0\times N_0}{N}=\frac{N_1}{N}=P$$

$$\sigma_P^2=\frac{(0-P)^2N_0+(1-P)^2N_1}{N}=\frac{P^2N_0+Q^2N_1}{N}$$

$$=P^2Q+Q^2P=PQ(P+Q)=PQ=P(1-P)$$

很明显：

$$\sigma_P=\sqrt{P(1-P)} \tag{6-3}$$

例如，某批零件共有2000个，其中合格1900个，则有合格品率

$$P=\frac{N_1}{N}=\frac{1900}{2000}=95\%$$

成数的方差为

$$\sigma_P^2=P\ (1-P)\ =95\%\times5\%=4.75\%$$

在抽样调查中，总体参数的意义和计算方法是明确的，但参数的具体数值事先是未知的，需要用样本资料来估计它。

2. 统计量

统计量是指样本指标值，即根据样本各单位标志值或标志属性计算出的综合指标。因为统计量是用来估计参数的，因此和常用的总体参数相对应，也有样本平均数（$\overline{x}$）、样本方差（S^2）（或样本标准差 S）、样本成数 p 及方差 S_p^2。

设样本变量 x 为 x_1、x_2、…、x_n，则有

$$\overline{x}=\frac{\sum x}{n}=\frac{\sum xf}{\sum f}$$

$$S_{n-1}^2=\frac{\sum(x-\overline{x})^2}{n-1}\text{ 或 }S_{n-1}^2=\frac{\sum(x-\overline{x})^2f}{\sum f-1}$$

当样本容量较大时，分母中的“1”一般可以忽略不计，公式变为

$$S_n^2=\frac{\sum(x-\overline{x})^2}{n}\text{ 或 }S_n^2=\frac{\sum(x-\overline{x})^2f}{\sum f} \tag{6-4}$$

$$p=\frac{n_1}{n}$$

$$S_p^2=p(1-p) \tag{6-5}$$

（三）样本容量和样本个数

样本容量和样本个数是两个有联系但又完全不同的概念。

1. 样本容量

样本容量是指样本所包含的单位数。一个样本应该包含多少单位最合适，是抽样设计必须认真考虑的问题。必须结合调查任务的要求及总体标志值的变异情况来考虑。样本容量的大小不但关系到抽样调查的效果，而且关系到抽样方法的应用。通常将样本单位数不少于

30个的样本称为大样本，单位数不及30个的样本称为小样本。社会经济统计的抽样调查多属于大样本调查。

2. 样本个数

样本个数又称样本可能数目。是指从一个总体中可能抽取的样本个数。一个总体可能抽取多少样本和样本容量及抽样方法等因素都有关系，是一个比较复杂的问题。一个总体有多少样本，则样本统计量就有多少种取值，从而形成该统计量的分布。而统计量的分布又是抽样推断的基础。虽然在实践上只抽取个别或少数样本，但要判断所取样本的可能性就必须联系到全部可能样本数目所形成的分布。

（四）重复抽样和不重复抽样

从抽样的方法方面来看，抽样可以有重复抽样和不重复抽样两种。

1. 重复抽样

重复抽样也称回置抽样。它的方法和特点是：从总体 N 个单位中随机抽取一个容量为 n 的样本，每次从总体中抽取一个单位，把结果登记下来，再放回到总体中，重新参加下一次抽取。因此，重复抽样得到的样本是由 n 次相互独立抽取的结果构成的，每次抽取是在完全相同的条件下进行，每个单位中选的机会（概率）在各次抽取中都完全相等，均为 $1/N$。

从总体 N 个单位中，用重复抽样的方法，随机抽取 n 个单位构成一个样本，则共可抽取 N^n 个样本。

例如总体有A、B、C、D 4个单位，要从中以重复抽样的方法抽取2个单位构成样本。先从4个单位中取1个，共有4种取法，结果登记后再放回，然后再从相同的4个中取1个，也有4种取法，前后取两个构成一个样本，全部可能抽取的样本数目为 $4\times4=16$ 个。它们是AA，AB，AC，AD，BA，BB，BC，BD，CA，CB，CC，CD，DA，DB，DC，DD。

2. 不重复抽样

不重复抽样也称不回置抽样。它的方法和特点是：从总体 N 个单位中随机抽取一个容量为 n 的样本，每次从总体中抽取一个单位，每次抽到的单位登记后不再放回总体参加下一次抽取。因此，不重复抽样得到的样本实际上是由 n 次连续抽取的结果构成，实质上等于一次同时从总体中抽取 n 个单位组成一个样本。连续 n 次抽选的结果不是相互独立的，每次抽取的结果都影响下一次抽取，每抽一次总体单位数就少一个，因而每个单位中选的机会（概率）在各次抽取中是不相同的。

从总体 N 个单位中，用不重复抽样的方法，抽取 n 个单位构成一个样本，则全部可能抽取的样本数目为 $N(N-1)(N-2)\cdots(N-n+1)$ 个。

例如总体有A、B、C、D 4个单位，用不重复抽样的方法从中抽取2个单位构成样本。先从4个单位中取1个，共有4种取法，第二次在从留下的3个单位中取1个，共有3种取法，前后两个构成一个样本，全部可能抽取的样本数目为 $4\times3=12$ 个。它们是AB，AC，AD，BA，BC，BD，CA，CB，CD，DA，DB，DC。

若不考虑顺序，则上述全部可能抽取的样本数目为 $C_N^n=C_4^2=6$ 个，即AB，AC，AD，BD，BC，CD。

由此可见，在相同的样本容量的要求下，重复抽样的样本个数总是大于不重复抽样的样本个数。

四、抽样调查的程序

(1) 立项。立项由用户或各级组织统计调查的单位提出，包括确定调查目的、要求、调查完成时间等。

(2) 收集总体的有关资料，编制抽样框。所谓抽样框就是总体单位的名单。抽样框可以分为两类：一类是总体单位的名称表，如某市所有工业企业名单；另一类是地段抽样框，一般是依据地图，划分成若干个有明确边界的地段即单位，如某公司对某市居民家庭入户调查，首先列举居委会名单，按一定的抽样组织形式抽取居委会，再进一步确定调查方式。

(3) 设计抽样调查方案。抽样调查方案是统计调查方案的一种，应该包括统计调查方案的一般内容。根据抽样调查的特点，还要遵循以下原则：①保证实现抽样的随机性原则。即总体各单位的抽取应相互独立，且任何一个样本有相同的抽中机会。②要考虑样本的容量和结构。③选择最恰当的抽样组织形式，以取得最好的抽样效果。④在一定的误差要求下，选择费用最少的设计方案。

(4) 组织调查，收集样本单位的数据，对样本进行准确性和代表性检查。

(5) 进行数据处理。

(6) 推断总体，并予以论证。

(7) 提供抽样调查结果及对结果的可靠性做出说明。一般表现为调查报告。

第二节 抽 样 误 差

一、抽样误差的概念

抽样误差是指样本指标数值与总体指标数值之差，即抽样估计值与被估计的未知的真实总体参数值之差。如样本平均数与总体平均数之差（$\bar{x}-\bar{X}$），样本成数与总体成数之差（$p-P$）都被称为抽样误差或随机误差。抽样误差是抽样法本身所固有的误差，它不可避免，也无法消除，但是可以控制。

二、抽样平均误差

(一) 抽样平均误差的概念

在一定组织方式下进行一次抽样调查，根据统计研究的目的和任务，可以取一个样本，也可以取多个样本。在抽取多个样本时，就其中每个样本来说，都有其相应的样本指标。

由于样本是按随机原则抽取的，故在同一总体中，按相同的抽样数目，可以抽出许多相同和不同的样本，而每次抽出的样本都可以计算出相应的抽样平均数、抽样成数和抽样误差。即从理论上说可以计算出很多个抽样误差，它们带有偶然性，有的可能是正误差，有的可能是负误差；有的可能大一些，有的可能小一些。为了用样本指标去推算总体指标，就需要计算这些抽样误差的平均数，这就是抽样平均误差，用以反映抽样误差的一般水平。

抽样平均误差是指以全部可能样本指标（$\hat{\theta}$）为变量，以总体指标为平均数计算得到的标准差，以符号 $\mu_{\hat{\theta}}$ 表示，通常以 $\mu_{\bar{x}}$ 代表平均数的抽样平均误差，以 μ_p 代表成数的抽样平均误差，以 K 代表可能组成的样本总数。

(二) 计算抽样平均误差的理论公式

根据抽样平均误差的概念可得其一般计算公式：

$$\mu_{\hat{\theta}}=\sqrt{\frac{\sum(\text{样本指标}-\text{总体指标})^2}{\text{可能组成的样本总数}}}$$

即
$$\mu_{\bar{x}}=\sqrt{\frac{\sum(\bar{x}-\overline{X})^2}{K}} \tag{6-6}$$

$$\mu_p=\sqrt{\frac{\sum(p-P)^2}{K}} \tag{6-7}$$

【例 6-1】 假设有 10，20，30 和 40 四个数字组成一个总体，从中随机抽取两个数字作为样本，求抽样平均误差。

计算总体平均数采取重复抽样法，可能配合的样本数目及相应指标的计算见表 6-1。

全部可能样本平均数的平均数（$\bar{\bar{x}}$）会等于总体平均数（$\overline{X}$），就上例而言：

$$\bar{\bar{x}}=\frac{\sum\bar{x}_i}{K}=\frac{400}{16}=25$$

$$\overline{X}=\frac{\sum X}{N}=\frac{100}{4}=25$$

所以，$\bar{\bar{x}}=\overline{X}$。

全部可能组成样本的标准差为

$$\sigma_{\bar{x}}=\sqrt{\frac{\sum(\bar{x}-\overline{X})^2}{N^n}}=\sqrt{\frac{1000}{16}}=7.91$$

7.91 是 16 个可能配合的样本平均数的标准差，称为抽样平均误差 $\mu_{\bar{x}}$。所以，上面计算式又可写为

$$\mu_{\bar{x}}=\sqrt{\frac{\sum(\bar{x}-\overline{X})^2}{N^n}}=\sqrt{\frac{1000}{16}}=7.91$$

表 6-1　　样本数及相应指标计算表

序　　号	样本变量 (x)	样本平均数 ($\bar{x}$)	离　差 ($\bar{x}-\bar{\bar{x}}$) $\bar{\bar{x}}=25$	离差平方 $(\bar{x}-\bar{\bar{x}})^2$
1	10，10	10	−15	225
2	10，20	15	−10	100
3	10，30	20	−5	25
4	10，40	25	0	0
5	20，10	15	−10	100
6	20，20	20	−5	25
7	20，30	25	0	0
8	20，40	30	5	25
9	30，10	20	−5	25
10	30，20	25	0	0
11	30，30	30	5	25
12	30，40	35	10	100
13	40，10	25	0	0
14	40，20	30	5	25
15	40，30	35	10	100
16	40，40	40	15	225
合计	—	400	—	1000

采用不重复抽样法，可能配合的样本数及相应指标的计算见表 6 - 2。

$$\mu_{\bar{x}} = \sqrt{\frac{\sum(\bar{x}-\overline{X})^2}{C_N^n}} = \sqrt{\frac{250}{6}} = 6.46$$

表 6 - 2　　样本数及相应指标计算表

序　号	样本变量 (x)	样本平均数 ($\bar{x}$)	离　差 ($\bar{x}-\overline{X}$)	离差平方 $(\bar{x}-\overline{X})^2$
1	10，20	15	−10	100
2	10，30	20	−5	25
3	10，40	25	0	0
4	20，30	25	0	0
5	20，40	30	5	25
6	30，40	35	10	100
合　计	—	—	—	250

6.46 是 6 个可能配合的样本平均数的标准差，即抽样平均误差。要指出，在实际中是无法采用式（6 - 6）定义公式和式（6 - 7）计算平均数和成数的抽样平均误差的。其原因是通常只抽取一个样本，并且 $\overline{X}$ 和 P 也都未知。

（三）抽样平均误差的计算方法（以简单随机抽样为例）

在实际中，由于总体平均数和总体成数我们并不知道，而且也无法计算全部样本的抽样指标值（因为可能的样本数目是非常巨大的），所以按上述定义公式来计算抽样平均误差实际上是不可能的。事实上，不必一个一个地计算抽样误差，仍可以计算出抽样平均误差。

对于简单随机抽样来说，上述抽样平均误差的定义公式等价于如下的计算公式：

1. 重复抽样

（1）样本平均数的抽样平均误差：

$$\mu_{\bar{x}} = \sqrt{\frac{\sigma^2}{n}} = \frac{\sigma}{\sqrt{n}} \quad (6-8)$$

式中，σ^2 和 σ 分别为总体方差和总体标准差。

（2）抽样成数的抽样平均误差：

$$\mu_P = \sqrt{\frac{P(1-P)}{n}} \quad (6-9)$$

式中，P（$1-P$）为总体方差。

2. 不重复抽样

（1）样本平均数的抽样平均数误差：

$$\mu_{\bar{x}} = \sqrt{\frac{\sigma^2}{n}\left(\frac{N-n}{N-1}\right)} \approx \sqrt{\frac{\sigma^2}{n}\left(1-\frac{n}{N}\right)} \quad (6-10)$$

（2）抽样成数的抽样平均数误差：

$$\mu_P = \sqrt{\frac{P(1-P)}{n}\left(\frac{N-n}{N-1}\right)} \approx \sqrt{\frac{P(1-P)}{n}\left(1-\frac{n}{N}\right)} \quad (6-11)$$

如已知总体方差（或标准差）、总体容量和样本容量，根据上述计算公式，就可以直接计算出抽样平均误差。

比较一下重复抽样和不重复抽样的抽样平均误差计算公式，可以看出，不重复抽样公式根号下多了一个系数$\frac{N-n}{N-1}$，这一系数称为有限总体不重复抽样的校正系数（或称修正系数）。当 N 较大时，这一校正系数可以近似为 $1-\frac{n}{N}$。当 N 很大时，$\frac{n}{N}$可以忽略不计，校正系数近似为 1，此时不重复抽样的抽样平均误差近似于重复抽样的抽样平均误差。由于校正系数总是小于 1，因此不重复抽样的抽样平均误差总是小于重复抽样的抽样平均误差，即不重复抽样的推断结果总是比相同容量下的重复抽样精确。因此，实际应用中往往采用不重复抽样方法。但是，为了计算的简便，当 N 很大时即使采用不重复抽样方法实施抽样，但仍常采用重复抽样的抽样平均误差计算公式来计算。

【例 6-2】　某村有 5000 亩耕地，依以往经验，平均亩产 400kg，方差为 1000，现抽取 50 亩实割实测，试求估计量的抽样平均误差。

解　由题意，$\sigma^2=1000$，$n=50$，$N=5000$

（1）重复抽样条件下

$$\mu_{\bar{x}}=\sqrt{\frac{\sigma^2}{n}}=\sqrt{\frac{1000}{50}}\approx 4.47(\text{kg})$$

（2）不重复抽样条件下

$$\mu_{\bar{x}}=\sqrt{\frac{\sigma^2}{n}\left(1-\frac{n}{N}\right)}=\sqrt{\frac{1000}{50}\left(1-\frac{50}{5000}\right)}\approx 4.45(\text{kg})$$

从计算结果可以看出，采用不重复抽样其抽样平均误差较小一些。

【例 6-3】　从某厂一大批产品中随机抽取 100 件检验，已估计这批产品的合格率。根据以往经验，产品合格率大约为 90%，试求估计量的平均误差。

解　由题意，$n=100$，$p=90\%$

由于总体容量 N 很大甚至未知，校正系数可以近似为 1，因此即使采用不重复抽样方法，也可用重复抽样的抽样平均误差公式来计算

$$\mu_P=\sqrt{\frac{P(1-P)}{n}}=\sqrt{\frac{90\%\times 10\%}{100}}=3\%$$

由于抽样平均误差与总体方差有关，而总体方差往往又是未知的，因此通常采用如下的方法来确定总体方差：①当社会经济现象的变化稳定，并有以往的资料时，可以用以往资料的方差（如有多个以往资料可供选择时，应使用最大的方差）；②用样本方差代替总体方差；③在正式抽样调查之前，先组织时间性抽样，用实验样本资料的方差代替总体方差。

（四）影响抽样平均误差的主要因素

抽样平均误差的大小受以下几个因素的影响：

1. 样木单位数（样本容量 n）

在其他条件不变的情况下，抽样单位数越多就越能反映总体，抽样平均误差就越小。当抽样单位数接近总体单位数时，此时的抽样调查已接近于全面调查，抽样平均误差接近于零；反之，抽样单位数越少，抽样误差越大。

2. 总体被研究标志变异程度（总体方差 σ^2）

在其他条件不变的情况下，所研究总体的标志变异程度越小，说明总体各单位标志值之间的差异越小，这样抽样指标与总体指标之间的抽样平均误差也越小。相反，若总体被研究标志变异程度大，则抽样指标与总体指标之间的抽样平均误差也大。

3. 抽样组织方式

采取不同的抽样组织方式，所抽出的样本对于总体的代表性也不相同，因此抽样组织方式影响抽样平均误差的大小。在实践中，我们可以利用不同抽样组织方式下抽样平均误差的大小来判断不同方式的有效性。

4. 抽样方法

抽样方法有重复抽样和不重复抽样两种。在其他条件相同时，不重复抽样的抽样平均误差一般小于重复抽样的抽样平均误差，这是因为不重复抽样避免了总体单位的重复中选，因而更能反映总体结构，故抽样误差会较小些。

三、抽样极限误差

抽样极限误差是从另一个角度考虑抽样误差问题的。用样本指标估计总体指标，抽样误差是客观存在的，所以在估计总体指标的同时就必须同时考虑估计误差的大小。我们不希望误差太大，因为误差越大样本的价值就越小；但也不是误差越小越好，因为在一定限度之后减少抽样误差会增加很多费用。所以在做抽样估计时，应该根据所研究对象的变异程度和分析任务确定可允许的误差范围，在这个范围内的数字都算是有效的。统计上把这种可允许的误差范围称为抽样极限误差。

抽样极限误差是指样本指标与总体指标之间离差的绝对值不得超过的限度。

设 $\Delta\bar{x}$、Δp 分别表示抽样平均数极限误差和抽样成数极限误差。则有

$$|\bar{x}-\overline{X}|\leqslant\Delta\bar{x}$$

$$|p-P|\leqslant\Delta p$$

由上述等式变换得出下列不等式关系：

$$\bar{x}-\Delta\bar{x}\leqslant\overline{X}\leqslant\bar{x}+\Delta\bar{x} \tag{6-12}$$

$$p-\Delta p\leqslant P\leqslant p+\Delta p \tag{6-13}$$

式（6-12）表示被估计的总体平均数是以抽样平均数 $\bar{x}$ 为中心，在 $\bar{x}-\Delta\bar{x}$ 至 $\bar{x}+\Delta\bar{x}$ 之间变动，区间（$\bar{x}-\Delta\bar{x}$，$\bar{x}+\Delta\bar{x}$）成为平均数的估计区间。区间的总长度为 $2\Delta x$，在这个区间内样本平均数和总体平均数之间的绝对离差不超过 Δx。同样，式（6-13）表明被估计的总体成数是以抽样成数 p 为中心，在 $p-\Delta p$ 至 $p+\Delta p$ 之间变动，即［$p-\Delta p$，$p+\Delta p$］区间内，抽样称属于总体成数之间的绝对离差不超过 Δp。下面分别举例说明。

【例 6-4】 要估计某村 5000 亩耕地粮食亩产和总产水平，用不重复抽样方法抽取 50 亩，求得平均亩产 400kg。如果确定抽样极限误差为 10kg，这就要求该村粮食亩产在 400kg±10kg，即在 390kg 至 410kg 之间，而粮食总产量在 5000×（400±10）kg，即在 195 万 kg 至 205 万 kg 之间。

【例 6-5】 要估计某农作物秧苗成活率，从播种这一品种秧苗的地块随机抽取秧苗 1000棵，其中死苗 80 棵，则样本秧苗成活率为 $p=92\%$。如果确定抽样极限误差 Δp 为 3%，这就要求该种农作物秧苗成活率 P 落在 92%±3%之间，即在 89%～95%之间。

四、抽样误差的概率度

基于概率估计的要求，抽样极限误差通常需要以抽样平均误差 $\mu_{\bar{x}}$ 或 μ_p 为标准单位来衡量。把抽样极限误差 $\Delta\bar{x}$ 或 Δp 分别除以 $\mu_{\bar{x}}$ 或 μ_p 得出的相对数 t 称之为抽样误差的概率度，它表示误差范围为抽样平均误差的 t 倍，是用来测量估计可靠程度的一个参数，于是有

$$t=\frac{\Delta\bar{x}}{\mu_{\bar{x}}};\Delta\bar{x}=t\mu_{\bar{x}} \tag{6-14}$$

$$t=\frac{\Delta p}{\mu_p};\Delta p=t\mu_p \tag{6-15}$$

如［例 6 - 4］，如果已知某村粮食亩产的方差为 $\sigma^2=1000$，总体单位数 $N=5000$ 亩，则可得抽样平均误差

$$\mu_{\bar{x}}=\sqrt{\frac{\sigma^2}{n}\left(1-\frac{n}{N}\right)}=\sqrt{\frac{1000}{50}\left(1-\frac{50}{5000}\right)}\approx 4.45(\text{kg})$$

可以用概率度 $t=\frac{\Delta\bar{x}}{\mu_{\bar{x}}}=\frac{10}{4.45}\approx 2.25$ 来表示极限误差的范围，即以 $t\cdot\mu_{\bar{x}}$ 来规定误差范围的大小。这时就要求某村的粮食平均亩产在（400 ± 2.25）$\mu_{\bar{x}}$kg 之间。

又如［例 6 - 5］，已知样本秧苗成活率为 92%，则可求得成活率抽样平均误差

$$\mu_p=\sqrt{\frac{p(1-p)}{n}}=\sqrt{\frac{92\%\times8\%}{1000}}=0.86\%$$

可以用概率度 $t=\frac{\Delta p}{\mu_p}=\frac{3\%}{0.86\%}=3.49$ 来表示极限误差范围的大小，这时要求该农作物秧苗成活率 P 落在 $92\%\pm3.49\mu_p$ 之间。

五、抽样估计的置信度

我们已经学习了确定允许的抽样误差范围即抽样极限误差，从主观愿望说，当然希望抽样指标的估计值都能够落在允许的误差范围之内，但这并非都能实现。由于抽样指标值随着样本的变动而变动，它本身是个随机变量，因而抽样指标与总体指标的误差仍然是个随机变量，并不能保证误差不超过一定范围的事件是必然的，而只能以一定程度的概率保证。抽样估计置信度就是表明抽样指标和总体指标的误差不超一定范围的概率保证程度。

从理论上已经证明，在样本单位数足够多（$n\geqslant30$）的条件下，抽样平均数的分布接近于正态分布。这一分布的特点是，抽样平均数是以总体平均数为中心，两边完全对称分布，即抽样平均数的正误差和负误差的可能性是完全相等的。而且抽样平均数估计总体平均数的范围愈大，即概率度 t 愈大，概率愈大。反之，抽样平均数估计总体平均数的范围愈小，即概率度 t 愈小，概率愈小。其整体概率分布的图形如图 6 - 1 所示。

由于概率度 $t=\frac{|\bar{x}-\bar{X}|}{\mu_{\bar{x}}}$，所以抽样误差的概率即是概率度 t 的函数，即

$$p=F(t)(|\bar{x}-\bar{X}|\leqslant t\mu_{\bar{x}})$$

图 6 - 1 关系便可以表示为

$$t=1\text{ 时},F(t)=68.27\%$$

$$t=2\text{ 时},F(t)=95.45\%$$

$$t=3\text{ 时},F(t)=99.73\%$$

将这种对应函数关系编成《正态分布概率表》（见附录 B），给定 t 值，便可以直接从表

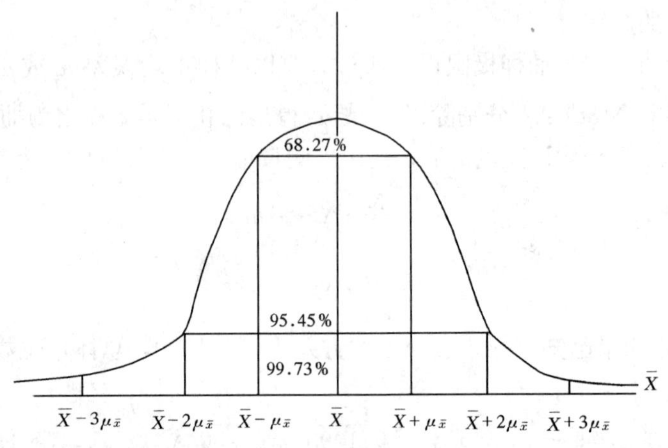

图 6-1 概率分布的图形

上查找抽样误差的概率，即抽样估计置信度。

【例 6-6】 样本粮食平均亩产量 $\bar{x}$ 为 400kg，又知抽样平均误差 $\mu_{\bar{x}}$ 为 6kg，要求误差不超过 5kg，求总体粮食平均亩产量 $\overline{X}$ 在（400±5）kg 即在 395～405kg 的估计置信度是多少？

根据公式

$$t=\frac{\Delta \overline{x}}{\mu_{\bar{x}}}=\frac{5}{6}=0.83$$

查《正态分布概率表》，当 $t=0.83$ 时，估计置信度 $F(t)=0.5935$，即总体平均亩产量在 395～405kg 的概率保证程度为 59.35%，显然较低。如果现在允许误差范围扩大至 10kg，即总体平均亩产量在 390～410kg，则概率度 t 为

$$t=\frac{\Delta_{\bar{x}}}{\mu_{\bar{x}}}=\frac{10}{6}=1.67$$

查《正态分布概率表》，当 $t=1.67$ 时，$F(t)=0.9051$，这时概率保证程度提高到 90.51%，基本上达到了足够可信的程度。

第三节 总体指标的估计

总体指标的估计是指对总体平均数 $\overline{X}$ 和总体成数 P 推断估计的问题。抽样调查的直接目的，就是为了推断 $\overline{X}$、P，然后，再结合总体单位数 N 取推算总体的有关标志总量。总体指标的推断有点估计和区间估计两种方法。

一、点估计

点估计也称定值估计，它是以抽样得到的样本指标作为总体指标的估计量，并以样本指标的实际值直接作为总体未知参数的估计值得一种推断方法。点估计的方法有矩估计法、顺序统计量法、极大似然法、最小二乘法等。这里仅介绍最为简单、直观又常用的矩估计法。

（一）矩估计法

在统计学中，矩是指以期望值为基础而定义的数字特征，一般分为原点矩和中心矩。

设 X 为随机变量，对任意正整数 K，称 $E(X^K)$ 为随机变量 X 的 K 阶原点矩，记作

m_K；称 $E[X-E(X)]^K$ 为以 $E(X)$ 为中心的 K 阶中心矩，记作 C_K，即

$$m_K=E\ (X^K)$$

$$C_K=E\ [X-E\ (X)]^K$$

当 $k=1$ 时，$m_1=E\ (X)\ =\mu$；当 $k=2$ 时，$C_2=E\ [X-E\ (X)]^2=\sigma^2$。可见，一阶原点矩是随机变量 X 的数学期望，二阶中心矩是随机变量 X 的方差。

用样本的矩去估计总体的矩，即为矩估计法。例如，某地区 5 月份随机抽取 100 户个体工商户检查其纳税情况。经调查发现有 6 户偷税漏税，平均每户偷税漏税 1000 元，据此就可以推断出该地区有 6%的个体工商户偷税漏税，平均每户偷税漏税金额是 1000 元。

（二）点估计的优良性准则

在实际中，根据同一套样本数据用不同的方法来估计同一个总体参数，可能会得到不同的估计量。但哪一个估计量更好一些，其评判标准通常采用下面三个准则：

1. 一致性

设 $\hat{\theta}$ 为未知参数 θ 的估计量，当 $n\to\infty$ 时，要求 $\hat{\theta}$ 按概率收敛于 θ。即

$$\lim_{n\to\infty}P\ (\ |\ \hat{\theta}-\theta\ |\ <\varepsilon)\ =1\quad(\varepsilon\text{ 为任意小正数})\tag{6-16}$$

则称 $\hat{\theta}$ 为 θ 的满足一致性标准要求的估计量。

样本平均数 $\bar{x}$ 和样本成数 p 作为总体平均数 $\overline{X}$ 和总体成数 P 的估计量满足一致性的准则要求，即随着 n 越来越大，$\bar{x}$ 和 p 接近于 $\overline{X}$ 和 P 的概率越来越大。

2. 无偏性

若估计量 $\hat{\theta}$ 的数学期望等于未知参数的真值 θ，即

$$E\ (\hat{\theta})\ =\theta\tag{6-17}$$

则称 $\hat{\theta}$ 是 θ 的无偏估计量。

可以证明，样本平均数 $\bar{x}$ 和样本方差 S_{n-1}^2 是总体平均数 $\overline{X}$ 和方差 σ^2 的无偏估计量。

3. 有效性

无偏性只考虑估计量的平均结果是否等于待估计参数的真值，有效性则要求每个估计值与待估参数真值之间的偏差尽可能地小。

设 $\hat{\theta}_1$、$\hat{\theta}_2$ 为 θ 的两个无偏估计量，若 $\hat{\theta}_1$ 的方差小于 $\hat{\theta}_2$ 的方差，即

$$D\ (\hat{\theta}_1)\ <D\ (\hat{\theta}_2)\tag{6-18}$$

则称 $\hat{\theta}_1$ 是较 $\hat{\theta}_2$ 有效的估计量。

需要指出，虽然 $\bar{x}$、p、S_{n-1}^2 样本指标是 $\overline{X}$、P、σ^2 总体指标的无偏、有效、一致性估计量，但由于在实际抽样调查中一次只是随机抽取一个样本，导致估计值会因样本的不同而不同，甚至产生很大的差异。所以说，点估计是一种粗略的估计或推断，其缺点是既没有解决参数估计的精确度问题，也没有考虑估计的可靠性程度，只有区间估计才能解决这两个问题。不过，由于点估计直观、简单，对于那些要求不太高的判断和分析，可以使用此种方法。

二、区间估计

区间估计的基本特点是根据给定的概率保证程度的要求，利用实际抽样资料，指出总体被估计值的上限和下限，即指出总体参数可能存在的区间范围，而不是直接给出总体参数的估计值。换句话说，对于总体的被估计指标 $\overline{X}$，找出样本的两个估计量 x_1，x_2 使被估计值

落在区间 $[x_1, x_2]$ 内的概率 $F(t)$ 为已知或给定的。我们称区间 $[x_1, x_2]$ 总体指标 $\overline{X}$ 的置信区间，x_1 为置信下限，x_2 为置信上限，其估计置信度为 $F(t)$。称 $a=1-F(t)$ 为显著性水平，即总体指标不落在上述区间内的概率。显著性水平是失败风险的概率。

区间估计必须同时具备三个要素，即样本指标值、抽样误差范围和概率保证程度。抽样误差范围决定估计的准确性，而概率保证程度则决定估计的可靠性。实际估计时既希望准确性高又希望可靠性大，但是这两个愿望是矛盾的，是此升彼降的关系。因此在抽样估计时只能对其中的一个要素提出要求，而推求另一个要素的变动情况。如果所推求的另一要素不能满足实际工作需要，就应该增加样本单位数、改善抽样组织、重新组织抽样，直到符合要求为止。

区间估计根据所给定的条件不同，有两种估计方法或称两套模式。

第一套模式是根据已经给定的抽样误差范围，求概率保证程度，进而作出区间估计。具体步骤是：首先按随机原则抽取样本，计算抽样指标，如抽样平均数$\overline{x}$或抽样成数 p、样本方差 s^2，并据以推算抽样平均误差 μ。其次将给定的抽样极限误差除以抽样平均误差求出概率度 t 值，再根据 t 值查《正态分布概率表》求出相应的置信度 $F(t)$。最后，根据样本指标值和给定的抽样极限误差，估计总体指标的下限和上限，对总体参数进行区间估计，并说明如此估计的置信度。

【例 6-7】 对某企业某种电子产品进行使用寿命检查（见表 6-3），共有 5000 件产品，现按简单随机不重复抽样方法抽取 100 件检验，检验结果分组如下，要求误差不超过 100h，试估计该批电子产品的平均使用寿命。

表 6-3　　某企业某种电子产品使用寿命抽样表

使用寿命（h）	组中值（x）	产品数（f）	xf	$x-\overline{x}$（$\overline{x}=4280$）	$(x-\overline{x})^2f$
3000 以下	2500	4	10 000	−1780	12 673 600
3000 ∶ 4000	3500	30	105 000	−780	18 252 000
4000 ∶ 5000	4500	50	225 000	220	2 420 000
5000 以上	5500	16	88 000	1220	23 814 400
合计	—	100	428 000	—	57 160 000

解　(1) 计算抽样平均数和抽样平均误差：

$$\overline{x}=\frac{\sum xf}{\sum f}=\frac{428\ 000}{100}=4280\ (\text{h})$$

$$\sigma^2=\frac{\sum (x-\overline{x})^2 f}{\sum f}=\frac{57\ 160\ 000}{100}=571\ 600\ (\text{h})$$

$$\mu_{\overline{x}}=\sqrt{\frac{\sigma^2}{n}\left(1-\frac{n}{N}\right)}=\sqrt{\frac{571\ 600}{100}\left(1-\frac{100}{5000}\right)}=74.84\ (\text{h})$$

(2) 根据给定抽样极限误差 $\Delta x=100\text{h}$，计算概率度 t 值，查置信度 $F(t)$

$$t=\frac{\Delta \overline{x}}{\mu_{\overline{x}}}=\frac{100}{74.84}=1.34$$

查正态分布概率表得置信度 $F(t)=0.819\ 8$

(3) 计算总体平均数$\overline{X}$的上下限，并进行区间估计：

$$\text{下限}=\overline{x}-\Delta \overline{x}=4280-100=4180\ (\text{h})$$

$$上限=\bar{x}+\Delta\bar{x}=4280+100=4380\ (h)$$

我们可以作如下估计：即以 81.98％的概率保证程度，估计该批电子产品的使用寿命在 4180～4380h。

【例 6-8】 仍按［例 6-7］资料，设该厂规定产品使用寿命在 3000h 以下为不合格品，要求合格率估计的误差范围不超过 3.5％，试估计该批电子产品的合格率。

解 （1）计算样本合格率和抽样平均误差：

$$p=\frac{n_1}{n}=1-\frac{n_0}{n}=1-\frac{4}{100}=96\%$$

$$\mu_p=\sqrt{\frac{p(1-p)}{n}\left(1-\frac{n}{N}\right)}=\sqrt{\frac{0.96\times0.04}{100}\left(1-\frac{100}{5000}\right)}=1.94\%$$

（2）根据给定抽样极限误差 $\Delta p=3.5\%$，计算概率度 t 值，查置信度 $F(t)$

$$t=\frac{\Delta p}{\mu_p}=\frac{3.5\%}{1.94\%}=1.90$$

查正态分布概率表得置信度 $F(t)=0.9426$

（3）计算总体成数 P 的上下限，并进行区间估计：

$$下限=p-\Delta p=96\%-3.5\%=92.5\%$$

$$上限=p+\Delta p=96\%+3.5\%=99.5\%$$

我们可以作出如下估计：即以 94.26％的概率保证度，估计该批电子产品的合格率在 92.5％～99.5％之间。

第二套模式是根据给定的置信度要求，来推算抽样极限误差的可能范围，进而对总体参数作区间估计。这种估计方法的应用更为常见一些。具体步骤是：第一步与第一套模式完全相同，不再赘述。其次根据给定的置信度 $F(t)$ 要求查概率表求得概率度 t 值。最后根据概率度 t 值和抽样平均误差来推算抽样极限误差的可能范围，再求出被估计总体指标的上下限，对总体参数作区间估计。

【例 6-9】 为考察某地区高中学生身高分布状况，简单随机抽取 200 人，测得平均身高 167cm，抽样标准差 $\sigma=1.47$cm，假定要在 95.45％的置信度要求下，试对总体平均身高进行区间估计。

解 （1）计算抽样平均误差：

由题知：$\bar{x}=167$，$\sigma=1.47$，则

$$\mu_{\bar{x}}=\frac{\sigma}{\sqrt{n}}=\frac{1.47}{\sqrt{200}}=0.104$$

（2）根据给定的置信度 $F(t)=0.9545$，查概率表得 $t=2$。

（3）计算抽样极限误差，进而推算总体平均数的上下限：

$$\Delta_{\bar{x}}=t\mu_{\bar{x}}=2\times0.104=0.208$$

$$平均身高下限=\bar{x}-\Delta_{\bar{x}}=167-0.208=166.792\ (cm)$$

$$平均身高上限=x+\Delta_{\bar{x}}=167+0.208=167.208\ (cm)$$

我们可以作如下估计：即以 94.45％的概率保证程度，估计该地区高中学生平均身高在 166.792～167.208cm。

【例 6-10】 为了研究中央电视台春节联欢晚会的受欢迎程度，在全国各地随机对

1000 名成年人进行调查，结果有 930 名成年人表示喜欢，要求以 90%的概率保证程度对晚会受欢迎程度进行区间估计。

解 (1) 计算样本喜欢人数比率及抽样平均误差：

样本喜欢人数比率 $p=\frac{n_1}{n}=\frac{930}{1000}=93\%$

抽样平均误差 $\mu_p=\sqrt{\frac{p\ (1-p)}{n}}=\sqrt{\frac{0.93\times0.07}{1000}}=0.81\%$

(2) 根据给定的置信度 $F(t)=90\%$，查正态分布概率表得 $t=1.64$。

(3) 计算抽样极限误差：

$$\Delta p=t\mu_p=1.64\times0.81\%=1.33\%$$

则

$$下限=p-\Delta p=93\%-1.33\%=91.67\%$$

$$上限=p+\Delta p=93\%+1.33\%=94.33\%$$

我们可以作如下估计：即以 90%的概率保证程度，估计成年人喜欢春节联欢晚会的人数比重在 91.67%～94.33%。

第四节 抽样调查的组织形式

本节主要介绍几种常用的抽样调查组织形式：简单随机抽样、类型抽样、等距抽样和整群抽样。

一、简单随机抽样

(一) 简单随机抽样的概念和特点

简单随机抽样又称纯随机抽样，它是按照随机原则，直接从总体 N 个单位中抽取 n 个单位作为样本的一种抽样组织形式。简单随机抽样是抽样中最基本也是最简单的组织形式，它适用于均匀总体、标志变异程度不很大且有明确抽样框的情况。

简单随机抽样的优点：

(1) 理论上最符合随机原则。一是可以保证总体中每个单位被抽中的机会（或概率）相等。设总体有 N 个单位，各单位被抽中的概率均为 $1/N$；二是所有可能的样本被抽中的机会（或概率）相等。

(2) 是其他抽样组织形式的基础。即其他抽样组织形式都是建立在简单随机抽样的有关理论基础之上的，同时在实践中，经常要和简单随机抽样结合运用。

(3) 是衡量其他抽样组织形式抽样效果的比较标准。为了提高抽样效率和效果，在简单随机抽样基础上设计出来的其他抽样组织形式，要说明其抽样效果是否真正优良，一般是以其产生的抽样方差或抽样平均误差来和简单随机抽样相比较，前者优于后者，才能说明其确有较高的抽样效果和抽样效率。

简单随机抽样在实际应用中的局限性：

(1) 需要对全部总体单位进行编码，编制出抽样框，在总体单位数 N 很大时比较困难，有时甚至无法办到。

(2) 未能充分利用总体的有关信息，抽样误差比较大。

(二) 抽取样本单位的方法

采用简单随机抽样抽取样本，首先要将总体中全部单位进行编码形成抽样框，然后按随机原则从其中抽取若干个号码，中选号码对应的单位即为样本单位。常用的具体抽取样本单位的方法主要有以下几种：

（1）抽签法。将总体 N 个单位编上序号（1，2，…，N），并把号码写在签上，掺和拌匀后从中抽取 n 个签，编号与签上号码一致的单位即为中选单位。这种方法简便易行。但在实际中，如果总体范围很大，编号、做签、均匀抽取都很困难，所以一般只能适用与总体范围很小的抽样。

（2）抓阄法。原理与抽签法相同，只是把总体各单位的编号写在统一的纸上而不是签上。

（3）摸小球法。首先将总体 N 个单位进行编号，然后在一个容器中装入 10 个小球，每个小球标有 0，1，2，…，9 中的一个数字（不能重复），从容器中摸出带有某一数字的小球，摸球的次数应与编号的位数相同，即有几位数就要摸几次，最后与摸出小球数字组成的号码相对应的编号单位即为一个中选的样本单位，这样直至抽出 N 个单位为止。

（4）计算机模拟法。一般计算机都带有随机数字发生器，对于已编号的总体单位，按计算机所产生的随机数字，确定相应的样本单位。

（5）随机数表法。这是目前得到广泛应用的一种简便方法。随机数表（见表 6－4）是由数字 0，1，…，9 组成的表，它可以保证各个数字分布的均匀性。使用方法是：先将总体各单位从 1 到 N 编号，按编好的最大位数确定使用随机数表中的位数，然后从表中任意行和任意列开始，按纵向（或横向）观察所确定的数字，凡是属于总体编号范围内的数字，就作为中选单位的号码，其对应的总体单位就是抽中的样本单位。对超过总体单位编号范围的数字或又重复出现的数字排除掉，直至取够预定的样本单位数。

例如从 N 为 800 的总体中抽取一个容量为 40 的样本。总体各单位编号为 001∶800。以表中相邻的三位数为一组，可以从任何位置开始，自左向右或自上而下（事先随机确定出来）来查找满足要求的数字编号，超出总体单位编号的数字或又重复出现的数字排除掉。假定事先从第三行第一列自左向右查找，抽中的编号分别为 167，662，276，656，502，…。编号与抽中数字相同的单位即为抽取的样本单位。

表 6－4　　随 机 数 表（节选）

0347	4373	8636	9647	3661	4698	6371	6233
9774	2467	6242	8114	5720	4253	3237	3227
1676	6227	6656	5026	7107	3290	7978	5313
1256	8599	2696	9668	2731	0503	7293	1557
5559	5635	6438	5482	4622	3162	4309	9006

此外，关于简单随机抽样样本指标的计算、抽样平均误差、抽样极限误差及简单随机抽样的应用等知识如教材前面所述，即本章第一节至第三节所讲的内容都是在简单随机抽样下进行计算的，这里不再重复讲解。

二、类型抽样

（一）类型抽样的概念

类型抽样又称分层抽样。它的特点是先对总体各单位按主要标志加以分组，尽量缩小组内方差，扩大组间方差，然后再从各组中按随机原则抽取一定比例的单位数构成样本。这样，样本单位数就有更大的代表性，抽样误差也就缩小了，可以取得较好的抽样效果。

设总体由 N 个单位构成，把总体按标志值大小划分为 k 组，使 $N=N_1+N_2+\cdots+N_k$，然后从每组的 N_i 个单位中抽取 n_i 个单位构成样本容量为 n 的样本，使 $n=n_1+n_2+\cdots+n_k$，n_i 的确定满足下列比例关系：

$$\frac{n_1}{N_1}=\frac{n_2}{N_2}=\frac{n_k}{N_k}=\cdots=\frac{n}{N}$$

即

$$n_i=\frac{nN_i}{N}$$

先由各组分别取样，分别计算各组抽样平均数 $\overline{x}_i$ 和各组内方差 σ_i^2（方法同简单随机抽样）。再以各组样本单位数 n_i 为权数，分别计算全样本的平均数 $\overline{x}$ 和各组内方差的平均数 $\overline{\sigma^2}$，公式如下：

$$\overline{x}=\frac{\sum n_i\overline{x}_i}{n} \tag{6-19}$$

$$\overline{\sigma^2}=\frac{\sum n_i\sigma_i^2}{n} \tag{6-20}$$

计算抽样平均误差时公式中的 σ^2 用 $\overline{\sigma^2}$ 代替，其他过程与简单随机抽样相同，不再赘述。

(二) 类型抽样平均误差的计算

在类型抽样中，首先要对总体作分类（组），再从每一类（组）中随机抽取样本。因此对于类（组）来说就等于全面调查了，抽样平均误差不受组间方差的影响，至于抽样数目和各类型组方差有关。

1. 平均数的抽样平均误差

重复抽样条件下：

$$\mu_{\overline{x}}=\sqrt{\frac{\overline{\sigma^2}}{n}} \tag{6-21}$$

不重复抽样条件下：

$$\mu_{\overline{x}}=\sqrt{\frac{\overline{\sigma^2}}{n}\left(1-\frac{n}{N}\right)} \tag{6-22}$$

2. 成数的抽样平均误差

重复抽样条件下：

$$\mu_P=\sqrt{\frac{\overline{P(1-P)}}{n}} \tag{6-23}$$

不重复抽样条件下：

$$\mu_P=\sqrt{\frac{\overline{P(1-P)}}{n}\left(1-\frac{n}{N}\right)} \tag{6-24}$$

其中

$$\overline{\sigma^2}=\frac{\sum\sigma_i^2N_i}{N} \tag{6-25}$$

$$\overline{P(1-P)}=\frac{\sum P_i(1-P_i)N_i}{N} \tag{6-26}$$

式中，σ_i^2 代表第 i 组的总体方差；P_i 代表第 i 组的总体成数；$\overline{\sigma^2}$代表总体方差；N_i 代表第 i 组的总体单位数；N 代表全及总体单位数。如果 σ_i^2和 P_i 未知，可用样本方差 σ_i^2 和成数 p_i 替代，公式中的 N_i 和 N 相应的被 n_i 和 n 替换。

【例 6-11】 某县对本县某种农作物的产量作了一次类型比例抽样调查。调查资料整理的结果见表 6-5，试求抽样平均误差。

表 6-5　类型抽样平均抽样误差计算

按自然条件分组	抽样面积（公顷）(n_i)	单位面积产量（kg/公顷）($\overline{x}_i$)	标准差（kg）(σ_i)
平　原	24	6000	60
山　区	16	2400	120
丘　陵	8	3600	95
合　计	48	—	—

解

$$\overline{x} = \frac{\sum \overline{x}_i n_i}{n} = \frac{6000 \times 24 + 2400 \times 16 + 3600 \times 8}{48} = 4400(\text{kg/公顷})$$

$$\overline{\sigma^2} = \frac{\sum \sigma_i^2 n_i}{n} = \frac{60^2 \times 24 + 120^2 \times 16 + 95^2 \times 8}{48} = 8104.17$$

$$\mu_{\overline{x}} = \sqrt{\frac{\overline{\sigma^2}}{n}} = \sqrt{\frac{8104.17}{48}} = 12.99(\text{kg})$$

【例 6-12】 某地区粮食播种面积100 000亩，现按旱地和水浇地面积比例抽取其中2%，计算结果见表 6-6，试以 95.45%的概率估计该地区粮食平均亩产的区间。

表 6-6　某地区粮食播种面积的有关资料

项　目	全部面积（亩）	样本面积（亩）	平均亩产（kg）	标准差（kg）
旱　地	20 000	40	280	120
水浇地	80 000	160	510	70
合　计	100 000	200	464	82

解

$$\overline{x} = \frac{\sum n_i \overline{x}_i}{n} = \frac{280 \times 40 + 510 \times 160}{200} = 464(\text{kg})$$

$$\overline{\sigma^2} = \frac{\sum n_i \sigma_i^2}{n} = \frac{120^2 \times 40 + 70^2 \times 160}{200} = 6800$$

$$\mu_{\overline{x}} = \sqrt{\frac{\overline{\sigma^2}}{n}} = \frac{6800}{200} = 5.8(\text{kg})$$

$F(t) = 0.9545$，查概率表知 $t=2$

则

$$\Delta_{\overline{x}} = t\mu_{\overline{x}} = 2 \times 5.8 = 11.6\ (\text{kg})$$

该地区粮食平均亩产的上下限分别为

$$\text{下限} = \overline{x} - \Delta_{\overline{x}} = 464 - 11.6 = 452.4$$

$$\text{上限} = \overline{x} + \Delta_{\overline{x}} = 464 + 711.6 = 475.6$$

我们可以以 95.45%的概率保证程度估计该地区粮食平均亩产在 452.4～475.6kg。

三、等距抽样

(一) 等距抽样的概念

等距抽样也称机械抽样或系统抽样。它先按某一标志对总体各单位进行排队，然后依一定顺序和间隔来抽取样本单位的抽样组织形式。由于这种抽样是在总体各单位顺序排队的基础上，再按一定规则等距离抽样，因此，样本单位分布均匀，有较高的代表性。

作为总体各单位顺序排列的标志，可以是无关标志，也可以是有关标志。无关标志是指和单位标志值的大小无关或不起主要的影响作用。如时间、门牌号等，又如学生身高调查按学号抽取。有关标志是指作为排队顺序的标志和单位标志值的大小有密切的关系。例如职工家计调查，按上年职工平均工资排队抽取调查户。

具体抽取样本单位有以下三种方法。

1. 随机起点等距抽样

针对无关标志排队，首先计算样本间隔 $K=\frac{N}{n}$，在第一部分 k 个单位中按简单随机抽样方法抽取第 i 个单位，以后每隔 k 个单位抽取 1 个单位，依次为 $i+k$，$i+2k$，…，$i+(n-1)k$，至此抽取了 n 个单位构成一个样本。

2. 半距中点抽样

针对有关标志排队，可采用半距中点抽样方法，即取每一部分处于中间位置的单位。如第一部分 k 个单位中取第 1/2 个单位，以后顺次为 $1\frac{1}{2}k$ 个单位、$2\frac{1}{2}k$ 个单位、…、$(n-1)\frac{1}{2}k$ 个单位，每单位的间隔都是 k，共有 n 个单位构成一个样本。

3. 对称等距抽样

这种方法也是针对有关标志排队而言的。即第一部分随机抽取第 i 个单位，第二部分则取这部分最终倒数第 i 个单位，如此反复使两组保持对称等距。共取 n 个单位构成一个样本。之所以要对称等距抽样，是因为按有关标志顺序排队，当第一个取偏小的标志值时，第二个会取偏大的标志值，这样既遵循了随机原则，又从总体上说可以取得比较有代表性的样本。

在等距抽样中，不论是有关标志还是无关标志排队，都要注意避免抽样间隔与现象本身的周期性节奏相重合，引起系统误差的影响。例如农产量抽样调查，样本点的抽样间隔不宜和田间的长度相等。商场销量抽样调查，抽样间隔不宜为 7 天或 7 天的倍数。

(二) 等距抽样平均误差的计算

直接计算等距抽样的平均误差，在实践中是一个不容易解决的问题。一般认为如果总体单位是按无关标志排队，它的抽样误差就十分接近简单随机抽样的误差，为了简便起见，可以采用简单随机抽样平均误差公式来近似地反映。同理，如果总体单位是按有关标志排队，其抽样平均误差可采用类型抽样平均误差的公式计算其近似值。

用等距抽样的方式抽取样本后，就可计算样本结果并按要求对总体参数进行估计。计算方法与简单随机抽样条件下的方法基本相同，这里不再赘述。

四、整群抽样

(一) 整群抽样的概念

前面介绍了三种抽样形式，尽管各有不同，但它们也有相同的地方，这就是从总体抽取样本都是一个一个地抽选样本单位，整群抽样不同，它是先将全及总体分成若干群（组），然后按照随机原则从中抽取若干群（组），对被抽中群（组）所有单位都进行调查。

例如，对某城市居民进行生活水平调查，先将居民分成各居委会，从全部居委会中随机抽取若干个居委会，对被抽中的居委会的所有住户都进行调查，这就是整群抽样。每个居委会就是一群。

整群抽样时先将总体分为 R 群，随机抽出 r 群组成样本，各群全面调查，然后分别计算群内平均数 $\overline{x}_i$，再计算全样本平均数 $\overline{x}=\frac{\sum\overline{x}_i}{r}$，则可计算群间方差

$$\sigma^2=\frac{\sum(x_i-\overline{X})^2}{R} \text{或} \sigma^2=\frac{\sum(\overline{x}_i-\overline{x})^2}{r} \quad (6-27)$$

（二）整群抽样平均误差的计算

整群抽样对被抽中群内的所有单位都作调查，因此抽样平均误差不再受群内方差的影响，而受群间方差和抽样数目的影响。整群抽样采用不重复抽样方法抽取样本。

1. 平均数的抽样平均误差

$$\mu_{\overline{x}}=\sqrt{\frac{\sigma_{\overline{x}}^2}{r}\left(1-\frac{r}{R}\right)} \quad (6-28)$$

2. 成数的抽样平均误差

$$\mu_P=\sqrt{\frac{\sigma_P^2}{r}\left(1-\frac{r}{R}\right)} \quad (6-29)$$

其中

$$\sigma_{\overline{x}}^2=\frac{\sum(\overline{X}_i-\overline{X})^2}{R} \quad (6-30)$$

$$\sigma_P^2=\frac{\sum(P_i-P)^2}{R} \quad (6-31)$$

式中，$\sigma_{\overline{x}}^2$ 为平均数的群间方差；σ_P^2 为成数总体群间方差；r 为样本群数；R 为总体群数。

上面公式中的总体指标常常未知，一般用相应的样本指标来替代。

【例 6-13】 某酒店购进 300 箱（50 只/箱）苹果，入库前随机抽取 1%检查其质量。检验结果的整理资料见表 6-7，试求抽样平均误差。

表 6-7　整群抽样平均误差计算表

	平均重量（g）$\overline{x}_i$	一级品率（%）p_i	$(\overline{x}_i-\overline{x})^2$ $\overline{x}=249$	$(p_i-p)^2$ $p=83\%$
第一箱	248	85	1	4
第二箱	246	80	9	9
第三箱	253	84	16	1
合　计	—	—	26	14

解　(1) 计算样本平均数和样本成数：

$$\overline{x}=\frac{\sum\overline{x}_i}{r}=\frac{248+246+253}{3}=249(\text{g})$$

$$p=\frac{\sum p_i}{r}=\frac{85\%+80\%+84\%}{3}=83\%$$

(2) 求样本数群间方差和成数群间方差

$$\sigma_{\bar{x}}^2=\frac{\sum(\bar{x}_i-\bar{x})^2}{r}=\frac{26}{3}=8.67$$

$$\sigma_{P}^2=\frac{\sum(\bar{p}_i-\bar{p})^2}{r}=\frac{14}{3}\times\frac{1}{10\ 000}=\frac{4.67}{10\ 000}$$

(3) 求 $\mu_{\bar{x}}$ 和 μ_p

$$\mu_{\bar{x}}=\sqrt{\frac{\sigma_{\bar{x}}^2}{r}\left(1-\frac{r}{R}\right)}=1.69(\text{g})$$

$$\mu_p=\sqrt{\frac{\sigma_P^2}{r}\left(1-\frac{r}{R}\right)}=\sqrt{\frac{14}{3\times 3}\times\frac{1}{10\ 000}\left(1-\frac{3}{300}\right)}=1.54\%$$

整群抽样的优点是节约和方便，如不需要编制总体单位名单，只需编制总体群的名单，确定一群便可以调查许多单位，工作量少多了。但是正由于抽样单位比较集中，限制了样本在总体分配的均匀性，所以代表性较低，抽样误差较大。实际中常增加一些样本单位，以减少抽样误差，提高估计的准确性。

五、抽样方案的检查

抽样方案设计初步完成后，尚需予以检验，用试点的结果来验证设计方案的准确与可行，然后才能正式推广使用。

(一) 准确性检验

抽样方案的准确性是以方案中所规定的允许误差范围为标准来衡量的。具体方法是：用已经掌握的资料，在一定概率保证下，视其允许误差是否超过方案中所规定的允许误差，即要是小于或等于规定的允许误差，才能说明方案的设计符合准确性要求。如大于规定的允许误差，就说明方案设计不符合准确性要求。出现这种情况，就要对方案进行检查，进行必要的修正，若无技术性差错，就要增大样本容量，以减少抽样误差。

(二) 代表性检验

抽样方案的代表性是指抽样方案中的样本指标对总体指标的偏离程度。具体办法是：将抽样方案中的样本指标 $\bar{x}$ 或 p 与过去掌握的总体同一指标 $\bar{X}$ 或 P 进行对比，视其比率是否超过方案所规定的要求。通常要求其比率不超过±3%～±5%，也就是要求其比率在97%～103%或 95%～105%以内。若超出这个范围，就要对方案多方面检查，作出修正。如果修正后代表性仍不符合要求，就必须增加样本容量以求得满意的代表性。

经过检验认为妥当的抽样方案，便可组织实施，进行实地抽样调查和进一步进行抽样推断。

第五节　必要抽样单位数的确定

一、确定必要抽样单位数的意义和原则

在选定适合对象特点的抽样组织方式后，就需要决定从总体中抽取多少个样本单位才是必要的。因为当进行一项抽样调查时，抽样的样本单位数越多，样本的代表性就越高，抽样误差越小；反之抽取的样本单位数越少，样本的代表性就越低，抽样误差越大。但是，实际中，抽样单位数过多，就会增加人力、物力和费用，造成不必要的浪费，降低抽样推断的优越性；抽样单位数过少，则会造成抽样误差过大或概率保证程度过低，推断结果无法保证足够的精确性和可靠性，抽样推断不能达到预期的效果。因此，抽样调查时，合理地确定必要抽样单位数对于省时、省力又能保证较好的抽样调查效果，具有很重要的意义。

确定必要抽样单位数的原则是：确定的必要抽样单位数，既能满足抽样推断精确程度和可靠程度的要求，又不会造成样本单位数目的浪费。

二、影响必要抽样单位数的主要因素

（1）要求的可靠程度和精确程度，即概率保证程度和抽样极限误差 Δ。在其他条件和要求相同的情况下，如果要求抽样的可靠程度和精确程度较高，样本单位数就要多一些；反之，就可以少一些。

（2）总体中各单位标志变异的程度，即总体方差的大小。总体方差大，需要抽取的样本单位数就多；总体方差较小，需要抽取的样本单位数就少些。

（3）抽样组织形式和抽样方法。一般来说，类型抽样和等距抽样比简单随机抽样的需要的抽样单位数少，单个抽样比整群抽样需要的抽样单位数少，不重复抽样比重复抽样的抽样单位数要少。

（4）既定的人力、物力和财力。按上述依据确定的抽样单位数，还要结合调查的人力、物力和财力的许可情况加以适当调整，然后做出最后的确定。

三、必要抽样单位数的计算公式

根据上面确定必要抽样单位数的前三个依据，可以由抽样极限误差公式来反映它们之间的联系。因此，将抽样极限误差公式加以推演，可导出不同抽样方法下必要抽样单位数的计算公式。

（一）简单随机抽样

1. 估计总体平均数的必要抽样单位数

（1）重复抽样

由于
$$\Delta_{\bar{x}} = t\mu_{\bar{x}} = t\sqrt{\frac{\sigma^2}{n}}$$

等式两端平方
$$\Delta_{\bar{x}}^2 = \frac{t^2\sigma^2}{n}$$

所以
$$n = \frac{t^2\sigma^2}{\Delta_{\bar{x}}^2} \tag{6-32}$$

（2）不重复抽样

由于
$$\Delta_{\bar{x}} = t\mu_{\bar{x}} = t\sqrt{\frac{\sigma^2}{n}\left(1-\frac{n}{N}\right)}$$

等式两端平方
$$\Delta_{\bar{x}}^2 = \frac{t^2\sigma^2}{n}\left(1-\frac{n}{N}\right) = \frac{t^2\sigma^2}{n} - \frac{t^2\sigma^2}{N}$$

所以
$$n = \frac{t^2\sigma^2 N}{N\Delta_{\bar{x}}^2 + t^2\sigma^2} \tag{6-33}$$

同理，可以得到简单随机抽样估计总体成数的必要抽样单位数。

2. 估计总体成数的必要抽样单位数

（1）重复抽样
$$n = \frac{t^2 P(1-P)}{\Delta_P^2} \tag{6-34}$$

(2) 不重复抽样

$$n=\frac{t^2P(1-P)N}{N\Delta_P^2+t^2P(1-P)} \tag{6-35}$$

在计算必要抽样单位数时应注意以下四个问题：

第一，必要抽样单位数受允许误差范围Δ的制约，Δ要求越小，则样本容量 n 就要越大，但两者并不是保持等比例的变化。比重复抽样为例，在其他条件不变的情况下，误差范围Δ缩小一半，则样本容量 n 必须扩大到原来的 4 倍；而误差范围Δ扩大一倍，则样本容量 n 只需要原来的 1/4。所以，在抽样方案设计中对抽样误差的允许范围必须要十分谨慎的选择。

第二，上面公式中总体方差往往是未知的，若有同类问题的全面调查，可用其有关方差资料代替；若有多次同类全面调查资料，应选择其中最大的方差；也可组织实验调查，以样本方差代替；成数方差 P 在完全缺乏资料的情况下，可以直接假定 $P=0.5$，用成数方差的最大值 $P(1-P)=0.5\times0.5=0.25$ 来代替。

第三，若在一次抽样调查中，同时要推断总体平均数和总体成数，运用上面公式可计算出两个抽样单位数，为了满足平均数推断和成数推断的共同需要，实际中要按较大的样本容量来抽取样本。

第四，样本单位数应取整数，且不采用四舍五入，而采用逢小数就入的取整方法。

【例 6-14】 某公司欲对一批产品抽样检验其合格率。已知过去的合格品率曾有过 99%、97%、95%三种情况，现在用重复抽样的方法，要求推断的极限误差不超过 1%，可靠程度为 95%，则需要抽多少产品数量？

解 已知 $P(1-P)=0.95\times0.05=0.0475$（取按三种合格品率分别计算方差的最大值），$\Delta_P=0.01$，$t=1.96$，需要抽取的产品数量为 $n=\frac{t^2P(1-P)}{\Delta_P^2}=\frac{1.96^2\times0.0475}{0.01^2}=1824.76\approx1825$（件）

【例 6-15】 某市开展职工家计调查，根据历史资料该市职工家庭人均收入的标准差为 260 元，而家庭消费的恩格尔系数没有任何资料。现在用重复抽样的方法，要求其在 95.45%的概率保证下，平均收入的极限误差不超过 20 元，恩格尔系数的极限误差不超过 4%，试问应至少抽多少户进行调查？

解 已知 $t=2$，$\Delta_{\bar{x}}=20$，$\Delta_P=4\%$，$\sigma=260$（取历史资料），$P(1-P)=0.25$（无任何资料，取最大值）

推断总体平均数时所需的样本容量单位数为 $n=\frac{t^2\sigma^2}{\Delta_{\bar{x}}^2}=\frac{2^2\times260^2}{20^2}676$（户）

推断总体成数时所需的样本容量单位数为 $n=\frac{t^2P(1-P)}{\Delta_P^2}=\frac{2^2\times0.25}{(4\%)^2}=625$（户）

应取其中较多的单位数，即抽取 676 户进行调查，以满足共同的要求。

同样，可以推导出计算类型抽样的必要抽样单位数的公式。

(二) 类型抽样

1. 估计总体平均数的必要抽样单位数

(1) 重复抽样

$$n=\frac{t^2\ \overline{\sigma^2}}{\Delta_{\bar{x}}^2} \tag{6-36}$$

（2）不重复抽样

$$n=\frac{t^2\ \overline{\sigma^2}N}{N\Delta_{\bar{x}}^2+t^2\ \overline{\sigma^2}} \tag{6-37}$$

2. 估计总体成数的必要抽样单位数

（1）重复抽样

$$n=\frac{t^2\ \overline{P(1-P)}}{\Delta_P^2} \tag{6-38}$$

（2）不重复抽样

$$n=\frac{t^2\ \overline{P(1-P)}N}{N\Delta_P^2+t^2\ \overline{P(1-P)}} \tag{6-39}$$

（三）整群抽样

整群抽样是计算必要抽取的群数 r。由于整群抽样一般为不重复抽样，所以按不重复抽样计算必要抽样群数公式为

$$r=\frac{t^2\sigma^2R}{\Delta_{\bar{x}}^2R+t^2\sigma^2} \tag{6-40}$$

习 题 六

一、判断题

1. 从全部总体单位中按照随机原则抽取部分单位组成样本，只可能组成一个样本。（ ）

2. 在抽样推断中，全及指标值是确定的、唯一的，而样本指标值是一个随机变量。（ ）

3. 抽样成数的特点是：样本成数越大，则抽样平均误差越大。（ ）

4. 抽样平均误差总是小于抽样极限误差。（ ）

5. 在其他条件不变的情况下，提高抽样估计的可靠程度，则降低了抽样估计的精确程度。（ ）

6. 从全部总体单位中抽取部分单位构成样本，在样本变量相同的情况下，重复抽样构成的样本个数大于不重复抽样构成的样本个数。（ ）

7. 抽样平均误差反映抽样误差的一般水平，每次抽样的误差可能大于抽样平均误差，也可能小于抽样平均误差。（ ）

8. 抽样估计的优良标准有三个：无偏性、有效性和一致性。（ ）

9. 样本单位数的多少与总体各单位标志值的变异程度成反比，与抽样极限误差范围的大小成正比。（ ）

10. 抽样推断的目的是，通过对部分单位的调查，来取得样本的各项指标。（ ）

11. 所有可能的样本平均数的平均数等于总体平均数。（ ）

二、单项选择题

1. 抽样调查必须遵循的原则是（ ）。

A. 准确性原则； B. 灵活性原则；

C. 随机性原则； D. 可靠性原则。

2. 抽样调查的目的在于（ ）。

A. 对样本进行全面调查； B. 了解样本的基本情况；

C. 了解总体的基本情况； D. 推断总体指标。

3. 对一批产品的质量进行检验一般采用（ ）。

A. 典型调查； B. 重点调查；

C. 抽样调查； D. 普查。

4. 一个总体（ ）。

A. 只能抽取一个样本； B. 可以抽取多个样本；

C. 只能计算一个指标； D. 只能抽取一个单位。

5. 抽样误差是指（ ）。

A. 代表性误差； B. 登记性误差；

C. 偶然性代表性误差； D. 系统性误差。

6. 抽样误差的大小（ ）。

A. 既可以避免，也可以控制； B. 既无法避免，也无法控制；

C. 可以避免，但无法控制； D. 无法避免，但可以控制。

7. 反映抽样指标与总体指标之间的抽样误差的可能范围的指标是（ ）。

A. 抽样平均误差； B. 抽样误差系数；

C. 概率度； D. 抽样极限误差。

8. 抽样平均误差反映了样本指标与总体指标之间的（ ）。

A. 实际误差； B. 实际误差的绝对值；

C. 平均误差程度； D. 可能误差范围。

9. 简单随机重复抽样的平均误差取决于（ ）。

A. 样本单位数； B. 总体方差；

C. 抽样比例； D. 样本单位数和总体方差。

10. 计算抽样误差时，若有若干个过去的总体方差资料，应根据（ ）。

A. 最大的一个计算； B. 最小的一个计算；

C. 中间一个计算； D. 方差平均数计算。

11. 在一定的抽样平均误差条件下（ ）。

A. 扩大极限误差范围，可以提高推断的可靠程度；

B. 扩大极限误差范围，会降低推断的可靠程度；

C. 缩小极限误差范围，可以提高推断的可靠程度；

D. 缩小极限误差范围，不改变推断的可靠程度。

12. 根据重复抽样的资料，一年级优秀生比重为10%，二年级为20%，若抽样人数相等时，优秀生比重的抽样误差（ ）。

A. 一年级较大； B. 二年级较大；

C. 误差相同； D. 无法判断。

13. 在其他条件不变的情况下，提高抽样估计的可靠程度，其精确程度将（ ）。

A. 保持不变； B. 随之扩大；
C. 随之缩小； D. 无法确定。

14. 在其他条件不变的情况下，如果允许误差缩小为原来的1/2，则样本容量（ ）。
A. 扩大到原来的2倍； B. 扩大到原来的4倍；
C. 缩小到原来的1/4； D. 缩小到原来的1/2。

三、多项选择题

1. 抽样调查的特点有（ ）。
A. 建立在随机抽样原则基础上； B. 深入研究复杂的专门问题；
C. 用样本指标来推断总体指标； D. 抽样误差可以事先计算；
E. 抽样误差可以事先控制。

2. 影响抽样误差的因素有（ ）。
A. 样本容量的大小； B. 是有限总体还是无限总体；
C. 总体单位的标志变异程度； D. 抽样方法；
E. 抽样组织方式。

3. 抽样方法根据取样的方法不同分为（ ）。
A. 重复抽样； B. 等距抽样；
C. 整群抽样； D. 类型抽样；
E. 不重复抽样。

4. 常用的抽样组织形式主要有（ ）。
A. 简单随机抽样； B. 不重复抽样；
C. 类型抽样； D. 等距抽样；
E. 整群抽样。

5. 在抽样调查中，样本单位数的多少取决于（ ）。
A. 总体标准差的大小； B. 允许误差范围大小；
C. 要求的概率保证程度； D. 总体参数的大小；
E. 抽样方法和组织形式。

6. 总体参数的区间估计必须同时具备的三个要素是（ ）。
A. 样本单位数； B. 样本指标值；
C. 概率保证程度； D. 抽样误差范围；
E. 抽样平均误差。

7. 简单随机抽样（ ）。
A. 适用于总体各单位呈均匀分布的总体；
B. 适用于总体各单位标志变异程度较大的总体；
C. 在抽样之前要求对总体各单位加以编号；
D. 最符合随机原则；
E. 是抽样中最基本也是最简单的抽样组织形式。

8. 抽样误差是（ ）。
A. 抽样估计值与总体未知参数之差； B. 抽样估计值与总体未知的总体特征值之差；
C. 登记性误差； D. 系统性误差；

E. 偶然性误差。

9. 抽样调查中的抽样误差（　　）。

A. 是不可避免要产生的；　　B. 是可以通过改进调查方法来消除的；

C. 是可以事先计算出来的；　　D. 只能在调查结束之后才能计算；

E. 其大小是可以控制的。

四、简答题

1. 什么是抽样调查？它有哪些基本特点？

2. 影响抽样误差的因素有哪些？

3. 简述抽样极限误差和可靠程度之间的关系。

4. 什么是概率度？什么是置信度？这两者有什么关系？

五、计算题

1. 某工厂从仓库中随机抽取了200个零件，经检验有40个零件是一级品，又知道抽样数目是仓库零件总数的百分之一。当把握程度为95.45%时，试按重复与不重复分别估计该仓库这种零件一级品率的区间范围。

2. 某工厂有1500个工人，用简单随机重复抽样的方法抽出50个工人作为样本，调查其工资水平，资料如表6-8所示。

表6-8　　某工厂工人工资资料

月平均工资（元）	524	534	540	550	560	580	600	660
工人数（人）	4	6	9	10	8	6	4	3

要求：(1) 计算样本平均数和抽样平均误差。

(2) 以95.45%的可靠性估计该厂工人的月平均工资。

(3) 以95.45%的可靠性估计该厂工人的工资总额的区间。

3. 采用简单随机抽样重复抽样的方法在2000件产品中抽查200件，其中合格品190件。

要求：(1) 计算样本合格品率及其抽样平均误差。

(2) 以95.45%的概率保证程度对该批产品合格品率和合格品数量进行区间估计。

(3) 如果极限误差为2.31%，则其概率保证程度是多少？

4. 某电子产品使用寿命在3000h以下为不合格品。现在用简单随机抽样方法从5000个产品中抽取100个，对其使用寿命进行调查。结果如表6-9所示。

表6-9　　某电子产品使用寿命调查情况表

使用寿命（h）	产品数量（个）
3000以下	2
3000～4000	30
4000～5000	50
5000以上	18
合计	100

要求：(1) 按重复抽样计算该产品平均寿命的抽样平均误差。

(2) 按重复抽样计算该产品合格率的抽样平均误差。

(3) 根据重复抽样计算的抽样平均误差，以68.27%的概率保证程度对该产品平均使用寿命和合格品率进行区间估计。

5. 某企业生产某产品，现要抽样调查其平均重量，从以往的调查得知，产品重量的标准差不超过 2g。要求抽样极限误差不超过 0.2g，可靠程度为 95.45%，试问需要抽多少个单位？

6. 某砖瓦厂对所生产的砖的质量进行抽样检查，要求概率保证程度为 68.27%，抽样误差范围不超过 0.015，并知过去进行几次同样调查，产品的不合格率分别为 1.25%、1.83%、2%。

要求：(1) 计算必要样本单位数。

(2) 假定其他条件不变，允许误差扩大 1 倍，抽样单位为多少？

7. 某学校随机抽查 36 个男学生，测的身高值得平均身高 170cm，标准差 9cm，问有多大的把握程度估计全校男学生身高介于 165.5～174.5cm？

第七章 相关与回归分析

第一节 相关分析概述

一、相关关系的概念

客观世界中的许多现象彼此之间存在着某种联系，这种联系表现为现象之间相互依存、相互制约。如圆的半径与周长，电风扇转速与风速，商品的价格与需求量，收入水平与消费水平，施肥量与亩产量，身高与体重，产品批量与单位成本，企业效益与该企业股票价格，学生的数学成绩与物理成绩等。所有这些变量关系总的可以分为两类：函数关系和相关关系。

1. 函数关系

如果现象彼此之间不仅有联系，而且这种联系表现为一种严格而确定的依存关系，这种联系称为函数关系。函数关系一般可以用数学公式（即函数式）表达出来，如圆的半径与面积之间的关系为 $A=\pi r^2$，类似像电风扇的转速与风速之间、物体的质量与能量之间都属于函数关系。函数关系的特点是：只要某一个变量的数值确定了，另一个与之相联系变量的数值也随之可以确定。

2. 相关关系

如果现象彼此之间有联系，但仅是一种不严格、不确定的依存关系，我们称这种关系为相关关系。如人的身高和体重，一般说来，身高较高的人，其体重也相应重一些，但是重多少则是不确定。一个身高为175cm的人，其体重可能是65kg，也可能是70kg，也可能是75kg等。也就是说，在相关关系中，当一个变量的数值确定后，另一个变量的数值并不能就此确定，而是随机地出现在一定的范围内。社会现象之间的联系绝大多数都属于相关关系。理解相关关系要注意两点：①相关关系是指现象之间确实存在着数量上的某种依存关系。也就是说，这种现象必须是真实的，而不是臆造的，或只不过是某种偶然的巧合；②现象之间的这种依存关系是不严格、不确定的。如果是严格而确定的依存关系则属于函数关系。

相关关系与函数关系两者虽然不同，但两者却存在一定的联系。由于在实际工作中，常常会有测量、观察等方面的误差，而使函数关系以相关关系的形式表现出来。而我们在研究相关关系时，又常常使用函数关系的形式将其表现出来。

二、相关关系的种类

1. 按自变量多少分可分为单相关和复相关

这里首先要解释两个概念：自变量和因变量。在相关关系分析研究中，对处于主动地位的、被认为是原因的现象称作自变量（通常用 x 表示），而对处于被动地位的、被作为结果的现象作因变量（通常用 y 表示）。当一个因变量因一个自变量变化而变化时，称这种相关为单相关；当一个因变量因两个或两个以上自变量变化而变化时，称这种相关为复相关。例如，农作物亩产量与施肥量、种植密度、耕地深度、品种优劣、气温、降雨量等都有关系，当我们对农作物亩产量的变动进行相关分析时，农作物亩产量便作为因变量，而其他对其有影响的因素则作为自变量。如果我们只分析自变量中的一个因素（如施肥量）的变动对农作物亩产量变动的影响时，称这种分析为单相关分析；而如果我们将自变量的两个或两个以上因素放在一起分析其对农作物亩产量变动的影响时，称这种分析为复相关分析。

2. 按相关关系的表现形式不同可分为线性相关和非线性相关

线性相关也就是通常所讲的直线相关。当因变量随自变量变化而变化时大致呈直线状时，称这种相关为线性相关；非线性相关也就是通常所讲的曲线相关。当因变量随自变量变化而变化时大致呈曲线状时，称这种相关为非线性相关。非线性相关有多种不同的类型，如指数曲线型、抛物线型、双曲线型等。

3. 按相关性质不同分可分为正相关、负相关和零相关

当因变量在总趋势上随自变量的上升而上升，随自变量的下降而下降时，称这种相关为正相关；当因变量在总趋势上随自变量上升而下降，或随自变量的下降而上升时，称这种相关为负相关；如果自变量不论是上升还是下降，因变量始终表现为一个常数时，称这种相关为零相关。线性相关情况下，现象与现象之间相关性质只表现为正相关和负相关两种情况。而当非线性相关情况下，如抛物线型，则有可能在某段范围内出现零相关。

4. 按相关程度不同可以分为完全相关、不完全相关和无相关

这是一种对相关关系广义上的划分。完全相关是指因变量因自变量变化而变化，这种关系也就是函数关系；无相关是指现象之间不存在联系，相互之间完全独立；而介于完全相关与无相关之间的一种关系称不完全相关，也就是本章前面所定义的相关关系。这里需要对上述分类中所用到的自变量和因变量两个概念作一点说明。在实际现象中，事物之间的联系并不都表现为因果关系。如哥哥的身高与弟弟的身高二者是相关的，但两者并不表现为因果关系。当我们对这类现象进行相关分析时，需要指定自变量和因变量，而对于指定哪个作自变量，哪个作因变量则并没有什么大的差异。在因果关系中，有些现象之间的关系则属于互为因果关系。如身高与体重、生产量与销售量、价格与需求量。这里又分两种情况：一种是自变量与因变量互换后，其相关性质不变。如身高与体重、生产量与销售量，其自变量与因变量调换后仍属原来的相关性质。另一种是自变量和因变量互换后，相关性质会发生变化。如价格与需求量，若以价格为自变量，需求量为因变量，则它们之间呈负相关，若以需求量为自变量，价格为因变量，则它们之间呈正相关。对这种相关关系，确定谁作自变量或因变量将有性质上的重大差别。

三、相关关系分析的任务

相关关系分析的任务主要有以下几方面：

1. 判断现象之间是否相关

现象之间是否存在相关关系有些是十分明显的，凭常识和经验便能作出判断（如前面列举的许多例子），有些则无法凭常识和经验作出判断。例如，患癌症到底与哪些因素相关，遗传、气候、水质、饮食、起居习惯、工作性质等是否与癌症相关，或相关到什么程度，人们很难凭常识和经验作出准确的判断，即使对其作各种定性的理论分析，也很难作出肯定而准确的判断。这时根据统计数据进行相关性分析则往往成为最有效的手段。其常用的方法一般是通过绘制相关表和相关图进行观察分析。

2. 测定相关关系的密切程度

如果判断出现象之间确实存在相关关系，则需进一步研究它们之间的相关程度如何。如果是密切相关的，即相关程度很高的，我们就要重视它，由此根据其自变量来估计因变量也会比较准确；如果关系不密切，即相关程度很低，我们则可不必予以重视。测定相关程度除了可以

用相关表和相关图进行粗略地测定外，一般是通过计算相关系数来确切地测定其相关程度。

3. 确定相关关系的联系形式

如果确认现象之间是存在联系的，除了需要判断这种联系的密切程度外，一般还需要确定其联系的形式，即因变量是如何随自变量变化而变化的，其变化类型是直线型，还是指数曲线型，还是抛物线型等。并且要拟定这种类型的函数关系式，即回归方程，从而可以从平均水平上来描述现象之间的数学联系形式，这种分析称作回归分析。

4. 测定因变量估计值与实际值之间的差异

根据拟定的回归方程可以根据自变量对因变量进行估计，这种估计值与实际值一般是有差异的，反映这种差异的指标一般是通过计算估计标准误差指标。估计标准误差的大小，可以用来评价回归方程的代表性，同时也可用来对因变量进行区间估计。相关分析的任务主要表现在以上四个方面，这些同时也是相关关系分析的主要内容。本章接下来将就以上四方面内容展开论述。重点就线性的单相关情况进行论述，非线性相关和复相关只作上述简单的介绍。

第二节 相关关系的判断

一、相关关系的一般判断

进行相关关系分析，首先要判断现象间是否存在相关关系。判断现象间是否存在相关关系，一般是对现象进行定性分析、编制相关表和绘制相关图。

(一) 定性分析

对现象进行定性分析，就是根据现象质的规定性，运用理论知识、专业知识、实际经验来进行判断和分析。例如，根据经济理论来判别居民的货币收入与社会商品购买力是否存在相关关系；根据生物遗传理论，来判别父辈的身高与子辈的身高是否存在相关关系等。定性分析是进行相关分析的基础，在此基础上，根据需要通过编制和绘制相关图表来进行分析。

(二) 相关表

相关表就是把被研究现象的观察值对应排列所形成的统计表格。如某地区工业劳动者人数和工业增加值的历史资料对应排列所形成的见表 7 - 1。

表 7 - 1 **某地区工业劳动者数与增加值相关表**

工业劳动者数（万人）	工业增加值（亿元）	工业劳动者数（万人）	工业增加值（亿元）
1373	156	4416	401
1501	174	2881	527
1400	179	2979	565
1375	212	2224	345
1401	257	1705	303

相关表中的两列数据叫相关数列，它有别于变量数列。相关表中的数值是变量的观测值，是实际资料，是样本数据，它是判别相关关系的基础。在相关表中，如果观测值的分布

呈现一定的规律性，则表明现象间存在相关关系。如随着一个变量数值的增加或减少，另一个变量的值也大致以某一固定的速率和数量增加或减少，这就可以初步判别现象间存在相关关系。如果两个变量的观测值不表现出任何规律性，则可以判定现象间不存在相关关系。

相关表可分为简单相关表和分组相关表。表 7 - 1 为简单相关表。分组相关表，是把简单相关表资料适当并组后而编制成的相关表。按分组的情况不同，分组相关表又可分为两种：单变量分组相关表和双变量分组相关表。

单变量分组相关表是在具有相关关系的两个变量中，只对自变量进行分组的相关表，见表 7 - 2。

表 7 - 2　　商品销售额与流通费用率相关表

商店按商品销售额分组（万元）	商店个数	流通费用率（%）
40 以下	14	9.81
40～80	22	7.90
80～120	38	7.32
120～160	44	7.00
160～200	66	6.80
200～240	50	6.71
240～280	34	6.66
280～320	26	6.60
320～360	10	6.56

双变量分组相关表就是对自变量和因变量都进行分组的相关表。如果两个相关变量变动均较为复杂，根据分析的需要，同时对两个变量进行分组，即对总体作复合分组，一个分组设在主体栏，另一个分组设在叙述栏，形成棋盘式的表格，叫双变量分组相关表，见表 7 - 3。

这张双变量分组相关表，按照相关图的形式做了特别的设计，形成图表结合的模式，因此，反映这两个现象之间的相关关系更加清楚。除上例外，在其他方面也都可以编制类似的双变量分组相关表。如工业企业按产量和成本水平同时分组；对同行业的商业企业，按企业规模和流通费水平同时分组，等等。这种双变量分组相关表，可作为探寻最佳方案、提高经济效益的一种工具。但是，根据双变量分组表的资料，来计算相关分析指标比较复杂，所以，在相关分析中较少使用。

表 7 - 3　　化肥施用量与稻谷单产量双变量分组相关表

按单产量分组（kg/公顷）	按化肥施用量分组（kg/公顷）							田块合计
	300	450	600	750	900	1050	1200	
8250～9000							2	2
7500～8250					1	3	1	5
6750～7500					2	2		4
6000～6750				3				3
5250～6000			1	2	2			5
4500～5250		1	2	1				4
3750～4500		2	1					3
3000～3750	1	1	1					3
2250～3000	1							1
合计	2	4	5	6	5	5	3	30

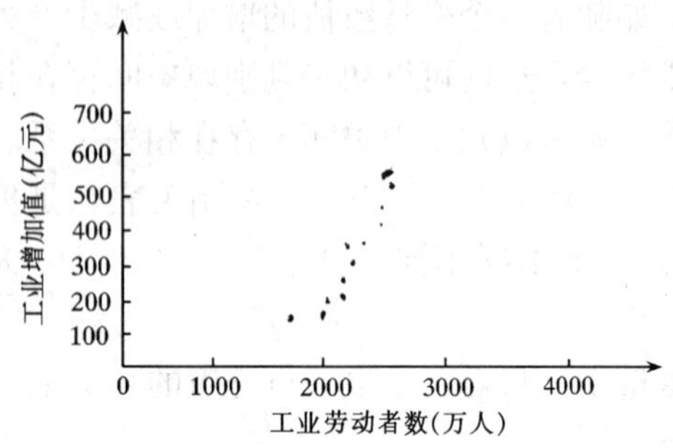

图 7 - 1 工业劳动者数与工业增加值相关图

(三) 相关图

相关图也叫相关散点图，它是根据相关表中的观测数据在坐标图中所绘制的点状图形。用 x 和 y 分别代表两个变量，把相关表中的对应观测值一一描绘在坐标图中，则形成了反映相关点分布状况的图形，据此就可以观测现象间相关关系的情况。如根据表 7 - 1 的数据所绘制的图 7 - 1 和根据表 7 - 2 的数据所绘制的图 7 - 2。

在相关图中，若相关点呈现出一定的规律性，如大致为一条直线（见图 7 - 1）或一条曲线（见图 7 - 2），这表明现象间存在相关关系，且为直线相关或曲线相关。相关点越密集，表明相关关系越密切。若相关点分布毫无规律，表明现象间无相关关系或存在低度的相关关系。

二、相关系数

现象间的相关关系，有直线相关和曲线相关。社会经济现象之间的相关，多数属直线相关。因此，直线相关分析在实际中最为常用，又因篇幅所限，在此只讲直线相关分析。直线相关关系的密切程度是通过直线相关系数来度量的。

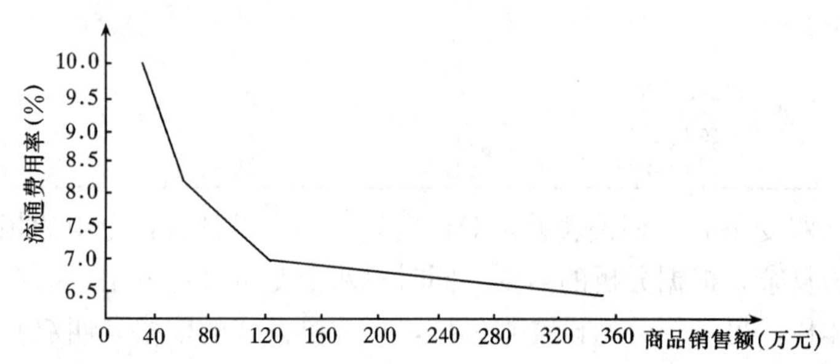

图 7 - 2 商品销售额与流通费用率相关图

(一) 相关系数的含义

相关系数是指直线相关条件下，说明两现象之间相关关系密切程度的统计分析指标，用 r 表示。其定义公式为

$$r=\frac{\sigma_{xy}{}^{2}}{\sigma_x\sigma_y}=\frac{\left[\sum(x-\overline{x})(y-\overline{y})\right]/n}{\sqrt{\frac{\sum(x-\overline{x})^2}{n}}\sqrt{\frac{\sum(y-\overline{y})^2}{n}}} \tag{7 - 1}$$

$$\sigma_{xy}{}^{2}=\frac{\sum(x-\overline{x})(y-\overline{y})}{n}$$

$$\sigma_x=\sqrt{\frac{\sum(x-\overline{x})^2}{n}}$$

$$\sigma_y=\sqrt{\frac{\sum(y-\overline{y})^2}{n}}$$

式中，r 为相关系数；σ_{xy}^2 为协方差；σ_x 为自变量 x 数列的标准差；σ_y 为因变量 y 数列的标准差；n 为资料项数。

根据相关系数的定义公式可知相关系数的性质如下：

(1) r 的符号表明了相关的方向。$r>0$，表明变量 x 与 y 为正相关；$r<0$，表示 x 与 y

为负相关。

(2) r 的大小表明了线性相关的程度。其取值范围 $-1 \leqslant r \leqslant 1$。

当 $r=1$ 或 $r=-1$ 时，表示变量 x 与 y 为完全线性相关；

当 $r=0$ 时，表示变量 x 与 y 不存在直线相关关系；

当 $0<|r|<1$ 时，表示变量 x 与 y 存在着一定的线性相关关系。$|r|$ 的数值越接近于1，表示 x 与 y 的线性相关程度越高；$|r|$ 的数值越接近于0，表示 x 与 y 的线性相关程度越低。实际中 $|r|<0.3$，视为无相关；$0.3 \leqslant |r|<0.5$，为低度相关；$0.5 \leqslant |r|<0.8$，为显著相关；$|r| \geqslant 0.8$，一般称为高度相关。

（二）相关系数的计算

1. 根据相关系数的定义公式可直接计算相关系数

计算时要使用相关表资料，设计一个计算表，将式（7-1）中所需要的基本数据先计算出来，即需要列出5个计算栏：$(x-\overline{x})$，$(y-\overline{y})$，$(x-\overline{x})(y-\overline{y})$，$(x-\overline{x})^2$，$(y-\overline{y})^2$。

【例7-1】 已知某地国内生产总值和社会商品零售总额的历史资料见表7-4。

表7-4　　某地国内生产总值和社会商品零售总额资料

年　份	国内生产总值（亿元）	社会商品零售总额（亿元）
2005	39	20
2006	45	22
2007	52	26
2008	63	34
2009	70	36
2010	80	39
2011	85	40

现根据表7-4的资料，用定义公式计算相关系数。其计算结果列于表7-5中。

表7-5　　相关系数计算表

国内生产总值（亿元）x	商品零售总额（亿元）y	$x-\overline{x}$ $\overline{x}=62$	$y-\overline{y}$ $\overline{y}=31$	$(x-\overline{x})(y-\overline{y})$	$(x-\overline{x})^2$	$(y-\overline{y})^2$
39	20	−23	−11	253	529	121
45	22	−17	−9	153	289	81
52	26	−10	−5	50	100	25
63	34	1	3	3	1	9
70	36	8	5	40	64	25
80	39	18	8	144	324	64
85	40	23	9	204	529	81
434	217	—	—	850	1836	406

据表7-5数据，得

$$r=\frac{[\sum(x-\overline{x})(y-\overline{y})]/n}{\sqrt{\frac{[\sum(x-\overline{x})^2]}{n}}\sqrt{\frac{\sum(y-\overline{y})^2}{n}}}=\frac{\frac{850}{7}}{\sqrt{\frac{1836}{7}}\sqrt{\frac{406}{7}}}=0.985$$

由于这是通过变量离差乘积之和的平均数来计算相关系数的，所以，这个公式称为积差法公式。

2. 相关系数的简捷计算法

按照定义公式计算相关系数 r 运算量较大，过程烦琐，实践中多采用定义公式推导出的简捷公式计算相关系数。简捷计算公式为

$$r=\frac{n\sum xy-\sum x\sum y}{\sqrt{n\sum x^2-(\sum x)^2}\sqrt{n\sum y^2-(\sum y)^2}} \tag{7-2}$$

按照这一公式计算相关系数，只需列 3 个计算栏：xy，$x \cdot x$，$y \cdot y$，且避免了平均数、协方差、标准差的直接计算，大大简化了运算过程。现以表 7-4 中的数据，用简捷公式计算相关系数，见表 7-6。

表 7-6　相关系数计算表

国内生产总值（亿元）x	商品零售总额（亿元）y	xy	x^2	y^2
39	20	780	1521	400
45	22	990	2025	484
52	26	1352	2704	676
63	34	2142	3969	1156
70	36	2520	4900	1296
80	39	3120	6400	1521
85	40	3400	7225	1600
434	217	14 304	28 744	7133

$$r=\frac{n\sum xy-\sum x\sum y}{\sqrt{n\sum x^2-(\sum x)^2}\sqrt{n\sum y^2-(\sum y)^2}}=0.985$$

3. 相关系数的其他公式

在定义式（7-1）中，分子、分母均有 $1/n$，它是可以消掉的，于是可得

$$r=[\sum(x-\overline{x})(y-\overline{y})]/[\sqrt{\sum(x-\overline{x})^2}\sqrt{\sum(y-\overline{y})^2}] \tag{7-3}$$

根据相关系数的定义公式，可推导出相关系数的其他计算公式

$$r=\frac{\sum xy-n\cdot\overline{x}\,\overline{y}}{\sqrt{\sum(x-\overline{x})^2}\sqrt{\sum(y-\overline{y})^2}} \tag{7-4}$$

$$r=\frac{\overline{xy}-\overline{x}\cdot\overline{y}}{\sigma_x\cdot\sigma_y}$$

$$\overline{xy}=\sum xy/n \tag{7-5}$$

根据掌握的有关统计资料，可灵活选择合适的公式计算相关系数，以达到简化易行的目的，限于篇幅，不再举例。

第三节　回归分析概述

一、回归分析的概念与特点

（一）回归分析的概念

“回归”一词是英国生物学家高尔顿（FrancisGaJton，1822—1911）首先提出的。高尔

顿在研究父母亲身高和子女身高的关系时发现：身材特别高的父母所生的孩子其身材并非特别高，而身材特别矮的父母所生孩子的身材也并非特别矮，子辈身高有向父辈平均身高逼近的趋向，他把这种现象称为“身高数值从一极端至另一极端的回归”。以后，高尔顿的学生皮尔逊把回归的概念同数学的方法联系起来，把代表现象之间一般数量关系的统计模型称为回归直线或回归曲线，从此诞生了统计上著名的回归理论。后来，回归这个词被用来泛指变量之间的一般数量关系。

现象之间的相关关系，虽然不是严格的函数关系，但可以通过函数关系的近似表达式来反映，这种表达式根据相关现象的实际对应资料，运用数学的方法来建立，这类数学方法称回归分析。其意思是：根据现象之间相关关系的形式，配合一条最适合的直线或曲线（本章只介绍直线），用这条直线，反映它们之间数量变化的一般关系，即当自变量发生一个量的变化时，因变量一般会（或平均会）发生多大量的变化。例如，单位面积化肥施用量增加1kg，稻谷单产量会增产多少kg。反映现象间相关关系数量变化规律的这条直线，就叫回归直线，表现这条回归直线的数学表达式，称直线回归模型，它是推算或预测因变量的经验数据模型。直线回归模型有一元线性回归模型（只反映两现象之间的相关关系）和多元线性回归模型（反映三个或三个以上现象之间的相关关系）。本章仅讨论一元线性回归模型。

（二）回归分析的特点

与相关关系相比，回归分析的特点有：

(1) 回归分析的两个变量不是对等关系。相关关系的两个变量是对等的，不必区分哪一个是自变量，哪一个是因变量。而回归分析中，两个变量是因果关系，需要定出哪个是自变量，哪个是因变量。自变量、因变量不同，所得出的分析结果也不同。

(2) 回归分析中，因变量是随机变量，自变量是可控制变量。相关分析中，被研究的两个变量都是随机变量，它只能计算出一个反映两个变量之间相互密切程度的相关系数，计算中改变 x 和 y 的地位不影响相关系数的数值。而回归分析中，可依据研究的目的分别建立 y 对于 x 的回归方程或 x 对于 y 的回归方程，这是两条斜率不同的回归直线。

(3) 相关分析中的相关系数是个抽象的系数，反映变量间相互依存关系的密切程度。而回归分析中的回归方程，将相关现象的关系转变为函数关系，建立了利用自变量的给定值来推算因变量值的数学模型，它反映了变量间具体的数量变动关系。

(4) 相关分析中相关系数的取值范围有限定，其范围为 $[-1, 1]$；而回归分析中回归系数的取值没有限定。相关系数与回归系数的符号必须相同，正号表示正相关，负号表示负相关。

二、回归分析的内容

回归分析是将具有相关关系的现象的变量转变为函数关系，并建立变量关系的数学表达式，来研究变量变动关系的统计分析方法。具体内容包括两个方面：

1. 确定现象之间相关关系的数学模型

回归分析的目的之一就是要根据一个现象的变动对另一现象的变动做出数量上的判断，测定变量间的一般数量变化关系。即建立描述现象间相关关系的数学模型——回归方程，用函数关系式近似的表现相关关系，进而找出现象间相互依存关系数量上的规律性，作为判断、推算、预测的根据。

2. 测定数学模型的拟合精度

数学模型是现象间相关与回归关系的数量描述形式，模型拟合的精度，直接影响着统计分析结论的准确性。因此，在模型建立后，需要对其精确度进行检验。统计上一般通过计算估计标准误差来测定。估计标准误差小，说明模型的拟合精度高，从而进行统计分析结论的可靠性就大；反之，估计标准误差大，说明模型拟合的精度低，则统计分析结论的可靠性就低。

第四节　一元线性回归模型的建立与分析

一、一元线性回归模型

一元线性回归模型是用来进行两个变量间的回归分析，回归分析的重要内容之一，就是根据变量观测值构建回归直线方程，对现象间存在的一般数量关系进行描述。

1. 构建回归模型应具备的条件

构建一元线性回归模型应具备以下条件：

(1) 现象间确实存在数量上的相互依存关系。只有当两个变量存在高度密切的相关关系，所构建的回归模型才有意义，用以进行分析和预测才有价值。

(2) 现象间存在直线相关关系。一元线性回归方程在图形上表现为一条直线，因此，只有当两个变量的相关关系表现为直线相关时，所配合的直线方程才是对客观现象的真实描述，才可用来进行统计分析。如果现象间的相关关系表现为曲线，却配合为一条直线，这必然会得出错误的分析结论。实际中，一般是借助散点图来判定现象是否呈直线相关。

(3) 具备一定数量的变量观测值。回归直线方程是根据自变量和因变量的样本观测值求得的，因此，变量 x 和变量 y 两者应有一定数量的对应观测值，这是构建直线方程的依据。如果观测太少，受随机因素的影响较大，就不易观察出现象间的变动规律性，所求出的直线回归方程也就没有多大意义了。

2. 直线回归方程的求法

直线回归方程又称一元一次线性回归方程，若以 x 表示自变量，y 表示因变量，则其基本形式为

$$\hat{y} = a + bx$$

式中，$\hat{y}$ 为回归估计值；x 为回归系数；a 与 b 为待定系数。

模型中的参数 a、b 通常用最小平方法来求。最小平方法的数学出发点是

$$\sum(y - \hat{y})^2 = \text{最小值}$$

$$\sum(y - a - bx)^2 = \text{最小值}$$

令

$$G(a,b) = \sum(y - a - bx)^2$$

根据高等数学中求极值的原理：

$$\frac{\partial G}{\partial a} = 0, \frac{\partial G}{\partial b} = 0$$

$$\begin{cases} \sum 2\ (y-a-bx)\ (-1)\ =0 \\ \sum 2\ (y-a-bx)\ (-x)\ =0 \end{cases}$$

即

$$\begin{cases} \sum y = na + b\sum x \\ \sum xy = a\sum x + b\sum x^2 \end{cases} \tag{7-6}$$

这就是求解参数 a、b 的二元一次方程组。解之即得求 a、b 的公式如下：

$$\begin{cases} b=\dfrac{n\sum xy-\sum x\sum y}{n\sum x^2-(\sum x)^2} \\ a=\dfrac{\sum y}{n}-\dfrac{b\sum x}{n}=\overline{y}-b\overline{x} \end{cases} \tag{7-7}$$

这里，b 为回归系数，它表示自变量 x 每增加一个单位时，因变量 y 的平均增减量，$b>0$ 为增量，$b<0$ 为减量。b 的符号与相关系数 r 的符号相同，若 $r>0$，则 $b>0$，变量呈正相关；若 $r<0$，则 $b<0$，变量呈负相关。

【例 7-2】　已知几个地区的工农业增加值和财政收入资料见表 7-7。

表 7-7　　几个地区工农业增加值和财政收入

增加值（万元）x	财政收入（万元）y	xy	x^2	y^2
20	8	160	400	64
22	9	198	484	81
25	10	250	625	100
27	12	324	729	144
29	12	348	841	144
30	14	420	900	196
32	15	480	1024	225
185	80	2180	5003	954

$$r=\frac{n\sum xy-\sum x\sum y}{\sqrt{n\sum x^2-(\sum x)^2}\sqrt{n\sum y^2-(\sum y)^2}}=\frac{7\times2180-185\times80}{\sqrt{7\times5003-185^2}\sqrt{7\times954-80^2}}=0.978$$

再求回归直线方程

$$\hat{y}=a+bx$$

将表 7-7 中的有关数据代入式（7-7），得

$$b=\frac{n\sum xy-\sum x\sum y}{n\sum x^2-(\sum x)^2}=\frac{7\times2180-185\times80}{7\times5003-185^2}=0.578$$

$$a=\frac{\sum y}{n}-b\frac{\sum x}{n}=\overline{y}-b\overline{x}=\frac{80}{7}-0.578\times\frac{185}{7}=-3.844$$

则

$$\hat{y}=-3.844+0.578x$$

这一回归模型表明，该地区工农业增加值每增加 1 万元，则财政收入平均增加 0.578 万元。这也就是回归系数 b 的经济含义。

需要说明的是，对上面所求的方程，只能给定自变量 x 的值去推算因变量 y 的值，而不能由 y 的值去推算 x 的值。

若 x 与 y 互为因果，则可建立以 y 为自变量，x 为因变量的回归方程，再据以 y 的给定值去推算 x。

二、估计标准误差

回归方程是在直线相关条件下，反映两个变量之间一般数量关系的数学模型。根据回归直线方程，可以由自变量的给定值推算因变量的值。但是，推算出的因变量数值，并不是一个精确数值，而是一个估计值和理论值。这就是说，由回归方程进行预测是存在误差的。误

差越大，说明拟合的回归直线方程愈不精确；误差越小，说明拟合的回归直线方程愈精确，即代表性越大。因此，回归直线方程求出后，有必要对其拟合精度进行检验，估计标准误差就是这种检验的统计分析指标。

（一）估计标准误差的概念与计算

估计标准误差是用来说明回归直线方程代表性大小的统计分析指标。其计算公式为

$$S_{yx}=\sqrt{\frac{\sum (y-\hat{y})^2}{n}}\quad\left[\text{理论公式为 } S_{yx}=\sqrt{\frac{\sum (y-\hat{y})^2}{n-2}}\right] \tag{7-8}$$

式中，S_{yx} 为估计标准误差；y 为因变量实际值；$\hat{y}$ 为因变量估计值；n 为相关数列的项数。

按照上面的定义公式计算估计标准误差十分烦琐，运算量较大，因为它需要计算出因变量 y 所有的估计值 $\hat{y}$。实践中，在已知直线回归方程的情况下，通常用下面简便公式计算估计标准误差：

$$S_{yx}=\sqrt{\frac{\sum y^2-a\sum y-b\sum xy}{n}} \tag{7-9}$$

式中，a 为回归方程的参数值；b 为回归系数。

下面用［例 7 - 2］的资料分别用定义公式和简捷公式计算比较估计标准误差，见表 7 - 8。

表 7 - 8　　估计标准误差计算表

增加值（万元）x	财政收入（万元）y	x^2	xy	$\hat{y}$	$y-\hat{y}$	$(y-\hat{y})^2$
20	8	400	160	7.714	0.286	0.082
22	9	484	198	8.869	0.131	0.017
25	10	625	250	10.603	−0.603	0.364
27	12	729	324	11.759	0.421	0.177
29	12	841	348	12.915	−0.915	0.837
30	14	900	420	13.493	0.507	0.257
31	15	1024	480	14.648	0.352	0.124
185	80	5003	2180	—	—	1.858

表 7 - 8 的 $\hat{y}$ 值是根据［例 7 - 2］中的回归直线方程（见下式）求得的。

$$\hat{y}=-3.844+0.578x$$

按照定义公式有

$$S_{yx}=\sqrt{\frac{\sum (y-\hat{y})^2}{n}}=\sqrt{\frac{1.858}{7}}=0.52$$

按照简捷公式有（见表 7 - 7）

$$S_{yx}=\sqrt{\frac{\sum y^2-a\sum y-b\sum xy}{n}}=\sqrt{\frac{954-(-3.844)\times 80-0.578\times 2180}{7}}=0.52$$

（二）估计标准误差与相关系数的关系

估计标准误差与相关系数存在着密切的关系，二者的关系可由如下表达式描述：

$$r=\pm\sqrt{1-\frac{S_{yx}^2}{\sigma_y{}^2}} \tag{7-10}$$

根号前面的正负号表明正相关和负相关，具体取舍由回归系数的符号来确定：回归系数为正，则取正；回归系数为负，则取负。

在给定相关系数的情况下，估计标准误差的计算公式又为

$$S_{yx} = \sigma_y \sqrt{1-r^2} \tag{7-11}$$

由式（7-11）可知：r 越小，S_{yx} 就越大，这表明现象间的相关关系越不密切，直线回归方程的精确度越差。特别地，当 $r=0$ 时，S_{yx} 取得最大值。此时 x 无论怎样变化，y 始终保持平均水平，称为零相关。

r 越大，S_{yx} 就越小，表明现象间的相关关系密切，直线回归方程的估计精度就高。特别地，当 $r=+1$ 或 -1 时，$S_{yx}=0$ 时，现象间完全相关，各相关点均落在回归线上，此时，对 x 的任何变化，y 总有一个相应的确定值与之对应。

（三）相关系数与回归系数的关系

$$r = b \cdot \frac{\sigma_x}{\sigma_y}$$

或

$$b = r \cdot \frac{\sigma_y}{\sigma_x} \tag{7-12}$$

（四）回归方程的变形形式

在 $\hat{y}=a+bx$ 中，b 是直线的斜率。又由于直线回归方程必须经过 $(\overline{x},\overline{y})$ 点，根据点斜式直线方程的公式，直线回归方程可由下式给出：

$$\hat{y}-\overline{y} = r \cdot \frac{\sigma_y}{\sigma_x}(x-\overline{x}) \tag{7-13}$$

【例 7-3】 某银行各月存款平均增加额 $\overline{x}=165$ 万元，各月放款平均增加额为 $\overline{y}=124$ 万元。又知各月存款放款增加额的标准差分别为 $\sigma_x=5$ 万元，$\sigma_y=4$ 万元。存款、放款增加额两变量的相关系数为 $r=0.8$，试求放款增加额 y 与存款增加额 x 的直线回归方程及估计标准误差。

（1）先求直线回归方程

$$\hat{y} = a + bx$$

$$b = r \cdot \frac{\sigma_y}{\sigma_x} = 0.8 \times \frac{4}{5} = 0.64$$

$$a = \overline{y} - b\overline{x} = 124 - 0.64 \times 165 = 18.4$$

所求直线回归方程为

$$\hat{y} = 18.4 + 0.64x$$

（2）求估计标准误差

$$S_{yx} = \sigma_y \sqrt{1-r^2} = 4\sqrt{1-0.8^2} = 2.4(\text{万元})$$

三、应用相关分析与回归分析应注意的问题

相关分析与回归分析都是重要的统计分析方法，在统计学知识体系中占有重要的地位。它们对于人们加深现象间相互依存关系的认识，促使这种认识由定性阶段进入定量阶段都具有重要意义。但是，应该看到，相关分析和回归分析与其他统计方法一样，也有自己的局限性，因此，在实践中应注意如下几方面的问题。

1. 定性分析与定量分析的结合

相关分析是分析社会经济现象之间相关关系的，相关系数的计算、回归方程的建立都是基于现象间所固有的客观联系之上的。而现象之间是否一定存在相关关系，主要是靠定性分

析，即依据社会经济理论、专业知识、实际经验对事物进行分析来判定的。不通过定性分析，直接根据样本观测数据进行量化分析，构建模型，有时就可能得出错误的结论。因为，任何两列数据，即使是毫不相关的两个现象，都可以计算出相关系数，构建出回归模型。因此，相关分析中的一切量化分析都应建立在定性分析基础之上。

2. 客观现象质的规定性

现象间所存在的相互依存关系都是有一定数量界限的。例如，一般地说，施肥量越多，粮食产量越高，但是超过一定的限度，施肥量增加，粮食产量可能反而下降。同样地，固定资产投资与国民经济发展速度的关系也是有一个数量界限的。也就是说，某些现象之间的相关关系在一定的限度内是正相关，而超过某一界限，则可能是负相关，在一定的限度内是直线相关，而在另一界限内可能是曲线相关。如果进行统计分析时不加区别，不注意现象间质的数量界限，就可能影响统计分析结论的可信度。

3. 社会经济现象的复杂性

客观社会经济现象间彼此有着千丝万缕的联系，某一现象发生的原因，有可能是另一现象出现的结果。而且，有时某一事件的出现可能导致诸多事件的发生，产生一系列的连锁反映。因此，进行统计分析时，要充分考虑现象间的复杂性，注意偶然和个别因素的影响，这样才能保证统计分析的质量。

4. 对相关系数和回归直线方程的有效性进行检验

应该注意到，相关分析中所得出的回归系数、回归直线方程、估计标准误差等都是根据样本数据求得的，但所作的结论却是对总体的。例如，由 30 个人的身高与体重值计算出相关系数为 0.95，所作出的结论并不是说 30 个人的身高与体重存在着相关关系，而是说人的身高与体重具有相关关系。显然，这里存在一个由样本代表总体的问题。因此，使用相关系数、回归模型进行统计分析时，要对其有效性进行检验。

习 题 七

一、判断题

1. 相关系数为+1 时，说明两变量完全相关；相关系数为−1 时，说明两个变量不相关。（ ）

2. 只有当相关系数接近+1 时，才能说明两变量之间存在高度相关关系。（ ）

3. 若变量 x 的值增加时，变量 y 的值也增加，说明 x 与 y 之间存在正相关关系；若变量 x 的值减少时，y 变量的值也减少，说明 x 与 y 之间存在负相关关系。（ ）

4. 回归系数和相关系数都可以用来判断现象之间相关的密切程度。（ ）

5. 根据建立的直线回归方程，不能判断出两个变量之间相关的密切程度。（ ）

6. 计算相关系数的两个变量，要求一个是随机变量，另一个是可控制的量。（ ）

7. 估计标准误差是说明回归方程代表性大小的统计分析指标，指标数值越大，说明回归方程的代表性越高。（ ）

8. 在一定范围内，单位成本随产量的减少而减少，说明两个变量之间存在正相关关系。（ ）

9. 当直线相关系数 $r=0$ 时，说明变量之间不存在任何相关关系。（ ）

10. 回归系数 b 的符号与相关系数 r 的符号，可以相同可以不相同。 （ ）

二、单项选择题

1. 当自变量的数值确定后，因变量的数值也随之完全确定，这种关系属于（ ）。
   A. 相关关系； B. 函数关系； C. 回归关系； D. 随机关系。
2. 现象之间的相互关系可以归纳为两种类型，即（ ）。
   A. 相关关系和函数关系； B. 相关关系和因果关系；
   C. 相关关系和随机关系； D. 函数关系和因果关系。
3. 在相关分析中，要求相关的两变量（ ）。
   A. 都是随机变量； B. 都不是随机变量；
   C. 因变量是随机变量； D. 自变量是随机变量。
4. 测定变量之间相关密切程度的指标是（ ）。
   A. 估计标准误差； B. 两个变量的协方差；
   C. 相关系数； D. 两个变量的标准差。
5. 相关系数的取值范围是（ ）。
   A. $0<r<1$； B. $-1<r<1$； C. $-1\leqslant r\leqslant 1$； D. $-1\leqslant r\leqslant 0$。
6. 现象之间线性依存关系的程度越低，则相关系数（ ）。
   A. 越接近于－1； B. 越接近于 1；
   C. 越接近于 0； D. 在 0.5 和 0.8 之间。
7. 若物价上涨，商品的需求量相应减少，则物价与商品需求量之间的关系为（ ）。
   A. 不相关； B. 负相关； C. 正相关； D. 复相关。
8. 现象之间线性相关关系的程度越高，则相关系数（ ）。
   A. 越接受于 0； B. 越接近于 1；
   C. 越接近于－1； D. 越接近于＋1 或－1。
9. 能够测定变量之间相关关系密切程度的主要方法是（ ）。
   A. 相关表； B. 相关图； C. 相关系数； D. 定性分析。
10. 如果变量 x 和变量 y 之间的相关系数为±1，说明两变量之间（ ）。
    A. 不存在相关关系； B. 相关程度很低；
    C. 相关程度显著； D. 完全相关。
11. 当变量 x 值增加时，变量 y 值随之下降，那么变量 x 与变量 y 之间存在着（ ）。
    A. 直线相关关系； B. 正相关关系；
    C. 负相关关系； D. 曲线相关关系。
12. 下列哪两个变量之间的相关程度最高（ ）。
    A. 商品销售额和商品销售量的相关系数是 0.9；
    B. 商品销售额与商业利润率的相关系数是 0.84；
    C. 平均流通费用率与商业利润率的相关系数是－0.94；
    D. 商品销售价格与销售量的相关系数是－0.91。
13. 回归分析中的两个变量（ ）。
    A. 都是随机变量； B. 关系是对等的；
    C. 都是给定的量； D. 一个是自变量，一个是因变量。

14. 当所有的观察值 y 都落在直线 $\hat{y}=a+bx$ 上时，则 x 与 y 之间的相关系数为（　）。

A. $r=0$；　B. $|r|=1$；　C. $-1<r<1$；　D. $0<r<1$。

15. 在回归直线方程 $\hat{y}=a+bx$ 中，b 表示（　）。

A. 当 x 增加一个单位时，y 增加 a 的数量；

B. 当 y 增加一个单位时，x 增加 b 的数量；

C. 当 x 增加一个单位时，y 的平均增加量；

D. 当 y 增加一个单位时，x 的平均增加量。

16. 每一吨铸铁成本（元）倚铸件废品率（%）变动的回归方程为：$\hat{y}=56+8x$，这意味着（　）。

A. 废品率每增加 1%，成本每吨增加 64 元；

B. 废品率每增加 1%，成本每吨增加 8%；

C. 废品率每增加 1%，成本每吨增加 8 元；

D. 废品率每增加 1%，则每吨成本为 56 元。

17. 估计标准误说明回归直线的代表性，因此（　）。

A. 估计标准误数值越大，说明回归直线的代表性越大；

B. 估计标准误数值越大，说明回归直线的代表性越小；

C. 估计标准误数值越小，说明回归直线的代表性越小；

D. 估计标准误的数值越小，说明回归直线的实用价值小。

18. 用最小平方法配合的趋势线，必须满足的一个基本条件是（　）。

A. $\sum(y-\hat{y})^2=$最小值；　B. $\sum(y-\hat{y})=$最小值；

C. $\sum(y-\hat{y})^2=$最大值；　D. $\sum(y-\hat{y})=$最大值。

三、多项选择题

1. 测定现象之间有无相关关系的方法有（　）。

A. 对现象做定性分析；　B. 编制相关表；

C. 绘制相关图；　D. 计算相关系数；

E. 计算估计标准误差。

2. 下列属于正相关的现象有（　）。

A. 家庭收入越多，其消费支出也越多；

B. 某产品产量随工人劳动生产率的提高而增加；

C. 流通费用率随商品销售额的增加而减少；

D. 生产单位产品所耗工时随劳动生产率的提高而减少；

E. 总生产费用随产品产量的增加而增加。

3. 下列属于负相关的现象有（　）。

A. 商品流转的规模越大，流通费用水平越低；

B. 流通费用率随商品销售额的增加而减少；

C. 国内生产总值随投资额的增加而增长；

D. 生产单位产品所耗工时随劳动生产率的提高而减少；

E. 产品产量随工人劳动生产率的提高而增加。

4. 变量 x 值按一定数量增加时，变量 y 也按一定数量随之增加，反之亦然，则 x 和 y 之间存在（ ）。

A. 正相关关系；
B. 直线相关关系；
C. 负相关关系；
D. 曲线相关关系；
E. 非线性相关关系。

5. 变量间的相关关系按其程度划分有（ ）。

A. 完全相关；
B. 不完全相关；
C. 不相关；
D. 正相关；
E. 负相关。

6. 变量间的相关关系按其形式划分有（ ）。

A. 正相关；
B. 负相关；
C. 线性相关；
D. 不相关；
E. 非线性相关。

7. 直线回归方程 $\hat{y}=a+bx$ 中的 b 称为回归系数，回归系数的作用是（ ）。

A. 确定两变量之间因果的数量关系；
B. 确定两变量的相关方向；
C. 确定两变量相关的密切程度；
D. 确定因变量的实际值与估计值的变异程度；
E. 确定当自变量增加一个单位时，因变量的平均增加量。

8. 设产品的单位成本（元）对产量（百件）的直线回归方程为 $\hat{y}=76-1.85x$ 这表示（ ）。

A. 产量每增加 100 件，单位成本平均下降 1.85 元；
B. 产量每减少 100 件，单位成本平均下降 1.85 元；
C. 产量与单位成本按相反方向变动；
D. 产量与单位成本按相同方向变动；
E. 当产量为 200 件时，单位成本为 72.3 元。

9. 计算相关系数时（ ）。

A. 相关的两个变量都是随机的；
B. 相关的两个变量是对等的关系；
C. 相关的两个变量一个是随机的，一个是可控制的量；
D. 相关系数有正负号；
E. 可以计算出自变量和因变量的两个相关系数。

10. 直线回归分析中（ ）。

A. 自变量是可控制的量，因变量是随机的；
B. 两个变量不是对等的关系；
C. 利用一个回归方程，两个变量可以互相推算；
D. 根据回归系数可判定相关的方向；
E. 对于没有明显因果关系的两变量可求得两个回归方程。

四、简答题

1. 什么是相关关系？它与函数关系有何不同？

2. 相关分析与回归分析有何区别与联系?

3. 说明相关系数的取值范围及判断标准。

4. 拟合回归方程 $\hat{y}=a+bx$ 有什么要求? 回归直线方程中待定参数 a、b 的经济含义是什么?

5. 什么是估计标准误差? 有什么作用?

五、计算题

1. 某种产品的产量与单位成本的资料见表 7 - 9。

表 7 - 9　　某产品的产量与单位成本的资料

产量(千件)	单位成本(元/件)	产量(千件)	单位成本(元/件)
2	73	3	73
3	72	4	69
4	71	5	68

要求:(1) 计算相关系数 r,判断其相关方向和程度。

(2) 建立直线回归方程。

2. 有几个地区的统计资料见表 7 - 10。

表 7 - 10　　几个地区的统计资料　　亿元

国内生产总值	财政收入	银行年末存款余额
2.2	0.8	0.2
2.4	0.9	0.4
2.5	1.0	0.5
2.7	1.2	0.7
2.9	1.4	0.6
3.0	1.5	0.8
15.7	6.8	3.2

要求:(1) 计算国内生产总值与财政收入的相关系数。

(2) 计算财政收入与银行年末存款余额的相关系数。

(3) 建立国内生产总值与财政收入的直线回归方程。

3. 某地高校教育经费(x)与高校学生人数(y)连续 6 年的统计资料如表 7 - 11 所示。

表 7 - 11　　某地高校教育经费与学生人数资料

教育经费 x(万元)	在校学生数 y(万人)	教育经费 x(万元)	在校学生数 y(万人)
316	11	393	20
343	16	418	22
373	18	455	25

要求:(1) 建立回归直线方程,估计教育经费为 500 万元的在校学生数。

(2) 计算估计标准误差。

4. 某班检查5位同学数学的学习时间和成绩分数如表7-12所示。

表7-12　　某班5位同学的学习时间和成绩分数对应表

学习时数（h）	学习成绩（分）	学习时数（h）	学习成绩（分）
4	40	10	70
6	60	13	90
7	50		

要求：(1) 计算学习时间和学习成绩之间的相关系数，并解释相关的密切程度和方向。

(2) 编制以学习时间为自变量的直线回归方程。

5. 根据某地区历年人均收入（元）与商品销售额（万元）资料计算的有关数据如下（x代表人均收，y代表销售额）：

$$n=9,\ \sum x=546,\ \sum y=260,\ \sum x^2=34\ 362,\ \sum xy=16\ 918$$

要求：(1) 建立以商品销售额为因变量的直线回归方程，并解释回归系数的含义。

(2) 若2011年人均收为400元，试推算该年商品销售额。

6. 某地区家计调查资料得到，每户平均年收入为8800元，方差为4500，每户平均年消费支出为6000元，标准差为60元，支出对于收入的回归系数为0.8。

要求：(1) 计算收入与支出的相关系数。

(2) 拟合支出对于收入的回归方程。

(3) 估计年收入在9000元时的消费支出额。

(4) 收入每增加1元，支出平均增加多少元。

7. 已知x，y两变量的相关系数$r=0.9$，$\overline{x}=120$，$\overline{y}=50$，σ_x为σ_y的两倍，求y倚x的回归方程。

8. 某部门所属20个企业的可比产品成本降低率（%）与销售利润（万元）的调查资料整理如下（x代表可比产品成本降低率，y代表销售利润）：

$$\sum x=109.8,\ \sum x^2=690.16,\ \sum xy=6529.5,\ \sum y=961.3$$

要求：(1) 建立销售利润倚可比产品成本降低率的直线回归方程，预测可比产品成本降低率为8%时，销售利润为多少万元?

(2) 说明回归系数b的经济含义。

9. 试根据下列资料编制直线回归方程$\hat{y}=a+bx$和计算相关系数r

$$\overline{xy}=146.5,\ \overline{x}=12.6,\ \overline{y}=11.3,\ \overline{x^2}=164.2,\ \overline{y^2}=134.1$$

第八章　动　态　数　列

第一节　动态数列的概念和种类

一、动态数列的概念

动态数列，又称时间数列，是把反映社会经济现象总体的指标，按着时间先后顺序排列起来，就形成一个动态数列。例如表 8-1 就是体现我国某地区"十一五"时期人民生活水平提高的几个指标动态数列。

表 8-1　　我国某地区"十一五"期间反映人民生活水平的几项指标动态数列

年份	社会商品零售总额（亿元）	年末居民储蓄存款余额（亿元）	职工年平均工资（亿元）	指数（以 2005 年为 100）		
				社会商品零售总额	年末居民储蓄存款余额	职工年平均工资
	(1)	(2)	(3)	(4)	(5)	(6)
2006	9398	9110	2365	113.8	129.5	110.0
2007	10 894	11 545	2677	132.0	164.1	124.5
2008	12 237	14 764	3236	148.2	209.9	150.5
2009	16 053	21 519	4510	194.5	305.9	209.8
2010	20 598	29 662	5500	249.5	421.7	255.8

可见，动态数列是由互相配对的两个数列构成的：一是反映时间顺序变化的数列，二是反映各个时间指标值变化的数列。

动态数列在统计和经济分析中，有着重要的作用：

（1）编制动态数列，可以揭示社会经济现象变化的数量特征，为研究确定其波动规律性提供科学的依据。

（2）编制动态数列，可以说明社会经济现象发展的速度和趋势。

（3）编制动态数列，可以为预测提供一些方法。

二、动态数列的种类

动态数列按其指标表现形式的不同分为总量指标动态数列、相对指标动态数列和平均指标动态数列三种。总量指标动态数列是基本的动态数列，相对指标动态数列和平均指标动态数列是在其基础上派生的。

（一）总量指标动态数列

把总量指标在不同时间上的数值按时间先后顺序排列就形成总量指标动态数列。总量指标动态数列用以反映现象在一段时间内达到的绝对水平及增减变化的状况。根据总量指标反映社会经济现象性质的不同，又可分为时期指标动态数列和时点指标动态数列。简称为时期数列和时点数列。

1. 时期数列

在总量指标动态数列中，如果每一指标是反映某现象在一段时间内发展过程的总量，则这种动态数列称为时期数列。如表 8－1 中各年社会商品零售总额就是这种数列。

时期数列有如下特点：

（1）数列具有连续统计的特点。时期指标由于反映的是现象在一段时间内发展过程的总量，它就必须在这段时间内把所发生的数量逐一登记后进行累计。

（2）数列中各个指标的数值可以相加。因为构成某一时期指标值的任何单位标志值，就不再是其他时期指标值的组成部分，这种标志值综合计算 1 次性不重复的特征，使得时期数列中彼此连接时期的指标值可以加总，得出更长时期的总计值。例如，1 年的产值是各月产值的总和，5 年的基建投资额是由每年投资额加总起来的。

（3）数列中各个指标数值大小与所包括时期长短成正比关系。时期数列中，每一指标值所体现的时间长短，称为“时期”。上面数列中，时期为 1 年。时期也可以为日、月、季或很长的日期，这要根据具体研究的目的来确定。对于研究现象变动发展进度的动态资料，时期可以短一些；对历史资料的研究，时期可长一些。例如研究我国“一五”至“十一五”期间国民经济的发展变化，就可以 5 年为一个时期。在时期数列中，时期长，指标数值大；时期短，指标数值小。

2. 时点数列

在总量动态数列中，若每一个指标值所反映的是现象在某一时刻上的总量，则这种动态数列称为时点数列。如表 8－1 中，各年末居民储蓄存款余额就是这种数列。时点数列有连续时点数列和间隔时点数列之分。前者指时点现象天天提供指标值所编成的动态数列，无疑这种数列不存在时间间隔；后者指时点现象按一定的时间间隔提供指标值所编成的动态数列。这种数列中的指标值一般是时点现象期末的数字，如年末、季末、月末的职工人数是年、季、月最后一天的职工人数。

时点数列有如下特点：

（1）数列指标不具有连续统计的特点。时点指标是反映现象在某一时刻上状况的数量，只要在某一时点上进行统计，取得该时点资料，不必连续进行登记。时点指标是现象在某一时刻上数量，但现实中不可能对每一瞬间上的数量都进行调查登记，因此习惯上以天作为瞬间单位。

（2）数列中各个指标数值不具有可加性。同时期数列指标相反，时点数列中，同样一个总体单位或者标志值可能统计到数列中几个时期的指标值中。如普查过后的人口中有很大一部分又包含在以后各年中。上面所举的年末居民储蓄存款余额指标，2006 年的 9110 亿元，它的一部分又被统计到 2007 年的存款余额中，甚至统计到 2008 年、2009 年等往后年份中。所以时点数列中经常出现总体的一些单位或标志值两次或多次被计算到指标值中的情况，使得动态数列各指标值总和本身无意义。应该指出，某些时点现象，如人口数、库存量、耕地面积，若是统计其一定时期的增减数量，它们是可以加总的，因而是时期数列。

（3）数列中每个指标值的大小与其时间间隔长短没有直接联系。因为时点数列的每一个指标值只表明现象在某一瞬间上的数量，因而时间间隔的长短对指标值大小不发生直接的影响。如年底的工人数、库存量就不一定都比年内各月底的数值大。

（二）相对指标动态数列

把一系列同类相对指标按时间先后顺序排列而形成的时间数列称为相对指标动态数列。它反映社会经济现象之间相互联系的发展过程。例如，用利润税金总额同全部平均占用资金对比计算资金利税率指标排列形成的动态数列，由各个时期生产部门职工占全部职工比重指标形成的动态数列等，就是相对指标动态数列。表 8 - 1 中，我国社会商品零售总额、年末居民储蓄存款余额和职工年平均工资等指标指数也是这种数列。在相对指标动态数列中，各个指标数值是不能相加的。

（三）平均指标动态数列

把一系列平均指标按时间先后顺序排列形成的动态数列即为平均指标动态数列。它反映社会经济现象总体各单位某标志一般水平的发展变动趋势。表 8 - 1 中，我国城镇职工历年平均工资就是这种数列。平均指标动态数列中，各指标值也是不能相加的。

统计中，往往把这三种动态数列结合起来运用，以便于对社会经济现象发展过程进行全面分析。

三、编制动态数列的原则

动态数列编制的目的是要通过对数列中各时期指标值的比较，来研究社会经济现象的发展变化及其规律。因此，保证数列中各个指标数值的可比性，是编制动态数列的基本原则，它要求：

（1）时间长短应该前后一致。时期数列指标值的大小与指标包含时间长短有直接关系。因此，一般要求时期数列指标值包含的时期前后一致，以便于对比。但在特殊研究目的情况下，可将时期不同的指标编为动态数列。例如，我国某地区几个重要时期钢产量资料见表 8 - 2。

表 8 - 2　　我国某地区几个重要时期钢产量资料　　万吨

年份	1949～1982	1983～1995	1996～2000	2001～2005	2006～2010
钢产量	776	1667	20 304	27 372	42 478

以上动态数列的资料，很能说明我国钢铁工业迅速发展。这里要注意动态数列指标数值所包含时期长短与各指标数值之间的时间间隔之区别。时期数列中，如果各个时期不连续，如表 8 - 2 也存在有间隔问题。时期数列的间隔最好能相等，以便于动态比较分析。对于时点数列来说，由于数列上的指标值均表示一定时刻上的状态，不存在包含时期长短的因素，只有间隔的问题。时点数列指标数值之间间隔若能相等，既便于动态对比分析，又便于进一步计算动态分析指标。

（2）总体范围应该统一。动态数列中，各个指标所包括总体范围前后应该一致。在研究某地区工业生产发展情况，如果那地区的行政区划有了变动，则前后指标值就不能直接对比，必须将资料进行适当的调整，以求总体范围的统一，然后再作动态分析。

（3）计算方法应该统一。动态数列各项指标的计算口径、计量单位和计算方法应该一致，保持不变。例如，要研究企业劳动生产率变动，产量用实物量还是用价值量，人数用全部职工数还是用生产工人数，前后都要统一起来。再如，要把不同时期工农业产值对比，就应该注意价格水平的变化，采用统一的不变价格表示，不然，价格标准不同，就不能从指标的对比中，正确反映工农业产值的实际变化程度。

（4）经济内容应该统一。有时动态数列的指标在名称上是一个指标，但经济内容或经济含义不同或有了改变，这也是不可比的。例如，工业企业里的工资指标，按费用要素分组的工资包括全部职工的工资，而按成本项目分组的工资只包括基本生产工人的工资。如果把这样一些指标数值编成动态数列反映现象的变动，就会产生错误的结论。

我们所面对的动态数列，往往是反映一段很长时期的过程，各期的统计资料难免由于各种原因发生指标所属时间、总体范围、计算方法乃至于经济内容不统一，所以可比性问题是要一再强调不能忽视的。

第二节 动态数列分析指标

为了研究社会经济现象的发展水平和速度，认识事物发展变化的规律性，在动态数列编制出来之后，必须进一步做动态分析，需要用动态数列的主要分析指标进行计算。这些分析指标中，水平分析指标有发展水平、平均发展水平、增长量、平均增长量；速度分析指标有发展速度、增长速度、平均发展速度、平均增长速度。

一、发展水平和平均发展水平

（一）发展水平

发展水平就是动态数列中的每一项具体指标数值，又称发展量。它反映社会经济现象在各个时期所达到的规模和发展的程度。

不论是编制动态数列还是计算各种动态指标，都要求正确地计算发展水平，进行发展水平分析。

发展水平，可表现为总量指标，如工资总额、工业总产值、年末职工人数；也可表现为相对指标或平均指标，如人口出生率、工人劳动生产率等。

根据各发展水平在动态数列中所处的地位和作用，可以分为最初水平、中间水平和最末水平。在时间数列 a_0，a_1，a_2，…，a_{n-1}，a_n 中，a_0 为最初水平，a_n 为最末水平，其余为中间水平。

在动态分析中，常需要将两个时期的发展水平进行比较，这时作为比较的基础时期的发展水平称为基期水平，作为分析时期的发展水平称为报告期水平。

例如，我国 2005～2010 年国内生产总值动态数列见表 8-3。

表 8-3 我国国内生产总值的资料 亿元

2005 年	2006 年	2007 年	2008 年	2009 年	2010 年
a_0	a_1	a_2	a_3	a_4	a_5
185 808.6	217 522.7	267 763.7	316 228.8	343 464.7	397 983

从表 8-3 中可看出我国国内生产总值在“十一五”时期所达到的水平。a_0 为185 808.6 亿元，是“十一五”时期前 1 年的水平，为最初水平。$a_n=a_5$，是最末水平，表明“十一五”时期最后 1 年国内生产总值，如果对比 2005 年和 2010 年国内生产总值的发展水平，则 $a_5=$ 397 983（亿元）为报告期水平。$a_0=$185 808.6（亿元）为基期水平。

这些发展水平，随着动态分析目的任务的改变而随时变动它的位置：今年是报告期水平，可能是将来的基期水平；这一个数列的最末水平，可能是另一个数列的最初水平。

发展水平在文字上习惯用“增加到”、“增加为”、“降低到”、“降低为”表示。例如“七五”时期粮食平均年产量为40 622万吨，“八五”时期增加到44 695万吨。“增加”和“降低”后面勿遗漏一个“到”或“为”字。

（二）平均发展水平

统计上又叫序时平均数。它和一般平均数有共同之处，都是将各个变量值差异抽象化。但彼此又有区别，平均发展水平所平均的是现象总体在不同时期上的数量表现，从动态上说明其在某一时期内发展的一般水平，故又称动态平均数。而一般平均数是将总体各单位同一时期的变量值差异抽象化，用以反映总体在具体历史条件下的一般水平，不体现时间的变动，故又称静态平均数。

序时平均数可以用总量指标动态数列计算，也可以用相对指标动态数列和平均指标动态数列计算。其中，总量指标动态数列计算序时平均数是最基本的。

1. 总量指标动态数列计算序时平均数

总量指标动态数列分为时期数列和时点数列，二者计算序时平均数的方法不一样，现分别加以说明。

(1) 按时期数列计算。根据时期数列的特点，采用简单算术平均法：以时期项数去除时期数列中各个指标数值之和。例如计算 1 年的月平均产值，可把 12 个月产值相加除以 12。1 年的季平均产值，则是四季产值之和除以 4。用公式表示：

$$\bar{a}=\frac{a_1+a_2+\cdots+a_n}{n}=\frac{\sum a}{n}$$

式中，$\bar{a}$ 代表序时平均数；a 代表各期发展水平；n 代表时期项数。

【例 8-1】 根据表 8-3 计算“十一五”时期年平均国内生产总值：

$$\bar{a}=\frac{\sum a}{n}=\frac{185\,808.6+217\,522.7+267\,763.7+316\,228.8+343\,464.7+397\,983}{5}$$

$$=345\,754.3(亿元)$$

(2) 按时点数列计算。时点数列分为连续时点数列和间断时点数列，它们的序时平均数计算是不同的。

1) 以天为间隔的时点数列称为连续时点数列，在连续时点数列条件下的计算有两种情况：

第一种情况，时点数列资料是逐日登记又逐日排列，用简单算术平均数计算，即以时点指标值之和除以时点项数，计算式为

$$\bar{a}=\frac{\sum a}{n}$$

式中，a 为时点指标值；n 为天数。

例如，已知某企业 1 个月内每天的工人数，要计算该月每天平均工人数，可将每天工人数相加，除以该月的日历天数。

第二种情况，时点数列资料不是逐日变动，只在发生变动时加以登记，就要用每次资料持续不变的时间长度为权数进行加权平均，计算式为

$$\bar{a}=\frac{\sum af}{\sum f}$$

【例 8-2】 某厂某年 1 月份的产品库存变动记录资料见表 8-4。

表 8-4 **某厂某年 1 月份的产品库存资料** 吨

日期	1 日	4 日	9 日	15 日	19 日	26 日	31 日
库存量	38	42	39	23	2	16	0

上述资料的特点及计算过程，见表 8-5。

表 8-5 **库 存 计 算 结 果**

库存量不变的时期	该时期长度 f（日）	库存量 a（吨）	该时期的库存量（吨） af
1～3	3	38	114
4～8	5	42	210
9～14	6	39	234
15～18	4	23	92
19～25	7	2	14
26～30	5	16	80
31	1	0	0
合计	31	—	744

1 月份平均库存量：

$$\overline{a}=\frac{\sum af}{\sum f}=\frac{744}{31}=24\text{（吨）}$$

2）在间断时点数列的条件下的计算也有两种情况：

第一种情况，时点数列间隔相等，采用“首末折半法”计算。计算时，假定指标值在两个时点之间的变动是均匀的，先求两时点指标值的平均数（$\overline{a}_i$）；再根据这些平均数进行简单平均，形成如下的计算式：

$$\overline{a}=\frac{\sum\overline{a}_i f_i}{\sum f_i}=\frac{\frac{1}{2}(a_1+a_2)f_1+\frac{1}{2}(a_2+a_3)f_2+\cdots+\frac{1}{2}(a_{n-1}+a_n)f_{n-1}}{f_1+f_2+\cdots+f_{n-1}}$$

当 $f_1=f_2=\cdots=f_{n-1}$，则

$$\overline{a}=\frac{\frac{1}{2}a_1+a_2+\cdots+a_{n-1}+\frac{1}{2}a_n}{n-1}$$

式中，$n-1$ 为间隔数目，它比时点数列的项数少 1 个。公式明显表现首末折半法的特点。

【例 8-3】 某企业 2011 年第三季度职工人数：6 月 30 日 435 人，7 月 31 日 452 人，8 月 31 日 462 人，9 月 30 日 576 人，计算平均职工人数。

这里的资料是每月末登记的，计算时先推算月平均数，即把本月末人数看作是下月初的人数，而且假定在这一期间内人数为均匀变动。这样，（月初人数＋月末人数）/2＝月平均人数。例如，7 月份平均职工人数为：（435＋452）/2＝443.5（人）。则季平均人数在各月平均的基础上再平均：

$$\overline{a}=\frac{\frac{435+452}{2}+\frac{452+462}{2}+\frac{462+576}{2}}{3}=\frac{\frac{435}{2}+452+462+\frac{576}{2}}{3}=473\text{（人）}$$

第二种情况，时点数列间隔不相等，也假定指标值在两个时点之间的变动是均匀的，先求两时点指标值的平均数，然后以间隔时间为权数进行加权平均，公式表示为

$$\bar{a}=\frac{\sum\bar{a}_i f_i}{\sum f_i}\text{或 }\bar{a}=\frac{\frac{a_1+a_2}{2}f_1+\frac{a_2+a_3}{2}f_2+\cdots+\frac{a_{n-1}+a_n}{2}f_{n-1}}{\sum f}$$

式中，a_i 表示各指标值；f_i 表示时间间隔长度。

【例 8-4】 某工厂成品仓库中某产品在 2011 年库存量见表 8-6。

表 8-6　　某厂成品库中某产品在 2011 年库存量

日期	1月1日	3月1日	7月1日	8月1日	10月1日	12月31日
库存量（台）	38	42	24	11	60	0

表 8-6 所记录的库存量资料间隔不等，我们假定库存量在两时点之间均匀变动，来计算全年平均库存量。

则 2011 年平均库存量：

$$\bar{a}=\frac{\frac{a_1+a_2}{2}f_1+\frac{a_2+a_3}{2}f_2+\cdots+\frac{a_{n-1}+a_n}{2}f_{n-1}}{\sum f}$$

$$=\frac{\frac{38+42}{2}\times2+\frac{42+24}{2}\times4+\frac{24\times11}{2}\times1+\frac{11\times60}{2}\times2+\frac{60+0}{2}\times3}{2+4+1+2+3}$$

$$=\frac{390.5}{12}=32.5\text{（台）}$$

2. 相对指标动态数列或平均指标动态数列计算序时平均数

相对指标动态数列或平均指标动态数列是由具有互相联系的两个总量指标动态数列对比构成的。因此，一般不易直接将数列中的相对指标值或平均指标值简单加总求平均，而应分别计算出构成相对指标动态数列或平均指标动态数列的分子数列和分母数列的平均发展水平，然后进行对比，求得相对指标动态数列或平均指标动态数列的平均发展水平。用公式表示如下：

设 $c=\frac{a}{b}$，c 为相对指标或平均指标，a、b 均为总量指标。则

$$\bar{c}=\frac{\bar{a}}{\bar{b}}$$

式中，$\bar{c}$ 为相对指标动态数列或平均指标动态数列的平均发展水平；$\bar{a}$ 为分子数列的平均发展水平；$\bar{b}$ 为分母数列的平均发展水平。

【例 8-5】 某企业 4、5、6 月份产量计划完成情况资料见表 8-7。

表 8-7　　某企业二季度产量计划完成情况

月份	4	5	6
实际数 a	1256	1367	1978
计划数 b	1150	1280	1760
计划完成程度 c（%）	109.2	106.8	112.4

由于

$$\bar{a}=\frac{a_1+a_2+a_3+\cdots+a_n}{n}=\frac{\sum a}{n}$$

$$\bar{b}=\frac{b_1+b_2+\cdots+b_n}{n}=\frac{\sum b}{n}$$

将 $\bar{a}$ 与 $\bar{b}$ 对比，则得第二季度月平均计划完成程度即：序时平均数。

$$\bar{c}=\frac{\bar{a}}{\bar{b}}=\frac{\sum a/n}{\sum b/n}=\frac{\sum a}{\sum b}=\frac{1256+1367+1978}{1150+1280+1760}=109.8\%$$

【例 8-6】 我国某地区 2005～2010 年社会劳动者（年底数）人数见表 8-8。

表 8-8　　2005～2010 年我国某地区社会劳动者人数

年　份	2005	2006	2007	2008	2009	2010
社会劳动者总人数 b	49 873	51 282	52 783	54 334	55 329	56 740
其中第三产业人数 a	8350	8819	9407	9949	10 147	10 533
第三产业的比重（%）c	16.7	17.2	17.8	18.3	18.3	18.6

第三产业人数占全部社会劳动者人数的比重，是两个时点数列对应指标（第三产业人数和社会劳动者人数）对比形成的。计算 2005 年～2010 年该地区第三产业人数在全部社会劳动者人数中的平均比重：

$$\bar{c}=\frac{\bar{a}}{\bar{b}}=\frac{\left(\frac{a_1}{2}+a_2+\cdots+\frac{a_n}{2}\right)\frac{1}{n-1}}{\left(\frac{b_1}{2}+b_2+\cdots+\frac{b_n}{2}\right)\frac{1}{n-1}}$$

$$=\frac{\frac{8350}{2}+8819+9407+9949+10147+\frac{10\,533}{2}}{\frac{49\,873}{2}+51\,282+52\,783+54\,334+55\,329+\frac{56\,740}{2}}=17.9\%$$

这里，如果提供的资料是 b 与 c 或 a 与 c，亦按 $a=bc$ 和 $b=a/c$ 关系，求出 a 或 b，然后进一步计算，结果完全一样。

【例 8-7】 某企业 2011 年下半年各月劳动生产率资料见表 8-9，要求计算下半年平均月劳动生产率。

表 8-9　　某企业 2011 年下半年劳动生产率资料

月　份	7	8	9	10	11	12	平均
总产值（万元）a	706.1	737.1	761.4	838.3	901.0	1082.4	837.7
月初工人数（人）b	790	810	810	830	850	880	838
劳动生产率（元/人）c	8830	9100	9290	9980	10 420	12 090	10 000

12 月末工人数 910 人。

劳动生产率动态数列，是由时期数列和时点数列相应指标（总产值和工人数）对比形成的。计算平均月劳动生产率须先用相应的方法计算出分子分母的平均数，然后相除。即

$$\bar{c}=\frac{\bar{a}}{\bar{b}}=\frac{\frac{706.1+737.1+761.4+838.3+901.0+1082.4}{6}}{\frac{\frac{790}{2}+810+810+830+850+880+\frac{910}{2}}{6}}=10\,000$$

劳动生产率是单位时间内生产的产品量。如果要求确定下半年的劳动生产率，单位时间

就不是“月”，而是“半年”。下半年劳动生产率用下半年的总产值除以下半年的平均工人数计算。下半年的平均人数可以用下半年初人数和下半年末人数平均得到，即七月初人数和十二月末人数进行平均。公式为

$$7\sim12\text{月劳动生产率}=\frac{760.1+737.1+761.4+838.3+901.0+1082.4}{\frac{790+910}{2}}=5977$$

二、增长量与平均增长量

增长量是报告期发展水平与基期发展水平之差。计算公式为

$$\text{增长量}=\text{报告期水平}-\text{基期水平}$$

根据比较基期的不同，增长量可分为累积增长量和逐期增长量。累积增长量是按固定的基期水平计算的增长量；逐期增长量是以前一期水平为基期计算的增长量。它们分别表示现象较长或较短时期变动的总量，用公式表示如下：

累积增长量　a_1-a_0，a_2-a_0，a_3-a_0，…，a_n-a_0

逐期增长量　a_1-a_0，a_2-a_1，a_3-a_2，…，a_n-a_{n-1}

两者的关系：累积增长量等于各个逐期增长量之和；相邻两期累积增长量之差等于相应的逐期增长量。

在社会经济现象中，有的现象发展水平表现为不断降低的趋势，如单位产品成本、人口死亡率等，这时，增长量为负值，宜称为“降低量”指标。

增长量还可以加以平均，用来说明某现象在一定时期内平均每期增长的数量。它的计算公式为

平均增长量＝逐期增长量之和/逐期增长量个数＝累计增长量/逐期增长量个数

三、发展速度和增长速度

发展速度是以相对数形式表现的动态分析指标，它是两个不同时期发展水平指标对比的结果。发展速度用来说明报告期的水平是基期水平的百分之几或若干倍，它的计算公式为

$$\text{发展速度}=\frac{\text{报告期水平}}{\text{基期水平}}$$

在计算发展速度时，如采用各报告期水平同某一固定基期水平对比计算，则称为定基发展速度，它说明现象在较长时期内发展的总速度。如用报告期水平与前一期水平对比计算，则称为环比发展速度，它反映现象在前后两期的发展变化，表示现象的短期变动。用公式表示如下：

$$\text{定基发展速度}=\frac{\text{报告期水平}}{\text{某一固定基期水平}}$$

$$\text{环比发展速度}=\frac{\text{报告期水平}}{\text{前一期水平}}$$

即

$$\text{定基发展速度：}\frac{a_1}{a_0},\ \frac{a_2}{a_0},\ \cdots,\ \frac{a_n}{a_0}$$

$$\text{环比发展速度：}\frac{a_1}{a_0},\ \frac{a_2}{a_1},\ \cdots,\ \frac{a_n}{a_{n-1}}$$

在同一动态数列资料下计算的定基发展速度与环比发展速度之间存在着以下的关系：定基发展速度等于相应各个环比发展速度的连乘积。根据此关系，不难看出，已知两个相邻时期的定基发展速度，可以推算出相应的环比发展速度。

增长速度是反映现象数量增长方向和程度的动态相对指标，由增长量对比基期水平而得，公式如下：

$$增长速度=\frac{增长量}{基期水平}=\frac{报告期发展水平-基期发展水平}{基期水平}=发展速度-1$$

从上式可以看出，增长速度等于发展速度减 1，它们之间所说明的内容是不同的。发展速度说明报告期水平发展到基期水平的多少倍或百分之几，增长速度只是说明增加了多少倍或增加（减少）了百分之几。当发展速度大于 1 时，增长速度为正值，表示现象的增长程度，当发展速度小于 1 时，增长速度为负值，表明现象减少的程度。所谓“负增长”就是这种情况。

增长速度同样由于比较的基期不同，分为定基增长速度和环比增长速度。定基增长速度是累积增长量除以固定基期的发展水平，或是定基发展速度减 1，表明现象在这一时期内增长的速度。环比增长速度是逐期增长量对前一期发展水平之比，表明现象逐期增长的速度。用公式表示如下：

$$定基增长速度=\frac{累积增长量}{固定基期水平}=定基发展速度-1$$

$$环比增长速度=\frac{逐期增长量}{前期发展水平}=环比发展速度-1$$

即

$$定基增长速度：\frac{a_1}{a_0}-1,\ \frac{a_2}{a_0}-1,\ \cdots,\ \frac{a_n}{a_0}-1$$

$$环比增长速度：\frac{a_1}{a_0}-1,\ \frac{a_2}{a_1}-1,\ \cdots,\ \frac{a_n}{a_{n-1}}-1$$

定基增长速度和环比增长速度都是发展速度的派生指标，它只反映增长部分的相对程度，所以，环比增长速度的连乘积不等于定基增长速度。如果要由环比增长速度求定基增长速度，必须将环比增长速度加 1 再连乘，然后将所得的结果再减 1。

表 8 - 10 是我们以某企业 2005～2010 年钢产量的资料来反映各项速度指标的具体计算过程：

表 8 - 10　　某企业 2005～2010 年钢产量

年份		2005	2006	2007	2008	2009	2010
发展水平（万吨）		6604	7057	8000	8868	9153	9400
发展速度（%）	定基	a_1/a_0 100.0	a_1/a_0 106.9	a_2/a_0 121.1	a_3/a_0 134.3	a_4/a_0 138.6	a_5/a_0 142.3
	环比		a_1/a_0 106.9	a_2/a_1 113.4	a_3/a_2 110.8	a_4/a_3 103.2	a_5/a_4 102.7
增长速度（%）	定基		6.9	21.1	34.3	38.6	42.3
	环比		6.9	13.4	10.8	3.2	2.7

以上各表除了概述各项速度指标的计算外，并可以从中验证定基发展速度和环比发展速度、累积增长量和逐期增长量之间的计算关系。借助这种计算上的关系还可进行未知的发展速度和增长量指标的推算。

在实际工作中，还常常计算同比指标，如年距发展速度、年距增长量和年距增长速度。它们是本期发展水平与去年同期发展水平对比的结果。同比指标把现象受季节变动的影响消除了，使现象发展变动程度和趋势明显地表现出来。

运用动态数列进行动态分析时，既要看速度，又要看水平，只有把它们结合起来，才能对现象的变化做出全面的认识。统计中体现速度与水平相结合的一个代表性指标就是增长1%的绝对值。增长1%的绝对值反映环比速度每增长1个百分点所增加的绝对数量，即逐期增长量与环比增长速度的对比值，也即前一期发展水平的1%，其计算公式为

$$增长1\%的绝对值=\frac{逐期增长量}{环比增长速度（\%）}$$

或
$$增长1\%的绝对值=\frac{前一期发展水平}{100}$$

此外，在报纸上还经常见到“翻番”一词，具体来说，指标数值为原来的2倍，即增长1倍，称为一个倍增（增长速度100%）。但是，翻两番并非比原来增加2倍，而是在原来增加1倍的基础上再增加1倍，即为原来的4倍，实则比原来增加3倍。

四、平均发展速度与平均增长速度

平均发展速度和平均增长速度统称为平均速度。平均速度是各个时期环比速度的平均数，说明社会经济现象在较长时期内速度变化的平均程度。平均发展速度表示现象逐期发展的平均速度，平均增长速度则是反映现象递增的平均速度。平均发展速度与平均增长速度的关系是

平均增长速度＝平均发展速度－1（或100%）

平均发展速度总是正值，而平均增长速度则可为正值也可为负值。正值表明现象在一定发展阶段内逐期平均递增的程度；负值表示现象逐期平均递减的程度。

根据计算的目的不同，平均发展速度计算方法有两种，一种叫水平法，又称几何平均法；另一种叫累计法，又称方程式法。

水平法的计算目的是，从基期发展水平出发，平均每年（季、月）以多大的发展速度发展，经过若干年（季、月）后，达到报告期的发展水平。由于发展速度，不等于各年发展速度之和，而等于各年环比发展速度的连乘积。因而求环比发展速度的平均数，不能用总和法，按算术平均数公式计算；只能按连乘法，用几何平均数公式来计算。其计算公式为

$$\overline{x}=\sqrt[n]{x_1\cdot x_2\cdots x_n}=\sqrt[n]{\pi x}$$

式中，$\overline{x}$为平均发展速度；x为各年环比发展速度；n表示环比发展速度的项数；π为连乘符号。

动态数列中定基发展速度等于各环比发展速度的连乘积，故计算平均发展速度的公式还可以表示为

$$\overline{x}=\sqrt[n]{\frac{a_1}{a_0}\cdot\frac{a_2}{a_1}\cdots\frac{a_n}{a_{n-1}}}=\sqrt[n]{\frac{a_n}{a_0}}$$

一段时期的定基发展速度即为现象的总速度。用R表示总速度，则平均发展速度的公式还可以写成
$$\overline{x}=\sqrt[n]{R}$$

在实际中，可根据所掌握的资料条件来选择所适应的公式。

例如，根据表8－10的资料计算，某企业2005～2010年钢产量的平均发展速度为

$$\overline{x}=\sqrt[5]{1.069\times1.134\times1.108\times1.032\times1.027}=107.3\%$$

或
$$\overline{x}=\sqrt[n]{\frac{a_n}{a_0}}=\sqrt[5]{\frac{9400}{6604}}=107.3\%$$

或 $$\bar{x}=\sqrt[n]{R}=\sqrt[5]{1.423}=107.3\%$$

方程式法的计算目的是从基期发展水平出发，平均每年（月、季）的发展速度是多少时，才能达到各期发展水平的累计总和。它是以累计为数量目标，而水平法则是以报告期发展水平为数量目标。

根据计算目的，设 $\overline{X}$ 为平均发展速度，各年发展水平如下：

$$a_1=a_0\overline{X}$$

$$a_2=a_0\overline{X}\cdot\overline{X}=a_0\cdot\overline{X}^2$$

$$\vdots$$

$$a_n=a_0\overline{X}^{n-1}\cdot\overline{X}=a_0\cdot\overline{X}^n$$

将上式整理后，即

$$a_0\overline{X}+a_0\overline{X}^2+\cdots+a_0\overline{X}^n=a_1+a_2+\cdots+a_n$$

即 $$\overline{X}^1+\overline{X}^2+\cdots+\overline{X}^n=\frac{\sum a}{a_0}$$

这个方程式的正根，就是所求得年平均发展速度。但是，要求解这个方程式是比较复杂的，因此，在实际统计工作中，都是根据事先编好的《平均增长速度查对表》来查对应用（见附录3）。

例如：某地区“十一五”期间固定资产投资额资料如表8-11所示，用方程法计算各年平均发展速度。

表8-11　　某地区“十一五”期间固定资产投资额

年份	2005	2006	2007	2008	2009	2010
固定资产投资额（万元）	1074	1176	1343	1574	1554	1072

（1）计算各年发展水平总和为基期水平的百分比或各年定基发展速度之和，作为查表的依据。

$$\frac{\sum a}{a_0}=\frac{1176+1343+1574+1554+1702}{1074}=684.26\%$$

（2）确定递增或递减速度。$\frac{\sum a}{a_0}\Big/n>100\%$ 为递增速度，应查表的增长速度部分；$\frac{\sum a}{a_0}\Big/n<100\%$ 为递减部分，应查表的降低速度部分。

682.26%/5>100%为递增速度。

（3）查表。见附录C：平均增长速度查对表。在累计法增长速度查对表中的 $n=5$ 年栏内，684.26%介于683.33%和685.28%之间，这两个值对应的平均每年增长速度为10.6%和10.7%，即所求的平均增长速度应在10.6%～10.7%之间，运用插值法，可得投资额年平均增长速度为

$$10.6\%+\frac{684.26\%-683.33\%}{685.28\%-683.33\%}\times(10.7\%-10.6\%)=10.65\%$$

（4）计算平均发展速度。

$$10.65\%+100\%=110.65\%$$

关于几何平均法和方程式法的不同特点说明如下：

几何平均法侧重于考察最末1年的发展水平，按这种方法所确定的平均发展速度，推算

最末1年发展水平，等于最末1年的实际水平；而推算最末1年的定基发展速度和实际资料的定基发展速度一致。方程式法则侧重于考察全期各年发展水平的总和，按这种方法所确定的平均发展速度，推算的全期各年发展水平的总和与全期各年实际资料总数一样；而推算的各年定基发展速度的总和与实际资料的定期发展速度的总和也是一致的。

以上两种方法，应该依据计算对象的不同特点分别采用。例如，基本建设投资、地质勘探、垦荒造林的数量，由于计划工作中比较关心长时间（如5年）的总量计划完成情况，可以采用方程式法。而人口、产量及许多经济效益指标，则侧重于考察最末1年所达到的水平，适且于采用几何平均法。几何平均法是计算平均速度的常用方法。

第三节 现象变动的趋势分析

动态数列各项发展水平的变化，是由许多复杂因素共同作用的结果。影响因素归纳起来大体有四类：长期趋势；季节变动；循环变动；不规则变动。本书介绍前三类。

一、长期趋势

长期趋势指现象在一段较长的时间内，由于普遍的、持续的、决定性的基本因素的作用，使发展水平沿着一个方向，逐渐向上或向下变动的趋势。例如，粮食生产由于种植方法的不断改良、日益发达的农田水利等根本因素的影响，从较长时期来看，总趋势是持续增加，向上发展的。认识和掌握事物的长期趋势，可以把握事物发展变化的基本特点。

测定长期趋势的目的，首先，描述长期趋势的形状和走向，以便研究其发展变化规律；其次，为统计预测提供资料；第三，为研究季节变动，消除长期趋势的影响提供依据。

长期趋势的测定方法很多，常用的有时距扩大法、移动平均法和最小平方法。以下分别加以说明。

（一）时距扩大法

这是测定长期趋势最简便的一种方法，它是将原有动态数列中较小的时距单位的若干数据加以合并，得出较大时距单位的数据，形成新的动态数列。其目的在于通过扩大时距消除短期内所存在的偶然因素影响，以显示现象发展变化的基本趋势和方向。

时距扩大法把较小时间跨度转化为较大时间跨度时，一般将昼夜转化为星期或旬，由旬转化为月，月转化为季或年，由一年转化为许多年。如果动态数列有一定的周期性，扩大的时距应注意与各次摆动的周期相同；如果动态数列看不出有什么周期，那么就要逐步扩大时距，直到趋势的方向变的足够清晰为止。

这种方法，既可以用扩大后的总量指标表示，也可以用扩大时距后的平均指标表示。前者只适用于时期数列，后者适用于时期数列和时点数列。

例如，某销售公司2011年各月销售额资料，见表8-12。

表8-12　　某销售公司2011年各月销售额

月份	1	2	3	4	5	6	7	8	9	10	11	12
销售额（万元）	60.0	55.0	59.0	60.0	62.0	61.0	62.5	65.0	64.0	66.0	67.0	68.0

从表8-12可以看出，该公司各月销售额有上升的发展趋势，但各月销售额起伏不定，趋势并不显著。若将时距由月扩大为季度，则可整理出新的动态数列，见表8-13。

表 8-13　　某销售公司 2011 年各季度销售额

季度	1 季度	2 季度	3 季度	4 季度
销售额（万元）	174.0	183.5	191.5	201.0
月平均销售额（万元）	58.0	61.2	63.8	67.0

修匀后的新动态数列中，销售额呈现出明显的上升趋势。

时距扩大法是测定长期趋势最原始的方法。其优点是简便，缺点是新数列的项数大量减少，不便于作进一步的趋势分析，它不能满足季节变动分析的需要。

（二）移动平均法

这种方法实质上是原来的动态数列的时距扩大，采用逐期移动的方法计算一系列扩大时距的序时平均数，并以这一系列移动平均数作为对应时期的趋势值。这是对长期的动态数列资料进行统计修匀的一种简便方法。它是把原有动态数列中各时期资料加以合并，扩大每段计算所包括的时间，得出较长时距的新动态数列，以消除由于时距较短受偶然因素影响所引起的波动，清楚地显示现象变动的趋势和方向。

移动平均法的具体作法是从动态数列第一项数值开始，按一定项数求序时平均数，逐项移动，得出一个由移动平均数构成的新的动态数列，这个派生数列把受某些偶然因素影响所出现的波动修匀了，使整个数列的总趋势更加明显。移动平均法根据资料的特点及研究的具体任务，可能进行 3 项、4 项、5 项乃至更多项移动平均。奇数项移动平均所得的数值放在中间一项的位置上；偶数项移动平均所得的数值放在中间两项位置中间，它需要移正平均，被移动平均的项数越多，对原数列修匀的作用就越大。但得到的新动态数列，项数却很少。所以，移动平均时所采用的扩大时距，也应由动态数列的具体特点所决定。特别要注意数列水平波动的周期性。一般要求，扩大的时距与周期变动的时距相吻合，或为它的整倍数。比如，具有季度水平资料的时期数列，经受每年季节性的涨落，主要必须消除季节变动因素，以运用 4 项或 8 项移动平均为宜。在以年为单位的数据所形成的动态数列中，不存在季节变动因素，因此要消除的是循环变动和不规则变动因素。我们可借助于对动态数列水平的观察循环周期，循环周期几年，就相应地采用几年移动平均。若数列水平呈无规则的波动，也是采取逐步扩大时距的办法，直到所求的移动平均数能把现象变动趋势表现出来。

表 8-14 是某企业 1981～2010 年的电视机产量资料。

表 8-14　　某企业 1981～2010 年的电视机产量　　万台

年份	产量	年份	产量	年份	产量	年份	产量	年份	产量	年份	产量
1981	0.21	1986	0.55	1991	2.12	1996	2.37	2001	4.36	2006	5.06
1982	0.26	1987	0.69	1992	2.20	1997	1.65	2002	4.72	2007	3.17
1983	0.29	1988	1.24	1993	2.22	1998	1.56	2003	5.03	2008	7.59
1984	0.36	1989	1.79	1994	2.02	1999	2.55	2004	4.38	2009	8.50
1985	0.42	1990	2.19	1995	1.92	2000	3.86	2005	5.20	2010	9.46

这 30 年的电视机产量，总的看来是不断增长的趋势，但中间有过几次小波动，属于短期的偶然因素引起的不规则波动。我们做 4 项和 5 项移动平均。

5 年移动平均：

第 1 个平均数为（0.21＋0.26＋0.29＋0.36＋0.42）÷5＝1.54÷5＝0.38，对正第三年的原值；第 2 个平均数为（0.26＋0.29＋0.36＋0.42＋0.55）÷5＝1.88÷5＝0.376，对正第四年原值。依次类推移动平均，得出 5 年移动平均数列共 26 项。

4 年移动平均：

第 1 个平均数为（0.21＋0.26＋0.29＋0.36）÷4＝1.12÷4＝0.28，对着第 2～3 项的中间。第 2 个平均数为（0.26＋0.29＋0.36＋0.42）÷4＝1.33÷4＝0.33，对着第 3～4 项的中间。

依次类推，得出 4 年移动平均数列。每个指标值都错半期，无法直接比较，因此还需要进行一次移正平均。即再进行一次两项移动平均，这样各平均数都对准各期，形成新的 4 项平均移正平均数列，见表 8 - 15。

表 8 - 15　　移动平均数计算表

年份	顺序号	产量	趋势值		
			五年移动平均	四年移动平均	四年移正平均
1981	1	0.21	—		—
				—	
1982	2	0.26	—		—
				0.280	
1983	3	0.29	0.308		0.307
				0.333	
1984	4	0.36	0.376		0.369
				0.405	
1985	5	0.42	0.462		0.455
				0.505	
1986	6	0.55	0.652		0.615
				0.725	
1987	7	0.69	0.938		0.897
				1.068	
1988	8	1.24	1.292		1.273
				1.478	
1989	9	1.79	1.606		1.657
				1.835	
1990	10	2.19	1.908		1.955
				2.075	
1991	11	2.12	2.104		2.129
				2.183	
1992	12	2.20	2.150		2.162
				2.140	
1993	13	2.22	2.096		2.115
				2.090	
1994	14	2.02	2.146		2.112
				2.133	
1995	15	1.92	2.036		2.062
				1.990	
1996	16	2.37	1.922		1.944
				1.898	
1997	17	1.65	2.028		1.977
				2.055	
1998	18	1.65	2.416		2.242
				2.428	
1999	19	2.55	2.814		2.767
				3.105	
2000	20	3.86	3.428		3.489
				3.873	
2001	21	4.36	4.108		4.188
				4.493	
2002	22	4.72	4.470		4.55
				4.623	
2003	23	5.03	4.738		4.728
				4.833	
2004	24	4.38	4.878		4.876
				4.918	
2005	25	5.20	5.168		5.061
				5.203	
2006	26	5.06	6.680		5.604
				6.005	
2007	27	6.17	6.504		6.418
				6.830	
2008	28	7.59	7.350		7.380
				7.930	
2009	29	8.50	—		
2010	30	9.46	—		

从表 8-15 中可以看到，移动平均的结果使短期的偶然因素引起的波动被削弱，整个动态数列被修匀得更加平滑，波动趋于平稳，移动平均法的作用在于修匀数列。把长期趋势以外的变动平滑掉，但不便于直接根据修匀后的数列进行预测。

（三）最小平方法

这是研究长期趋势最常用的方法，也叫最小二乘法。它是使各实际值与趋势值之间的距离平方和为最小，以此去配合趋势线的方法，即$\sum(y-y_c)^2$＝最小值。到底是配合直线还是曲线，要看实际值动态数列的图形状态而定。本节只讲直线趋势线的确定。

设直线趋势方程为

$$y_c = a + bt$$

式中，y_c 表示动态数列的趋势值；t 表示动态数列的序号；参数 a、b 通常利用最小二乘法求得。

求出的参数 a、b 值，应该使$\sum(y-y_c)^2$＝最小值，可利用偏微分方法得到以下联立方程式

$$\begin{cases} \sum y = na + b\sum t \\ \sum ty = a\sum t + b\sum t^2 \end{cases}$$

解得

$$\begin{cases} a = \dfrac{\sum y}{n} - \dfrac{b\sum t}{n} = \bar{y} - b\bar{t} \\ b = \dfrac{n\sum ty - \sum t\sum y}{n\sum t^2 - (\sum t)^2} \end{cases}$$

【例 8-8】　某地区 2005～2010 年洗衣机产量见表 8-16。

表 8-16　**某地区 2005～2010 年洗衣机产量**　千台

年份	t	y	t^2	ty	$y_c=67.3+4.08t$
2005	0	68	0	0	67.3
2006	1	71	1	71	71.4
2007	2	75	4	150	75.5
2008	3	79	9	237	79.5
2009	4	84	16	336	83.6
2010	5	88	25	440	87.7
合计	15	465	55	1234	465

代入以上联立方程，得

$$465 = 6a + 15b$$

$$1234 = 15a + 55b$$

则

$$a = 67.3, b = 4.08$$

趋势方程式为

$$y_c = 67.3 + 4.08t$$

利用趋势直线方程式，将各年代码依次代入方程，可以得出趋势值数列（见表 8-16），并可进行外推预测，例如，预测该地区 2011 年洗衣机产量为

$$y_c = 67.3 + 4.08 \times 6 = 91.78 \text{ 千台}$$

例［8-8］中，$t=0$ 时，表明直线趋势方程的原点在 2005 年。如果移动趋势方程原点，即把开始的时间读数（$t=0$）采取中间的时期或时点，参数 a、b 计算就很简单。通常，当动态数列为奇数项时，可用中间项那一年为原点，当动态数列为偶数项时，则可用两个中间项

的中点为原点，这时就是以两年为测定的时间单位，而是以半年为测定时间单位。比如，某数列有8项水平，时间跨度从2003～2010年，则 t 值做如下确定：

2003	2004	2005	2006	2007	2008	2009	2010
−7	−5	−3	−1	1	3	5	7

这样一来，计算过程可以大大简化，使 $\sum t=0$，则

$$a=\frac{\sum y}{n}=\overline{y}$$

$$b=\frac{\sum ty}{\sum t^2}$$

二、季节变动

指现象受季节的影响而发生的变动。其变动的特点是，在1年或更短的时间内随着时序的更换，使现象呈周期重复的变化。引起季节变动的原因既有自然因素，也有人为因素，如气候条件、节假日以及风俗习惯等。季节变动的影响有以1年为周期的，也有以1日、1周、1月为周期的。

测定季节变动的目的，在于消除由于季节变动带来的不利影响，充分利用它的有利因素，以便更好的组织生产和销售，适应市场与满足人民生活的需要。

测定季节变动的主要方法是计算季节比率，来反映季节变动的程度。季节比率高说明“旺季”，反之说明“淡季”。计算季节比率通常有两种方法：按月（季）平均法和趋势剔除法。

1. 按月（季）平均法

这种方法不考虑长期趋势影响，直接用原始动态数列来计算。按月平均法计算的季节比率是各月份的水平对全年各月平均总水平之比。为了较准确地观察季节变动情况，要用连续3年以上的发展水平资料，加以平均分析。其计算步骤如下：

（1）根据各年按月（季）的动态数列资料计算出各年同月（季）的平均水平。

（2）计算各年所有月（季）的总平均水平。

（3）将各年同月（季）的平均水平与总平均水平进行对比，即得出季节比率。

【例8-9】 某服装公司2006～2010年各月的销售额资料及计算的季节比率见表8-17。

表8-17 某服装公司2006～2010年各月的销售额

月份	各年销售额 y_i（万元）					5年同月销售额合计 $\sum y_i$	5年同月销售额平均 $\overline{y}_i$	季节比率（%）$\overline{y}_i/y_0$
	2006年	2007年	2008年	2009年	2010年			
	(1)	(2)	(3)	(4)	(5)	(6)	(7)	(8)
1	1.1	1.1	1.4	1.4	1.3	6.3	1.26	17.6
2	1.2	1.5	2.1	2.1	2.2	9.1	1.82	25.5
3	1.9	2.2	3.1	3.1	3.3	13.6	2.72	38.1
4	3.6	3.9	5.2	5.0	4.9	22.6	4.52	63.3
5	4.2	6.4	6.8	6.6	7.0	31.0	6.20	86.8
6	14.2	16.4	18.8	19.5	20.0	88.9	17.78	249.0
7	24.0	28.0	31.0	31.5	31.8	146.3	29.26	409.8
8	9.5	12.0	14.0	14.5	15.3	65.3	13.06	182.9
9	3.8	3.9	4.8	4.9	5.1	22.5	4.50	63.0

续表

月份	各年销售额 y_i（万元）					5年同月销售额合计 $\sum y_i$	5年同月销售额平均 $\overline{y}_i$	季节比率（%）$\overline{y}_i/y_0$
	2006年	2007年	2008年	2009年	2010年			
	(1)	(2)	(3)	(4)	(5)	(6)	(7)	(8)
10	1.8	1.8	2.4	2.5	2.6	11.1	2.22	31.1
11	1.2	1.3	1.2	1.4	1.4	6.5	1.30	18.2
12	0.9	1.0	1.1	1.2	1.1	5.3	1.06	14.3
年总计	67.4	79.5	91.9	93.7	96.0	428.5	7.14	1200

季节比率计算如下：

（1）5年间月份的平均销售量 $\overline{y}_i=\frac{\sum y_i}{N}$

1月份平均销售额 $\overline{y}_1=\frac{1.1+1.1+1.4+1.4+1.3}{5}=1.26$ 万元

（2）5年间总平均月销售额

$$y_0=\frac{\sum \overline{y}_i}{n}=\frac{1.26+1.82+2.72+4.52+6.2+17.78+29.26+13.06+4.5+2.22+1.3+1.06}{12}$$

$=7.14$ 万元

也可以按5年中所有月份水平的平均。

（3）计算季节比率

$$I_s=\frac{\overline{y}_i}{y_0}$$

式中，I_s 为季节比率；y_0 为总平均量；$\overline{y}_i$ 为某月平均量。

1月份的季节比率　　$I_1=\frac{1.26}{7.14}=17.6\%$

2月份的季节比率　　$I_2=\frac{1.82}{7.14}=25.5\%$

这样，由各月份季节比率所组成的数列的数列，清楚地表明某服装公司销售额季节性变动趋势，自1月份起逐月增长，7月份达到最高峰，8月份开始下降，到12月份降到最低点。

按月平均法计算的季节比率之和应为1200%，按季平均法计算的季节比率之和应为400%。每个月（季）季节指数平均数为100%，季节变动表现为各月（季）的季节指数围绕着100%上下波动，表明各月（季）平均数与全年平均数的相对关系。

按月（季）平均法计算简便，容易掌握。但季节比率的计算不够精确，因为它不考虑长期趋势的影响。在前后期月（季）水平波动较大的资料中，后期各月（季）水平比较前期水平有较大提高，就对平均数的影响大，从而影响了季节比率的准确性。我们可以用移动平均趋势剔除法来测定季节变动。

2. 移动平均趋势剔除法

如果所提供的3年或更多年份的资料，不仅各月发展水平有规则性的季节变动，而且逐年数值还有显著增长的趋势，这时，为了测定现象的季节变动，就要采用另一种分析方法，即移动平均趋势剔除法。这一方法的特点是，先对动态数列计算移动平均数，作为相应时期的趋势值，而后将其从数列中加以剔除，再测定季节比率。

【例 8 - 10】 某市 2008～2010 年水产品销售资料见表 8 - 18。

表 8 - 18　　某市 2008～2010 年水产品销售情况　　万 kg

月　份	2008 年	2009 年	2010 年	月　份	2008 年	2009 年	2010 年
1	40	85	120	7	55	80	185
2	35	78	103	8	72	63	213
3	30	70	98	9	77	75	235
4	26	63	85	10	68	32	208
5	27	45	95	11	42	95	145
6	32	69	105	12	38	90	127

这个资料，就需要采取趋势剔除法。按下面的计算步骤和方法进行。

计算 12 项移动平均数，作为该时期中间月份的趋势值（y_c），目的是消除各月份销售量季节变动的影响，确定数列增长总趋势。由于 12 项移动平均数落点在两个月的中间，因此必须对它进行移正平均，来确定中间月份的趋势值。如 2008 年 1～12 月平均数 45 万 kg 列在该年 6 月和 7 月之间（即 2008 年的中间点），2008 年 2 月至 2009 年 1 月的平均数 49 万 kg 列在 7 月至 8 月之间，就要把这两者加以再平均，即：(45+49) ÷2=47 万 kg，才能用以代表 7 月份的趋势值。以下依次类推，形成以趋势值构成的新数列。计算结果见表 8 - 19。

表 8 - 19　　某市 2008～2010 年水产品销售量及其相应指标

年　份	月　份	销售量（万 kg）y_i	十二个月移动平均数（万 kg）	趋势值（万 kg）y_c	修匀比率（%）$y_i : y_c$
2008	1	40	—	—	—
	2	35	—	—	—
	3	30	—	—	—
	4	26	—	—	—
	5	27	—	—	—
	6	32	45	—	—
	7	55	49	47	117
	8	72	53	51	141
	9	77	56	55	140
	10	68	59	58	117
	11	42	60	60	70
	12	38	64	62	61
2009	1	85	69	66	129
	2	78	84	72	108
	3	70	89	80	88
	4	63	93	86	73
	5	45	98	91	49
	6	69	101	96	72
	7	108	103	99	109
	8	163	105	102	160
	9	175	107	104	169
	10	132	111	106	125
	11	95	114	109	87
	12	90	121	113	80

续表

年 份	月 份	销售量（万 kg）y_i	十二个月移动平均数（万 kg）	趋势值（万 kg）y_c	修匀比率（%）$y_i:y_c$
2010	1	120	125	117	103
	2	103	130	123	84
	3	98	136	127	77
	4	85	140	133	64
	5	95	143	138	69
	6	105		142	74
	7	185			
	8	213			
	9	235			
	10	208			
	11	145			
	12	127			

将各月实际销售量除以趋势值，得出修匀比率（U_i），使增长趋势的影响得以消除，以表明各月份销售量的季节变动程度。修匀比率的计算式 $U_i = y_i \div y_c$，如 7 月份为 55÷47=117%，8 月份为 72÷51=141%。以下各月同此计算。三年中各月修匀比率见表 8-20。

将各年同月的修匀比率加以平均，得到各年同月的平均修匀比率（$\overline{U}_i$）。

$$\overline{U}_i=\frac{\sum\frac{y_i}{y_c}}{n}$$

式中，$\overline{U}_i$ 为平均修匀比率；n 为同月修匀比率的项数；y_c 为中间月份的趋势值。

如 1 月份为（129%+103%）÷2=116%；2 月份为（108%+84%）÷2=96%，……，列在表 8-20。

表 8-20 **修 匀 比 率** %

年份＼月份	1	2	3	4	5	6	7	8	9	10	11	12
2008	—	—	—	—	—	—	117	141	140	117	70	61
2009	129	108	88	73	49	72	109	160	168	125	87	80
2010	103	84	77	64	69	74	—	—	—	—	—	—
平均	116	96	82	68	59	73	113	150	154	121	78	70
季节比率	117	97	83	69	59	74	114	152	156	122	79	71

平均修匀比率已是季节比率，但由于 12 个月的总和不等于 1200%，还需通过以下步骤进行调整来最后确定。

从所求的 12 个月修匀比率计算月总平均修匀比率

$$\overline{U}_t = (116\%+96\%+82\%+68\%+59\%+73\%+113\% +150\%+154\%+121\%+78\%+70\%) \div 12 =99\%$$

再对以上计算的各月平均修匀比率进行调整来确定季节比率 $I_s=\frac{\overline{U}_i}{\overline{U}_t}$

1 月份 $$I_1=\frac{116\%}{99\%}=117\%$$

2 月份 $$I_2=\frac{96\%}{99\%}=97\%$$

其他各月同此计算，其结果列在表上。这样，各月季节比率总和为 1200%，亦即平均为 1200%÷12=100%。

应用季节变动的资料，可以进行某些外推预测。比如动态数列没有明显的长期趋势，或允许不考虑长期趋势存在的情况下，可直接以按月（季）平均法计算的季节比率来调整各月（季）的预测值。有两种方法：其一，如果已测得下一年度全年预测值，则各月（季）预测值等于月（季）平均预测值乘以该月（季）的季节比率。其二，如果已知下一年份几个月的实际水平，则以后各月（季）的预测值等于已知月（季）的实际水平乘以后各月（季）的季节比率与已知月（季）季节比率之比。

就上面关于水产品销售的例子，假设已预测 2012 年全年销售额 99.6 万 kg，平均每月销售量为 8.3 万 kg，则

1 月份预测值=8.3×117%=9.7 万 kg

2 月份预测值=8.3×97%=8.1 万 kg

其余各月预测依次类推。

再就上面关于水产品销售的例子，如果已知 2012 年 1～3 月份销售量为 7 万 kg，则可以预测以后各月的销售量。则

4 月份预测销售额=7×69÷（117+97+83）=1.6 万 kg

三、循环变动

指现象发生周期比较长的涨落起伏的变动。通常所指的循环变动乃经济发展荣衰不绝、相替之变动。它与寒暑温凉相继不息的天时循环变动有明显的不同，也不同于朝单一方向持续发展的长期趋势。引起循环变动可能由于不同的原因，使得变动的周期长短不同，常在 1 年以上，甚至 7、8 年，10 多年。各期始末亦难定为何年何月；上下波动程度也不相同。通过对动态数列的分析认识具有规律性的循环变动，对宏观经济调控、避免经济发展中的大起大落具有重要意义。

测定循环变动的常用方法是剩余测定法。此法的基本原理是先把长期趋势、季节变动从动态数列中消除，然后再用移动平均法消除不规则变动，剩余的部分即为循环变动。

习　题　八

一、判断题

1. 在各种动态数列中，指标值的大小都受到指标所反映的时期长短的制约。（　　）

2. 若将某地区社会商品库存额按时间先后顺序排列，此种动态数列属于时期数列。（　　）

3. 动态数列是由在不同时间上的一系列统计指标按时间先后顺序排列形成的。（　　）

4. 环比速度与定基速度之间存在如下关系式：各期环比增长速度的连乘积等于定基增长速度。（　　）

5. 平均增长速度不是根据各期环比增长速度直接求得的，而是根据平均发展速度计算的。（　）

6. 用水平法计算的平均发展速度只取决于最初发展水平和最末发展水平，与中间各期发展水平无关。（　）

7. 计算平均发展速度有两种方法，即几何平均法和方程式法，这两种方法是根据分析目的不同划分的。（　）

8. 增长量与基期发展水平指标对比，得到的是发展速度指标。（　）

9. 增长1%的绝对值表示的是：速度指标增长1%而增加的水平值。（　）

10. 发展速度是以相对数形式表示的速度分析指标，增长量是以绝对数形式表示的速度分析指标。（　）

11. 若逐期增长量每年相等，则其各年的环比发展速度是年年下降的。（　）

二、单项选择题

1. 动态数列的构成要素是（　）。

A. 变量和次数；　B. 时间和指标数值；

C. 时间和次数；　D. 主词和时间。

2. 总量指标动态数列是（　）。

A. 派生数列；　B. 一般数列；

C. 基础数列；　D. 品质数列。

3. 动态数列中，各指标数值可以相加的是（　）。

A. 相对数时间数列；　B. 平均数时间数列；

C. 时期数列；　D. 时点数列。

4. 某地区2005～2010年按年排列的人均GDP数列是（　）。

A. 绝对数时点数列；　B. 相对数动态数列；

C. 平均数动态数列；　D. 绝对数时期数列。

5. 某企业某年1、2、3、4月份各月的平均职工人数分别为190人、214人、220人和232人，则该企业第一季度平均职工人数为（　）。

A. 215人；　B. 208人；　C. 222人；　D. 214人。

6. 根据时期数列计算序时平均数应采用（　）。

A. 几何平均法；　B. 加权算术平均法；

C. 简单算术平均法；　D. 首末折半法。

7. 增长量同作为比较基准的数列水平之比，就是（　）。

A. 总速度；　B. 平均速度；

C. 发展速度；　D. 增长速度。

8. 基期为某一固定水平的增长量是（　）。

A. 累计增长量；　B. 逐期增长量；

C. 平均增长量；　D. 年距增长量。

9. 相邻两个累计增长量之差，等于相应时期的（　）。

A. 累计增长量；　B. 逐期增长量；

C. 平均增长量；　D. 年距增长量。

10. 统计工作中，为了消除季节变动的影响可以计算（　　）。

A. 累计增长量；　　B. 逐期增长量；

C. 平均增长量；　　D. 年距增长量。

11. 说明现象在较长时期内发展的总速度的指标是（　　）。

A. 环比发展速度；　　B. 平均发展速度；

C. 定基发展速度；　　D. 定基增长速度。

12. 已知某现象的最末水平和最初水平，计算平均发展速度则采用（　　）。

A. 最小平方法；　　B. 方程式法；

C. 累计法；　　D. 水平法。

13. 以 2008 年为最初水平，2011 年为最末水平，计算某指标年平均发展速度需要开（　　）。

A. 2 次方；　　B. 3 次方；

C. 4 次方；　　D. 5 次方。

14. 某企业某产品的单位成本是连年下降的，已知从 2005～2010 年间总的降低了 60%，则平均每年的降低速度为（　　）。

A. 60%/5；　　B. （100%－60%）/5；

C. $\sqrt[5]{60\%}$；　　D. $100\%-\sqrt[5]{100\%-60\%}$。

15. 已知各期环比增长速度为 2%、5%、8%和 7%，则相应的定基增长速度的计算方法为（　　）。

A. （102%×105%×108%×107%）－100%；

B. 102%×105%×108%×107%；

C. 2%×5%×8%×7%；

D. （2%×5%×8%×7%）－100%。

16. 按月平均法测定季节比率时，各月的季节比率之和应等于（　　）。

A. 100%；　　B. 400%；　　C. 120%；　　D. 1200%。

17. 按季平均法测定季节比率时，各季的季节比率之和应等于（　　）。

A. 100%；　　B. 400%；　　C. 120%；　　D. 1200%。

18. 增长 1%的绝对值是（　　）。

A. 水平指标；　　B. 速度指标；

C. 速度与水平相结合的指标；　　D. 以上三种均可。

三、多项选择题

1. 下列动态数列中，各项指标数值不能相加的有（　　）。

A. 总量指标动态数列；　　B. 相对指标动态数列；

C. 平均指标动态数列；　　D. 时点数列；

E. 时期数列。

2. 发展水平有（　　）。

A. 最初水平；　　B. 最末水平；

C. 中间水平；　　D. 基期水平；

E. 报告期水平。

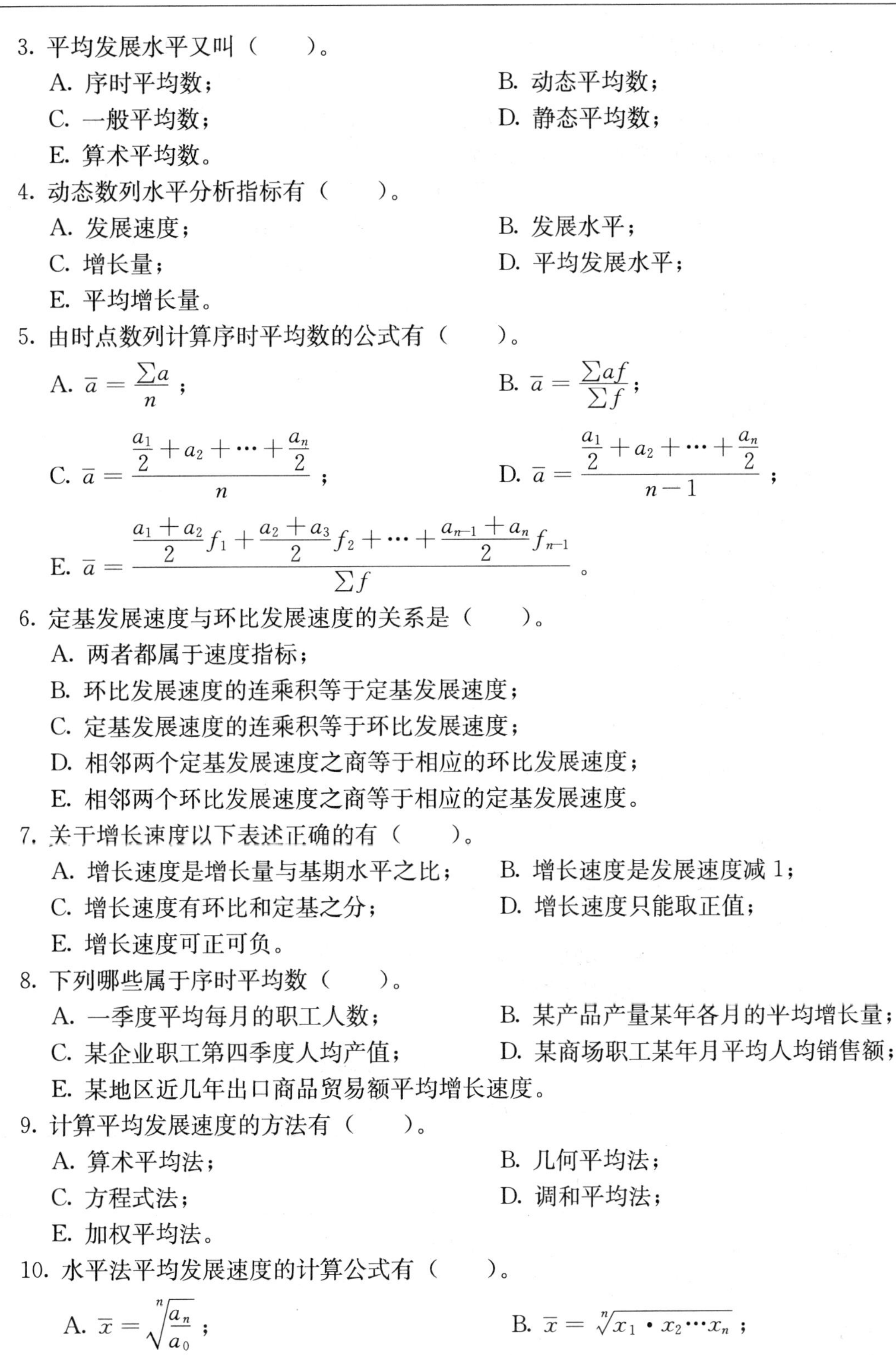

3. 平均发展水平又叫（　　）。

A. 序时平均数；　B. 动态平均数；

C. 一般平均数；　D. 静态平均数；

E. 算术平均数。

4. 动态数列水平分析指标有（　　）。

A. 发展速度；　B. 发展水平；

C. 增长量；　D. 平均发展水平；

E. 平均增长量。

5. 由时点数列计算序时平均数的公式有（　　）。

A. $\bar{a}=\frac{\sum a}{n}$；　B. $\bar{a}=\frac{\sum af}{\sum f}$；

C. $\bar{a}=\frac{\frac{a_1}{2}+a_2+\cdots+\frac{a_n}{2}}{n}$；　D. $\bar{a}=\frac{\frac{a_1}{2}+a_2+\cdots+\frac{a_n}{2}}{n-1}$；

E. $\bar{a}=\frac{\frac{a_1+a_2}{2}f_1+\frac{a_2+a_3}{2}f_2+\cdots+\frac{a_{n-1}+a_n}{2}f_{n-1}}{\sum f}$。

6. 定基发展速度与环比发展速度的关系是（　　）。

A. 两者都属于速度指标；

B. 环比发展速度的连乘积等于定基发展速度；

C. 定基发展速度的连乘积等于环比发展速度；

D. 相邻两个定基发展速度之商等于相应的环比发展速度；

E. 相邻两个环比发展速度之商等于相应的定基发展速度。

7. 关于增长速度以下表述正确的有（　　）。

A. 增长速度是增长量与基期水平之比；　B. 增长速度是发展速度减 1；

C. 增长速度有环比和定基之分；　D. 增长速度只能取正值；

E. 增长速度可正可负。

8. 下列哪些属于序时平均数（　　）。

A. 一季度平均每月的职工人数；　B. 某产品产量某年各月的平均增长量；

C. 某企业职工第四季度人均产值；　D. 某商场职工某年月平均人均销售额；

E. 某地区近几年出口商品贸易额平均增长速度。

9. 计算平均发展速度的方法有（　　）。

A. 算术平均法；　B. 几何平均法；

C. 方程式法；　D. 调和平均法；

E. 加权平均法。

10. 水平法平均发展速度的计算公式有（　　）。

A. $\bar{x}=\sqrt[n]{\frac{a_n}{a_0}}$；　B. $\bar{x}=\sqrt[n]{x_1\cdot x_2\cdots x_n}$；

C. $\bar{x}=\sqrt[n]{\pi x}$；　D. $\bar{x}=\sqrt[n]{pq}$；

E. $\bar{x}=\sqrt[n]{R}$。

11. 下列数列哪些属于由两个时期数列对比构成的相对数或平均数动态数列（　　）。
A. 工业企业全员劳动生产率数列；　B. 百元产值利润率动态数列；
C. 产品产量计划完成程度动态数列；　D. 某单位人员构成动态数列；
E. 各种商品销售额所占比重动态数列。
12. 影响动态数列发展水平变化的因素主要有（　　）。
A. 长期趋势；　B. 循环变动；
C. 季节变动；　D. 季节比率；
E. 不规则变动。
13. 测定长期趋势的常用的方法有（　　）。
A. 时距扩大法；　B. 移动平均法；
C. 序时平均法；　D. 几何平均法；
E. 最小平方法。
14. 测定季节变动的方法主要有（　　）。
A. 时距扩大法；　B. 按月（季）平均法；
C. 移动平均法；　D. 几何平均法；
E. 移动平均趋势剔除法。
15. 增长1%的绝对值（　　）。
A. 等于前期水平除以100；
B. 等于逐期增长量除以环比增长速度；
C. 等于逐期增长量除以环比发展速度；
D. 表示增加一个百分点所增加的绝对量；
E. 表示增加一个百分点所增加的相对量。

四、简答题

1. 什么是时期数列和时点数列？二者相比较有什么特点？
2. 序时平均数与一般平均数有何区别和联系？
3. 什么是动态数列？动态分析采用的分析指标有哪些？
4. 简述按月（季）平均法测定季节变动的步骤。

五、计算题

1. 我国某地区“十一五”时期人口自然增长情况如表8-21所示。

表8-21　某地区“十一五”时期人口自然增长情况表

年份	2006	2007	2008	2009	2010
比上年增加人口	1656	1793	1726	1678	1629

试计算该地区在“十一五”时期年平均增加人口数量。

2. 某商店2011年各月末商品库存额资料如表8-22所示。

表8-22　某商店商品库存额资料

月份	1	2	3	4	5	6	8	11	12
库存额（万元）	60	55	48	43	40	50	45	60	68

又知1月1日商品库存额为63万元。

试计算上半年、下半年和全年的平均商品库存额。

3. 某企业2011年各月份记录在册的工人数如表8-23所示。

表8-23 **某企业2011年工人数**

日期	1月1日	2月1日	4月1日	6月1日	9月1日	12月1日	12月31日
在册工人数（人）	326	330	335	408	414	412	412

试计算2011年月平均人数。

4. 某企业2011年第一季度职工人数及产值资料如表8-24所示。

表8-24 **某企业2011年第一季度资料**

月份	1	2	3
总产值（百元）	4000	4200	4500
月初人数（人）	60	64	68

要求：(1) 编制第一季度劳动生产率的动态数列；

(2) 计算第一季度的月平均劳动生产率；

(3) 计算第一季度的平均劳动生产率。

5. 已知某企业2005～2010年产值资料如表8-25所示。

表8-25 **某企业6年产值资料**

年份	2005	2006	2007	2008	2009	2010
产值（万元）	200					
累计增长量（万元）	—		31	40		
环比发展速度（%）	—	110			105	93

要求：(1) 填充上表空缺数字；

(2) 按水平法计算年平均增长速度。

6. 某厂历年化肥产量资料如表8-26所示。

表8-26 **某厂历年化肥产量**

年份	产量（万吨）	年份	产量（万吨）
2005	21	2009	28
2006	23	2010	31
2007	25	2011	33
2008	26	合计	187

试用最小平方法建立直线趋势方程，并预测2012年的产量。

7. 某乳制品加工厂的总产值资料如表8-27所示。

表 8-27 **某厂总产值资料** 万元

年份＼季度	第一季度	第二季度	第三季度	第四季度
2009	14	19	6	13
2010	16	23	9	14
2011	18	27	15	18

试用按季平均法计算各季度的季节比率，说明季节变动规律。

第九章　统　计　指　数

统计指数法是统计分析中广为采用的重要方法。本章主要介绍统计指数的概念和种类，总指数的编制方法以及如何利用指数进行因素分析。

第一节　统计指数的概念和种类

一、统计指数的概念

统计指数的概念及编制原理产生于18世纪后期，是在对物价的变动研究中逐渐发展起来的，以后扩展到经济领域的各个方面。是研究社会经济现象数量关系的变动情况广为采用的重要方法。

（一）指数的概念

统计指数，也叫经济指数，简称为指数，概念有广义和狭义之分。

从广义来说，统计指数是用来反映所研究社会经济现象时间变动和空间对比状况的相对数。不仅可以反映单个事物的变化，也可以反映多种事物的综合变动；它既可以反映现象在时间上的变动，也可以反映现象在空间上的变动。因此，动态相对数、比较相对数和计划完成情况相对数，都可称为指数。例如，我国某地区2011年社会商品零售额是2010年的118%；某彩色电视生产厂2011年在山西地区的销售量是河北地区的138%，完成2011年销售计划的97%等，均是反映社会经济现象在不同时间、不同空间、实际与计划对比的变动情况，都属于指数范畴。

从狭义来说，统计指数则是用来反映所研究社会经济现象复杂总体在时间上的综合变动。所谓复杂总体是指不同度量单位或性质各异的若干事物所组成的、数量不能直接加总或不可以直接加总的总体。例如，要说明一种产品的价格、产量、成本变动情况，就可简单地采用一般相对数的方法，但要反映多种产品的产量、价格、成本的综合变动情况，就要使用这里介绍的指数法。例如，商品零售价格指数、农产品收购价格指数、居民消费价格指数、工业生产指数以及金融领域里的各种证券价格指数等，都属于狭义指数的编制。

本章主要阐述狭义指数的计算原理及编制方法。

（二）指数的作用

指数法是社会经济统计中的重要分析方法之一，在社会经济领域内广泛应用，这是由于统计指数能够发挥重要的作用。具体表现在以下几个方面：

（1）利用统计指数可以综合反映复杂社会经济总体在时间方面的变动方向和变动程度。这是统计指数的最重要的作用。以相对数的形式说明现象的变动方向和程度，以绝对数的形式表明现象变动的结果。在社会经济现象中，大量存在着不能直接加总或不能直接对比的复杂总体，为了反映和研究它们的变动方向和变动程度，只能通过统计指数法，编制统计指数才能得到解决。例如，研究多种商品价格的综合变动，因商品的种类繁多计量单位不同，而不能直接相加，更无法进行综合对比，只能用指数方法解决。

(2) 分析和测定社会经济现象总体变动受各因素变动的影响。社会经济现象总体中包含着数量因素和质量因素，通过编制数量因素指数和质量因素指数，可以分析和测定各因素变动对总体变动的影响。例如，商品销售额的变动受商品销售量和商品价格两个因素的影响。商品销售量属于数量因素，商品价格属于质量因素，分别编制商品销售量指数和商品价格指数，测定销售量和价格两个因素对商品销售额的影响方向和程度。

(3) 研究平均指标指数变动及其受水平因素和结构因素变动的影响。平均指标中包含水平因素和结构因素，因此可以编制可变构成指数，固定构成指数和结构影响指数，研究平均指标的变动及其各因素变动对平均指标变动的影响。例如，某商品集团平均价格提高，可能是各具体商品价格的提高，也可能是价格较高的商品在该商品集团中所占比重的增大，用指数方法进行因素分析，则可以计算出商品价格和商品比重对商品平均价格的影响方向和程度。

二、统计指数的种类

指数可按多种标准进行分类。常用的分类有下列几种：

1. 指数按其研究对象的范围不同分为个体指数和总指数

个体指数，是反映单个现象（即简单现象总体）变动情况的相对数，属于广义的指数；总指数则是指反映由多种要素构成的复杂现象的综合变动情况的相对数。例如，研究100种不同种类的工业产品的产量变化情况，如果分别观察每一种产品产量增减变动的相对程度，就得到个体指数；而综合反映这100种产品产量总的或平均变动的相对数，则得到总指数。区分个体指数与总指数的意义在于，前者可用一般相对数的方法来计算，后者则要用特殊的方法来研究。

另外，还有一种介于个体指数与总指数之间的指数，叫类指数或组指数。它是在对总体分组的基础上，分别计算总体中各类或各组变动的相对数。类指数是相对于总指数而言的，它实质上仍属于总指数。

2. 指数按其说明的指标性质不同分为数量指标指数和质量指标指数

数量指标指数是说明数量指标变动的相对数，反映总体规模等数量变动情况。如产量指数、销售量指数、总成本指数、职工人数指数等。质量指标指数是反映质量指标变动的相对数，反映总体现象的质量、内涵发展变化情况。例如价格指数、成本指数、劳动生产率指数等。

这两类指数彼此联系紧密，尤其是在对现象总体进行分析时，二者在指数体系中既彼此独立又相互依存，共同反映总体现象的变动程度。

3. 指数按其对比的情况不同分为动态指数和静态指数

动态指数是由两个不同时期的相联系的指标对比形成的，说明现象在不同时间上变动情况。在实践中，大量的统计指数属于此类型。如通常计算的股票价格指数、商品零售价格指数等。但在实际运用过程中，含义渐渐推广到了静态事物和空间对比，因而产生了静态指数。所谓静态指数是指在同一时间条件下不同单位，不同地区间同一事物数量进行对比所形成的指数；或同一单位，同一地区计划指标与实际指标进行对比所形成的指数。如计划完成程度、牌市差价指数等。这种分类仍属于广义指数的范畴。

4. 指数按指数数列中采用的基期不同分为定基指数和环比指数

定基指数指在数列中以某一固定时期的水平作对比基准的指数；环比指数则是以其前一

时期的水平作为对比基准的指数。例如，上证综合指数是由上海证券交易所编制，是以1990年12月19日为基期（基期指数为100），深证综合指数由深圳证券交易所编制，以1990年4月3日为基期（基期指数为100），它们均属于定基指数；某个商品的销售量的环比发展速度，则属于环比指数。

第二节 综 合 指 数

总指数是相对于个体指数而言的一个概括名称，其编制方法具体可分为综合指数和平均指数两种。

一、综合指数及其编制特点

（一）综合指数的概念

综合指数是计算总指数的一种形式。如果一个总量指标可以分解为两个或两个以上的因素，将其中一个或一个以上的因素固定下来，仅观察其中一个因素的变动，这样计算的总指数，就叫综合指数。编制综合指数的目的在于测定由不同度量单位的许多商品或产品所组成的复杂现象总体数量方面的总动态。

由于研究社会经济现象有数量指标和质量指标之分，因此综合指数分为数量指标指数和质量指标指数。前者研究数量指标因素变动的影响，后者研究质量指标因素变动的影响。这两种综合指数编制的基本原理相同，但在编制方法上略有差异。综合指数可以分别按数量指标指数和质量指标指数进行研究。

（二）综合指数编制的特点

1. 引入同度量因素进行综合对比

引入同度量因素，使不能直接相加的指标过渡到能够进行综合。所谓同度量因素，是指在总指数的计算过程中，为解决不能够直接相加的经济现象转化为能够相加的经济现象的因素。它有两个作用：一是媒介作用，使得不能加总的量过渡到可以加总；二是权数作用，在形成总指数的过程中，对总指数的大小起权衡轻重的作用。

2. 固定同度量因素的时期

对复杂现象总体所包括两个因素，把其中一个因素——同度量因素的时期加以固定，以便消除其变化，来测定我们所要研究的那个因素即指数化指标的变动。

下面以一个例子加以说明，见表9-1。

表9-1 某工厂产品产量和出厂价格情况表

产品名称	计量单位	产量		出厂价格（元）	
		基期 q_0	报告期 q_1	基期 p_0	报告期 p_1
甲	台	20	21	7	7
乙	吨	80	88	42	41
丙	件	32	30	10	12
丁	套	58	60	8	9

从表9-1中资料可见，由于各种产品计量单位不同，因此，它们的产量或出厂价格不可直接加总，直接相加后进行综合对比没有经济意义。各种商品虽然其使用价值各不相同，

计量单位千差万别，但有一点却是相同的，即它们都是人类劳动的结晶，都有价值，而商品的价值是可以相加的。因此，只要将三种商品的产量或价格转换成三种商品的价值即可。一定数量的商品，就是一定数量的价值。将使用价值不同的各种不能相加的具体商品转换成可以直接相加的抽象的商品价值。因此为了解决这一问题，在编制总指数时，引入媒介因素——同度量因素，把不可直接加总转化为可直接加总的的总体。研究产量的变动影响，则以出厂价格作为同度量因素，把不同产品产量转化为产值，即可进行加总，同时，为了消除出厂价格这个因素的影响，将其固定。研究价格变动的影响时，则以产量作为同度量因素，把不同产品的价格转化为产值，即可进行加总，同时，为了消除产量这个因素的影响，将产量固定在某一时期上。

由以上分析可知，计算综合指数的关键问题是如何选择同度量因素，它包括两个方面：一是选择什么作为同度量因素；二是确定同度量因素的时期。

二、综合指数的编制方法

（一）数量指标综合指数的编制

数量指标综合指数说明数量指标的综合变动情况。现用一例来说明该指数的编制原理。

【例 9 - 1】 某商场销售的三种商品的资料如表 9 - 2 所示。

表 9 - 2　　某商场销售三种商品的资料

商品名称	计量单位	销售数量		销售价格（元）	
		基期 q_0	报告期 q_1	基期 p_0	报告期 p_1
甲	kg	100	115	100	100
乙	台	200	220	50	55
丙	件	300	315	20	25

这里设定用 p 和 q 分别代表商品的价格和销售量，并以 p_1、q_1 和 p_0、q_0 分别表示报告期和基期的相应指标。

我们的任务是说明三种商品销售量这个数量指标总的变动情况，因此，“同度量因素”即价格必须是不变的，必须属于同一时期，只有这样，才能通过三种商品总销售额的对比单纯反映出销售量的总变动。

价格的时期有两个，一是报告期，二是基期，从而就有两种不同的计算综合指数的方法：

(1) 以报告期价格作为同度量因素，其销售量指数的计算公式为

$$\overline{K}_q = \frac{\sum q_1 p_1}{\sum q_0 p_1} \tag{9-1}$$

式 (9 - 1) 称为报告期加权综合指数公式，由德国学者派许 1874 年首先提出使用，因而也称为派氏公式。

根据表 9 - 3 所列的资料可以计算商品销售量指数为

$$\overline{K}_q = \frac{\sum q_1 p_1}{\sum q_0 p_1} = \frac{11\,500 + 12\,100 + 7875}{10\,000 + 11\,000 + 7500} = \frac{31\,475}{28\,500} = 110.44\%$$

由于销售量变动而增加的销售额为

$$\sum q_1 p_1 - \sum q_0 p_1 = 31\,475 - 28\,500 = 2975(\text{元})$$

表 9-3 **商品销售量指数计算表**

商品名称	计量单位	销售数量		销售价格（元）		销售额（元）			
		基期 q_0	报告期 q_1	基期 p_0	报告期 p_1	基期 p_0q_0	报告期 p_1q_1	假定 p_1q_0	假定 p_0q_1
甲	kg	100	115	100	100	10 000	11 500	10 000	11 500
乙	台	200	220	50	55	10 000	12 100	11 000	11 000
丙	件	300	315	20	25	6000	7875	7500	6300

计算结果说明：

1）销售量综合变动方向和程度：三种商品销售量报告期比基期平均增长了 10.44%。

2）销售量变动对销售额的影响程度：报告期商品销售额比基期增长了 10.44%。

3）销售量变动对销售额的绝对影响量：因销售量增加而增加的销售额为 2975 元。

（2）以基期价格作为同度量因素，其销售量指数的计算公式为

$$\overline{K}_q = \frac{\sum q_1 p_0}{\sum q_0 p_0} \tag{9-2}$$

式（9-2）称为基期加权综合指数公式，由德国学者拉斯贝尔 1864 年首先提出使用，因而也称为拉氏公式。

根据表 9-3 所列的资料可以计算商品销售量指数为

$$\overline{K}_q = \frac{\sum q_1 p_0}{\sum q_0 p_0} = \frac{11\ 500 + 11\ 000 + 6300}{10\ 000 + 10\ 000 + 6000} = \frac{28\ 800}{26\ 000} = 110.77\%$$

由于销售量变动而增加的销售额：

$$\sum q_1 p_0 - \sum q_0 p_0 = 28\ 800 - 26\ 000 = 2800(\text{元})$$

计算结果说明：

1）销售量综合变动方向和程度：三种商品销售量报告期比基期平均增长了 10.77%。

2）销售量变动对销售额的影响程度：报告期商品销售额比基期增长了 10.77%。

3）销售量变动对销售额的绝对影响量：因销售量增加而增加的销售额为 2800 元。

上面两式计算结果虽有差异，但二者差别不大，到底采用哪个公式更合理？下面从公式分子、分母代表的经济含义加以比较说明。

式（9-1）的分子$\sum q_1 p_1$是报告期三种商品的实际销售总额，而分母$\sum q_0 p_1$则是按报告期价格计算的基期三种商品的（混合）销售总额，无论是从卖者还是从买者的角度，这一混合销售额都没有现实的经济意义。再者，此式虽然也用的是相同时期的价格，但实际上报告期的价格同基期价格相比也发生了变动，这种变动已包括在分子、分母中而对销售量指数产生了影响，也就是说，式（9-1）实际上并不单纯地反映销售量的变动，它同时也包含了价格的隐性变化。

式（9-2）的分母$\sum q_0 p_0$是基期三种商品的实际销售总额。分子$\sum q_1 p_0$是报告期三种商品按基期价格计算的销售额，即不变价格的价值量指标。分子与分母之差说明在价格不变的情况下，单纯由于报告期销售量的增加而增加的销售额，符合人们一般的思维习惯并具有一定的经济内涵。加之该式用的是基期价格，这里不存在价格变化的隐性影响问题，因此，该式虽然从形式上看对比的是两个时期的总销售额，实际上反映的却是销售量的总变动状况。

根据以上分析，计算销售量指数时，式（9-2）比式（9-1）更合理。可得出数量指标指数的一般计算规则：计算数量指标指数，一般要以基期的质量指标作为同度量因素。

（二）质量指标综合指数的编制

质量指标综合指数说明质量指标的综合变动情况。仍用表9-2资料，以商品价格指数为例来说明质量指标指数的计算原则。计算价格指数的目的就是求出三种商品价格总的变动情况。

三种商品由于计量单位不同，价格是不能相加的，因此，首先要使不能相加的因素变成可以相加的因素，即必须解决同度量问题。根据对数量指标指数的分析，各种商品的销售额是可以相加的，那么，当研究价格的综合变动时，销售量就成为同度量因素。

由于选用的时期不同，价格指数也有两种不同的计算形式。

（1）以基期销售量作为同度量因素，其价格指数的计算公式为

$$\overline{K}_p = \frac{\sum p_1 q_0}{\sum p_0 q_0} \tag{9-3}$$

式（9-3）和式（9-2）一样，同称为基期加权综合指数公式，也称为拉氏公式。

（2）以报告期销售量作为同度量因素，其价格指数的计算公式为

$$\overline{K}_p = \frac{\sum p_1 q_1}{\sum p_0 q_1} \tag{9-4}$$

式（9-4）和式（9-1）一样，也称为报告期加权综合指数公式，即派氏公式。

式（9-3）的分母$\sum p_0 q_0$是基期三种商品的实际销售总额，分子$\sum p_1 q_0$是基期三种商品按报告期价格计算的假定销售额，其经济意义是：如果基期所销售的三种商品按现在的价格计算，其销售额是多少。分子与分母之差说明基期销售的三种商品如按报告期价格计算，将增加的销售额。此式虽然也能反映价格的综合变动，但它说明的是基期三种商品的价格变动。由于我们分析问题一般是立足于现实，站在报告期的角度，所以，式（9-3）的经济意义不够现实。

式（9-4）的分子$\sum p_1 q_1$是报告期三种商品实际销售总额，分母$\sum p_0 q_1$是报告期三种商品按基期价格计算的假定销售额，其经济意义是：如果报告期所销售的三种商品按基期的价格计算，其销售额是多少。分子与分母之差说明报告期销售的三种商品如按基期价格计算，将增加的销售额。此式能反映报告期所售商品价格的综合变动。

式（9-4）与式（9-3）相比，无论从相对意义上，还是从绝对意义上来看，都更合理、更具有现实意义。

根据上述分析，计算价格指数应以式（9-4）为宜，即宜将同度量因素固定在报告期。推广到一般便可得出计算质量指标指数的一般原则：计算质量指标指数，一般应以报告期的数量指标为同度量因素。

现用式（9-4）计算上面三种商品的价格指数如下：

$$\overline{K}_p = \frac{\sum p_1 q_1}{\sum p_0 q_1} = \frac{100 \times 115 + 55 \times 220 + 25 \times 315}{100 \times 115 + 50 \times 220 + 20 \times 315} = \frac{31\ 475}{28\ 800} = 109.29\%$$

价格变动影响额$=\sum p_1 q_1 - \sum p_0 q_1$

$=31\ 475-28\ 800=2675$（元）

计算结果说明：虽然三种商品价格变动情况各不相同，但总的来说报告期比基期上涨了9.29%，由于价格上涨而增加的销售额为2675元。

综上所述，编制数量指标综合指数，应以基期的质量指标作为同度量因素，其计算公式为 $\overline{K}_q=\frac{\sum q_1p_0}{\sum q_0p_0}$；编制质量指标综合指数，应以报告期的数量指标作为同度量因素，其计算公式为 $\overline{K}_p=\frac{\sum p_1q_1}{\sum p_0q_1}$。

三、综合指数应用实例——股票价格指数

股票价格指数，简称股价指数，是用来反映股票市场价格变动的一种专用经济指标。如我国的深市指数、沪市指数、香港的恒生指数、日本的日—经道指数、美国的道—琼斯指数和纳斯达克指数等。股价指数值增大，说明股票价格上涨；股价指数值减小，说明股票价格下跌。

股价指数，可以按月、季、年来编制，但由于股票价格变化频繁，通常要每天都编制。具体编制时，要以某年某月某日的股价为基期股价，这一天叫做基日。如上证综合指数的基日为 1990 年 12 月 19 日，深证综合指数以 1990 年 4 月 3 日为基日。一般基日股价定为 100，以后各日的实际股价均与基日股价对比，计算出各日的股价指数。为了反映股价变动的实际情况，通常利用两个不同时日股价指数的差额来表示，这就是股票价格指数的“点”。其差额为正，叫做股价上涨了若干点；若差额为负，则称为股价下跌了若干点。

股票价格指数一般以股票的成交量为权数来计算。

【例 9-2】　上海证券交易所 1999 年 11 月 17 日和 12 月 6 日 4 种股票价格及其平均成交量资料见表 9-4。

表 9-4　　4 种股票价格及其平均成交量资料

股票名称	平均成交量（股）q	股票价格（元/股）	
		11 月 16 日 p_0	12 月 17 日 p_1
黄山旅游	6974	14.41	11.49
中技贸易	1811	15.80	16.52
厦新电子	9331	12.78	13.62
五矿发展	9974	12.93	12.69

资料来源：《郑州晚报》1999 年 11 月 18 日，12 月 17 日。

根据表 9-4 资料，计算这 4 种股票价格指数如下：

$$K_p=\frac{\sum p_1q}{\sum p_0q}=\frac{11.49\times6974+16.52\times1811+13.62\times9331+12.69\times9974}{14.41\times6974+15.80\times1811+12.78\times9331+12.93\times9974}$$

$$=96.39\%$$

计算结果表明，这 4 种股票的平均成交价格大约跌了 3.6 点。

在研究股票市场价格的变化时，除了通过计算股价指数来反映每天股价变动的大体情况外，还可以利用股价资料绘制各种股价变动图，让投资者更直观地分析和预测股价的变化及未来趋势。

第三节　平　均　指　数

一、平均指数的意义

平均指数（也称平均数指数）是总指数的另一重要计算形式，是以个体指数为基础来计算的总指数。它是通过先计算个体指数，而后对个体指数加权平均来测定现象的总变动程度。

平均指数与综合指数之间的区别，主要表现在两个方面：一是解决同度量问题的思路不同。综合指数是通过引进同度量因素，先综合后对比；而平均指数则是通过计算个体指数，然后加权平均，先对比后综合。二是两种指数所需要的资料有别。综合指数通常依据总体的全面调查资料，而平均指数则一般使用总体的非全面调查资料。

二、平均指数的编制

平均指数根据应用的范围和计算方法分为加权算术平均指数和加权调和平均指数。

(一) 加权算术平均指数

加权算术平均指数是对个体指数加权算术平均来计算总指数的方法。

使用加权算术平均法计算总指数的步骤为：

(1) 计算个体指数。将报告期的物量（如产量、销售量、购进量、人数或工时等）除以基期的物量，求得物量的个体指数，即 $k_q = \frac{q_1}{q_0}$。

(2) 取得基期的价值指标 $q_0 p_0$ 的数据。

(3) 以求得的个体指数为变量、基期的价值指标（$q_0 p_0$）为权数，使用加权算术平均方法计算总指数。其计算公式为

$$\overline{K}_q = \frac{\sum k_q q_0 p_0}{\sum q_0 p_0} = \frac{\sum \frac{q_1}{q_0} q_0 p_0}{\sum q_0 p_0} \tag{9-5}$$

下面举例说明采用这种平均指数计算总指数的方法。

【例 9-3】 某工厂生产 3 种产品的产量和出厂价格资料见表 9-5，用算术平均数指数方法来计算产量指数。

表 9-5　　某厂的 3 种产品的产量和出厂价

产品	计量单位	产量			基期生产总值（万元）$q_0 p_0$	个体指数和基期总值的乘积（万元）$kq_0 p_0$
		基期 q_0	报告期 q_1	个体指数% k		
甲	乙	(1)	(2)	(3)=(2)/(1)	(4)	(5)=(3)×(4)
Ⅰ	件	4500	5000	111.11	315	350
Ⅱ	件	5000	5200	104.00	175	182
Ⅲ	吨	9600	12 000	125.00	48	60
合计	—	—	—	—	538	592

由于掌握的资料有限，无法直接运用综合指数的公式计算总指数。在编制数量指标指数时，如果掌握个体指数（k_q）和基期（$p_0 q_0$）数值资料，而缺少报告期产量或销售量及其价格资料。则可以将综合指数基本公式变形使用。

设：k_q 为各种商品的产量个体指数，则

$$k_q = q_1 / q_0 \quad q_1 = k_q \times q_0$$

于是有

$$\overline{k}_q = \frac{\sum q_1 p_0}{\sum q_0 p_0} = \frac{\sum k_q q_0 p_0}{\sum q_0 p_0} \tag{9-6}$$

这公式与加权算术平均数的一般形式相似，个体指数 k_q 是变量值，p_0q_0 是权数，故用该公式计算总指数的方法称为加权算术平均法。

据表 9 - 5 资料，产量总指数为

$$\overline{k}_q = \frac{\sum q_1 p_0}{\sum q_0 p_0} = \frac{\sum k_q q_0 p_0}{\sum q_0 p_0} = \frac{592}{538} = 110.04\%$$

$$\sum k_q p_0 q_0 - \sum p_0 q_0 = 592 - 536 = 56(\text{万元})$$

通过计算表明该厂 3 种产品产量报告期比基期平均增长了 10.04%，由于产量的增加而增加的总产值为 56 万元。

从［例 9 - 3］可知，用综合指数的变形形式——加权算术平均法计算的总指数，其结果的实际意义与综合指数的相同。

（二）加权调和平均指数

在计算质量指标指数时，掌握的资料不是 p_1、p_0 和同度量 q_1，而是个体质量指标指数 $k_p(p_1/p_0)$ 和报告期的数值 p_1q_1（产值或销售额），则就可将计算质量指标指数的基本公式变形，使之能直接利用所掌握的资料计算同综合指数的结果相同。

使用加权调和平均法计算总指数的步骤如下：

（1）计算个体指数。将报告期的质量指标（单价、单位成本、劳动生产率等）除以基期的质量指标，求得质量指标的个体指数，即 $k_p = \frac{p_1}{p_0}$。

（2）取得报告期的价值指标（p_1q_1）的资料。

（3）以求得的个体指数为变量、报告期的价值指标 p_1q_1 为权数，采用加权调和平均方法计算总指数。其计算公式为

$$\overline{k}_p = \frac{\sum p_1 q_1}{\sum \frac{p_1 q_1}{k_p}} = \frac{\sum p_1 q_1}{\sum\left(p_1 q_1 \div \frac{p_1}{p_0}\right)} \qquad (9-7)$$

下面举例说明加权调和平均法计算总指数的方法。

【例 9 - 4】 根据表 9 - 6 中资料，计算农副产品收购价格总指数。

表 9 - 6　某供销社农产品收购价格指数计算表

产品名称	计量单位	收购价格（元）		报告期收购额（万元） p_1q_1	个体价格指数 $k_p=p_1/p_0$	$1/k_p p_1 q_1$（万元）
		基期 p_0	报告期 p_1			
（甲）	（乙）	(1)	(2)	(3)	(4)=(2)÷(1)	(5)=(3)÷(4)
甲	千克	1.55	1.65	2.88	106.45	2.71
乙	千克	2.80	3.00	11.42	107.14	10.66
丙	千克	3.80	4.00	5.05	105.26	4.80

设：k_p 为个体价格指数，即 $k_p = p_1/p_0$

因为 $p_0 = p_1/k_p$，于是加权调和平均指数的计算公式为

$$\overline{K}_p = \frac{\sum q_1 p_1}{\sum q_1 p_0} = \frac{\sum q_1 p_1}{\sum (1/k_p) q_1 p_1} \qquad (9-8)$$

这公式与加权调和平均数的一般个体形式相似，价格指数 k_p 是变量值，p_1q_1 是权数，所以用

这种计算综合指数方法称之为加权调和平均法。

因此，依上表资料可得价格总指数：

$$\bar{k}_p=\frac{\sum p_1q_1}{\sum p_0q_1}=\frac{\sum p_1q_1}{\sum(1/k_p)p_1q_1}=\frac{19.35}{18.17}=106.49\%$$

$$\sum p_1q_1-\sum(1/k_p)p_1q_1=19.35-18.17=1.18(\text{万元})$$

通过计算结果，表明该供销社报告期收购 3 种农产品收购价格指数为 106.49%，即报告期收购价格比基期平均上涨 6.49%，由于收购价格上涨而增加的收购金额为 1.18 万元。

三、固定权数的平均指数

除了上面介绍的两种平均指数外，实践中还广泛使用一种固定权数的平均指数。

从理论上讲，固定权数平均指数也可分为固定权数加权算术平均指数和固定权数加权调和平均指数两种，但在实际工作中，调和平均的形式很少使用。因此，这里主要介绍固定权数加权算术平均指数，其计算公式如下：

固定权数加权算术平均指数 $$\bar{k}=\frac{\sum kW}{\sum W} \tag{9-9}$$

式中，k 代表个体指数或类指数，W 表示固定权数，为相对数，即比重权数。

这类权数确定之后，一般要使用较长时间（如 3 年、5 年等）才调整一次，所以称它为固定权数。权数可以根据有关的普查资料、抽样调查资料或典型调查资料来确定和计算。

我国的商品零售价格指数、生活费用价格指数，西方国家的消费者价格指数、生产者价格指数以及工业生产指数等都是采用固定权数平均数指数的形式计算的。

四、平均指数应用实例——商品零售价格指数

商品零售价格指数，可以测定整个市场商品零售价格变动趋势和变动程度。编制商品零售价格指数，不仅可以反映商品零售价格变动对城乡居民生活消费支出和货币工资的影响，而且它也是编制零售商品价格计划、财政收支计划及制订物价收费政策的重要依据和参考。

零售市场上的商品种类繁多，编制商品零售价格指数所需的价格资料不可能进行全面调查。实际工作中，都是按《商品零售价格指数的商品目录》统一规定的必报商品计算。目前我国零售商品价格指数的商品目录包括 14 大类商品：①食品类；②饮料烟酒类；③服装鞋帽类；④纺织品类；⑤中西药品类；⑥化妆品类；⑦书报杂志类；⑧文化体育用品类；⑨日用品类；⑩家用电器类；⑪首饰类；⑫燃料类；⑬建筑装潢材料类；⑭机电产品类。

编制商品零售价格指数，基本上按代表商品（规格品）指数、小类指数、大类指数和总指数分为若干层次逐级进行。

【例 9-5】 现以某地商品资料（见表 9-7）为例，说明编制商品零售价格指数的一般步骤。

表 9-7 某地商品零售价格指数编制一览表

商品类别及名称	代表规格品	计量单位	平均价格		权数（W）	指数（%）	kW
			基期	报告期			
总指数					100	115.1	11 514.4
一、食品类					51	117.5	5992.5
1. 粮食					35	105.3	3685.5

续表

商品类别及名称	代表规格品	计量单位	平均价格		权数（W）	指数（%）	kW
			基期	报告期			
（1）细粮					65	105.6	6864.0
面粉	标准	kg	2.40	2.52	40	105.0	4200.0
大米	粳米标一	kg	3.50	3.71	60	106.0	6360.0
（2）粗粮					35	104.8	3668.0
2. 副食品					45	125.4	5643.0
3. 烟酒茶					11	126.0	1386.0
4. 其他食品					9	114.8	1033.2
二、衣着类					20	115.2	2304.0
三、日用品类					11	109.5	1204.5
四、文化娱乐用品类					5	110.4	552.0
五、书报杂志类					2	108.6	217.2
六、药及医疗用品类					6	116.4	698.4
七、建筑装潢材料类					2	114.5	229.0
八、燃料类					3	105.6	316.8

第一步：计算代表规格品的个体价格指数

例如，细粮代表规格品的个体价格指数

面粉个体价格指数＝2.52÷2.40＝105.0%

大米个体价格指数＝3.71÷3.50＝106.0%

第二步：计算小类价格指数

例如，细粮小类价格指数：

$$K_p=\frac{\sum k_p W}{\sum W}=\frac{105.0\%\times 40+106.0\%\times 60}{100}=105.6\%$$

第三步：计算中类价格指数

例如，粮食中类价格总指数：

$$K_p=\frac{\sum k_p W}{\sum W}=\frac{105.6\%\times 65+104.8\%\times 35}{100}=105.3\%$$

第四步：计算大类价格指数

例如，食品大类价格总指数：

$$K_p=\frac{\sum k_p W}{\sum W}$$

$$=\frac{105.3\%\times 35+125.4\%\times 45+126\%\times 11+114.8\%\times 9}{100}=117.5\%$$

第五步：计算商品零售价格指数

$$K_p=\frac{\sum k_p W}{\sum W}=\frac{117.5\%\times 51+115.2\%\times 20+109.5\%\times 11+110.4.8\%\times 5+\cdots+105.6\%\times 3}{100}$$

$$=115.1\%$$

计算结果表明，该地区本年同上年相比，商品零售价格平均上涨了 15.1%。

第四节 指数体系与因素分析

一、指数体系

(一) 指数体系的概念

社会经济现象之间存在着广泛而密切的联系，例如：

工业总产值＝出厂价格×产品产量

销售额＝销售量×销售价格

产品总成本＝单位成本×产品产量

这种联系不仅表现为静态的，而且也表现为动态的。如出厂价格和产品产量共同变动的结果引起总产值的变化，单位产品成本与产品产量的增减共同影响着总生产费用的变动，等等。把现象之间的这种动态联系表现为指数之间的关系，即

工业总产值指数＝出厂价格指数×产品产量指数

用符号表示，即
$$\frac{\sum p_1q_1}{\sum p_0q_0}=\frac{\sum p_1q_1}{\sum p_0q_1}\times\frac{\sum p_0q_1}{\sum p_0q_0}$$

这是指数之间在相对数上的联系。指数所反映的绝对数之间也存在着一定的数量对等关系，表现为

总产值变动总额＝价格变动影响额＋产量变动影响额

即
$$\sum p_1q_1-\sum q_0p_0=\left(\sum p_1q_1-\sum p_0q_1\right)+\left(\sum q_1p_0-\sum q_0p_0\right)$$

若干个（至少三个）指数由于其数量上的联系而构成的整体，就叫指数体系。换句话说，指数体系就是相互联系的指数组成的整体。

综合可知，统计指数体系一般具有三个特征：

(1) 具备三个或三个以上的指数。

(2) 体系中的单个指数在数量上能相互推算。

(3) 现象总变动差额等于各个因素变动差额的和。

(二) 指数体系的作用

指数体系主要有以下三方面的作用：

(1) 指数体系是进行因素分析的根据。即利用指数体系可以分析复杂经济现象总变动中各因素变动影响方向和程度。

指数体系是进行因素分析的重要工具。构建指数体系的目的，就是要分析多种因素的变动对社会经济总体变动情况的影响。例如，用指数体系来分析价格、销售量的变动对销售额的影响；分析工资水平、工人结构、工人总数的变动对工资总额的影响等。

(2) 利用各指数之间的联系进行指数间的相互推算。例如，我国商品销售量总指数往往就是根据商品销售额总指数和价格总指数进行推算的。即

商品的销售量指数＝销售额指数÷价格指数

(3) 用综合指数法编制总指数时，指数体系也是确定同度量因素时期的根据之一。因为指数体系是进行因素分析的根据，要求各个指数之间在数量上要保持一定的联系。因此，编制产品产量指数时，如用基期价格作同度量因素，那么编制产品价格指数时就必须用报告期的产品产量作为同度量因素；如果编制产品产量指数用报告期价格作同度量因素，那么编制

产品价格指数时就必须用基期的产品产量作为同度量因素。

二、因素分析

我们知道，社会经济现象的变动，总是受多种因素变动的影响。因素分析就是根据指数体系，分析现象总变动中各个因素的影响作用有多大。因素分析按其分析的指标性质不同，可分为总量指标变动的因素分析、相对指标变动的因素分析和平均指标变动的因素分析。按其分析因素的多少不同，又可分为两因素分析和多因素分析。

因素分析具有以下特点：

(1) 因素分析的对象是复杂现象。这里所说的复杂现象，是指受多因素影响的现象，它的量表现为若干因素的乘积，其中任一因素的变动都会使总量发生变化。如生产总成本表现为单位产品成本和产量的乘积，单位成本和产量任一发生变化，都会使总成本产生变动。因素分析的目的就是要测定这些因素的变动对总成本变动的影响方向和影响程度。

(2) 因素分析中的指数体系以等式的形式表现。编制指数体系的基本思想是：测定一个因素的变动时假定其他因素不变，并以等式来表现体系。例如，将生产总费用的变动分解为单位产品的材料消耗（单耗）、原材料单价、产量三个因素的影响。因素分析时，用固定价格、产量来编制单耗指数；用固定单耗、产量来编制价格指数；用固定单耗、价格编制产量指数，从而形成如下以等式形式表现指数体系。

总费用指数＝产量指数×单耗指数×单价指数

在因素分析中，所有的指数体系都以等式表现。

(3) 因素分析的结果有相对数也有绝对数。指数体系的表现形式表明，若干因素指数的乘积等于总变动指数；若干因素的影响差额之和应等于总体变动实际发生的总差额。

（一）总量指标的两因素分析

总量指标的两因素分析，在指数体系上表现为总变动指数等于两个因素指数的乘积。要保证两个因素指数之积等于被研究现象变动的指数，最关键的是确定同度量因素的时期。一般遵循的原则是：一个因素指数的同度量因素固定在报告期，则另一个因素指数的同度量因素固定在基期，即两个指数的同度量因素不能同时固定在报告期或同时固定在基期，下面以实例说明总量指标两因素分析的要领。例如：

商品销售量(q)×商品价格(p)＝商品销售额(qp)

在因素分析中，它的指数体系及绝对量的关系为

$$\frac{\sum q_1 p_1}{\sum q_0 p_0}=\frac{\sum q_1 p_0}{\sum q_0 p_0}\times\frac{\sum q_1 p_1}{\sum q_1 p_0}$$

$$\sum q_1 p_1-\sum q_0 p_0=(\sum q_1 p_0-\sum q_0 p_0)+(\sum q_1 p_1-\sum q_1 p_0)$$

即　　销售额变动指数＝各因素指数连乘积

销售额实际变动额＝各因素变动影响额之和

这里，销售量指数$\frac{\sum q_1 p_0}{\sum q_0 p_0}$的同度量因素 p 固定在基期，价格指数$\frac{\sum q_1 p_1}{\sum q_1 p_0}$的同度量因素 q 固定在报告期，等式成立，各指数的含义如下：

(1) 销售额指数$\frac{\sum q_1 p_1}{\sum q_0 p_0}$，表明商品销售额的变动方向和程度。分子与分母的差额$\sum q_1 p_1-\sum q_0 p_0$，说明销售额实际增加或减少的数额。这里，商品销售额是被研究的总量指标。

(2) 销售量指数$\frac{\sum q_1 p_0}{\sum q_0 p_0}$，表明销售量的变动程度及其对销售额变动的影响，分子与分母的差额$\sum q_1 p_0 - \sum q_0 p_0$，说明销售量的上升或下降引起销售额增加或减少的数额。

(3) 价格指数$\frac{\sum q_1 p_1}{\sum q_1 p_0}$，表明价格的变动程度及其对销售额变动的影响。分子与分母的差额$\sum q_1 p_1 - \sum q_1 p_0$，说明价格的上升或下降引起销售额增加或减少的数额。

【例 9-6】 某省三种出口商品的统计资料如表 9-8 所示，要求据此分析出口价、出口量的变动对出口额的影响。

表 9-8　出口商品因素分析计算表

项目	单位	出口量		出口价（美元）		出口额（美元）		
		q_0	q_1	p_0	p_1	p_1q_1	p_0q_1	p_0q_0
大米	吨	30 000	40 000	400	410	16 000 000	16 000 000	12 000 000
桐油	吨	300	2500	1800	2000	5 000 000	4 500 000	5 400 000
茶叶	吨	1300	1700	2300	2400	4 080 000	3 910 000	2 900 000
合计	—	—	—	—	—	25 480 000	24 410 000	20 390 000

这是总量指标的两因素分析，先写出分析的指数体系：

$$\frac{\sum q_1 p_1}{\sum q_0 p_0} = \frac{\sum q_1 p_0}{\sum q_0 p_0} \times \frac{\sum q_1 p_1}{\sum q_1 p_0}$$

依指数体系列计算栏 $q_1 p_1$、$q_1 p_0$、$q_1 p_0$ 有

出口数额指数

$$\frac{\sum q_1 p_1}{\sum q_0 p_0} = \frac{25\ 480\ 000}{20\ 390\ 000} = 124.96\%$$

$$\sum q_1 p_1 - \sum q_0 p_0 = 25\ 480\ 000 - 20\ 390\ 000 = 5\ 090\ 000(\text{美元})$$

出口量指数

$$\frac{\sum q_1 p_1}{\sum q_0 p_0} = 119.72\%$$

$$\sum q_1 p_0 - \sum q_0 p_0 = 24\ 410\ 000 - 20\ 390\ 000 = 4\ 020\ 000\ (\text{美元})$$

出口价指数

$$\frac{\sum q_1 p_0}{\sum q_1 p_0} = \frac{25\ 480}{24\ 410\ 000} = 104.38\%$$

$$\sum q_1 p_1 - \sum q_1 p_0 = 25\ 480\ 000 - 24\ 410\ 000 = 1\ 070\ 000\ (\text{美元})$$

分析：由于出口价格上升 4.38%，致使出口额增加了 107 万美元，由于出口量上升 19.72%，又致使出口额增加了 402 万美元，受两者共同影响，3 种商品的出口额上涨了 24.96%，即增加 509 万美元。

(二) 总量指标的多因素分析

总量指标的多因素分析在指数体系上，表现为被研究现象的总变动指数等于三个或三个以上因素指数的乘积。同样，要保证三个或三个以上因素指数之积等于被研究现象变动的指数，最关键的是确定同度量因素的时期。在实际分析时必须注意以下几个问题。

(1) 多因素分析必须遵循连环代替法的原则。即在分析受多因素影响的事物的发展变化时，要逐项分析，逐项确定同度量因素。当分析第一个因素变动影响后，接着分析第二个因素的影响，然后再分析第三个因素的影响，依次类推。

(2) 在多因素分析中，为了分析某一因素的影响，要把其余因素固定不变。具体方法

是：当分析第一个因素的影响时，把其他所有因素固定不变，把其他所有因素作为同度量因素固定在基期。当分析第二个因素的变动影响时，则把已经分析过的因素固定在报告期，没有分析过的因素仍固定在基期。当分析第三个因素的变动影响时，把分析过的两个因素固定在报告期，没有分析过的因素仍然固定在基期，依次类推。

（3）对多因素的排列顺序，要具体分析现象总体的经济内容，使之符合客观事物的联系或逻辑。各因素顺序的排列一般应遵循数量指标因素在前，质量指标因素在后的原则，具体可采用逐项分解法来确定。

例如：

$$原材料费用总额（qmp）=\begin{matrix}产品\\生产量（q）\end{matrix}\times\begin{matrix}单位产品原料\\消费量（单耗）（m）\end{matrix}\times\begin{matrix}原材料\\单价（p）\end{matrix}$$

指数体系可写为

$$原材料费用总额指数=\begin{matrix}产品\\产量指数\end{matrix}\times\begin{matrix}单位产品原材料\\消耗量指数\end{matrix}\times\begin{matrix}单位原材料\\价格指数\end{matrix}$$

$$\frac{\sum q_1m_1p_1}{\sum q_0m_0p_0}=\frac{\sum q_1m_0p_0}{\sum q_0m_0p_0}\times\frac{\sum q_1m_1p_0}{\sum q_1m_0p_0}\times\frac{\sum q_1m_1p_1}{\sum q_1m_1p_0}$$

【例 9-7】　假设某厂生产产品的有关资料见表 9-9，要求运用指数体系，分析产品产量，单位产品原材料消耗量及单位原材料价格对原材料费用总额的影响。

表 9-9　某厂产品产量及其原材料单耗情况表

产品				原材料					
名称	单位	产量		名称	单位	单耗		单位购进价（元）	
		基期	报告期			基期	报告期	基期	报告期
（甲）	（乙）	q_0	q_1	（丙）	（丁）	m_0	m_1	p_0	p_1
A	套	5	6	C	kg	100	90	15	14
B	套	6	4	D	kg	50	45	40	38

依指数体系列计算栏见表 9-10。

表 9-10　原材料费用总额因素分析计算表

名称	$q_0m_0p_0$	$q_1m_1p_1$	$q_1m_0p_0$	$q_1m_1p_0$
C	7500	7560	9000	8100
D	12 000	6840	8000	7200
合计	19 500	14 400	17 000	15 300

故有：

产品产量指数：

$$\frac{\sum q_1m_0p_0}{\sum q_0m_0p_0}=\frac{17\,000}{19\,500}=87.18\%$$

$$\sum q_1m_0p_0-\sum q_0m_0p_0=17\,000-19\,500=-2500（元）$$

原材料单耗指数：

$$\frac{\sum q_1 m_1 p_0}{\sum q_1 m_0 p_0}=\frac{15\ 300}{17\ 000}=90.00\%$$

$$\sum q_1 m_1 p_0-\sum q_1 m_0 p_0=15\ 300-17\ 000=-1700\ (元)$$

原材料价格指数：

$$\frac{\sum q_1 m_1 p_1}{\sum q_1 m_1 p_0}=\frac{14\ 400}{15\ 300}=94.12\%$$

$$\sum q_1 m_1 p_1-\sum q_1 m_1 p_0=14\ 400-15\ 300=-900\ (元)$$

原材料费用总额指数：

$$\frac{\sum q_1 m_1 p_1}{\sum q_0 m_0 p_0}=\frac{14\ 400}{19\ 500}=73.85\%$$

$$\sum q_1 m_1 p_1-\sum q_0 m_0 p_0=14\ 400-19\ 500=-5100\ (元)$$

综合影响：

原材料费用总指数＝各因素指数连乘积

87.18%×90.00%×94.12%＝73.84%

各因素影响绝对额之和＝原材料费用减少额

（－2500）＋（－1700）＋（－900）＝－5100（元）

分析：由于生产量减少12.82%，少支出的费用为2500元；由于单位产品原材料消耗降低10%，少支出费用1700元；又由于原材料价格下降5.88%，少支出费用900元。三者共同影响，使原材料费用总额下降26.15%，减少5100元。

此外，还可分析四因素、五因素等更多的因素，限于篇幅，从略。

（三）平均指标的因素分析

加权算术平均数 $\bar{x}=\frac{\sum xf}{\sum f}$ 受两个因素的影响：一是变量值 x；二是结构 $\frac{f}{\sum f}$。如果平均数发生动态变化 $\left(\frac{\bar{x}_1}{\bar{x}_0}\right)$，显然是 x 和 $\frac{f}{\sum f}$ 变动影响的结果。因此，可以利用指数体系从变量值及结构的变动对总平均数变动的影响情况进行分析。与编制综合指数的原理相似，要分析变量值 x 和结构 $\frac{f}{\sum f}$ 的变动对总平均数的影响，就需引入同度量因素并将之固定，编制关于 x 的指数和结构 $\frac{f}{\sum f}$ 指数，从而形成平均指标指数体系。

编制平均指标指数体系，可以遵循这样的原则：编制关于 x 的指数，把同度量因素 $\frac{f}{\sum f}$ 的时期固定在报告期；编制关于 $\frac{f}{\sum f}$ 的指数，则把同度量因素 x 的时期固定在基期。

按照这一原则，平均指标两因素分析的指数体系为

$$\frac{\dfrac{\sum x_1 f_1}{\sum f_1}}{\dfrac{\sum x_0 f_0}{\sum f_0}}=\frac{\dfrac{\sum x_1 f_1}{\sum f_1}}{\dfrac{\sum x_0 f_1}{\sum f_1}}\times\frac{\dfrac{\sum x_0 f_1}{\sum f_1}}{\dfrac{\sum x_0 f_0}{\sum f_0}}$$

各指数的含义为

指数 $\frac{\sum x_1 f_1}{\sum f_1}\Big/\frac{\sum x_0 f_0}{\sum f_0}$ 称为可变构成指数，它反映平均指标的实际变动方向和程度，分子

与分母的差额$\frac{\sum x_1 f_1}{\sum f_1}-\frac{\sum x_0 f_0}{\sum f_0}$是平均指标的增减绝对量。

指数$\frac{\sum x_1 f_1}{\sum f_1}\Big/\frac{\sum x_0 f_1}{\sum f_1}$称为固定构成指数，因其固定了结构的影响而得名，它反映变量x的变动方向和程度，分子与分母的差额$\frac{\sum x_1 f_1}{\sum f_1}-\frac{\sum x_0 f_1}{\sum f_1}$说明$x$对平均指标影响的绝对量。

指数$\frac{\sum x_0 f_1}{\sum f_1}\Big/\frac{\sum x_0 f_0}{\sum f_0}$称为结构影响指数，它反映结构$\frac{f}{\sum f}$变动对平均指标的影响，分子与分母的差额$\frac{\sum x_0 f_1}{\sum f_1}-\frac{\sum x_0 f_0}{\sum f_0}$说明结构$\frac{f}{\sum f}$变动对平均指标影响的绝对量。

三个指数在相对数上构成下列等式：

可变构成指数＝固定构成指数×结构影响指数

绝对量上存在如下等式：

$$\frac{\sum x_1 f_1}{\sum f_1}-\frac{\sum x_0 f_0}{\sum f_0}=\left(\frac{\sum x_1 f_1}{\sum f_1}-\frac{\sum x_0 f_1}{\sum f_1}\right)+\left(\frac{\sum x_0 f_1}{\sum f_1}-\frac{\sum x_0 f_0}{\sum f_0}\right)$$

【例 9-8】　某企业职工的工资资料见表 9-11。要求：分析职工工资水平和工人结构的变动对平均工资的影响。

表 9-11　　平均工资因素分析

项目	月工资（元）		工人数（人）		工　资　总　额（元）		
	x_0	x_1	f_0	f_1	x_1f_1	x_0f_1	x_0f_0
技术工	580	620	245	250	155 000	145 000	142 100
辅助工	400	420	120	800	336 000	320 000	48 000
合　计	—	—	365	1050	491 000	465 000	190 100

（1）可变构成指数：

$$\frac{\frac{\sum x_1 f_1}{\sum f_1}}{\frac{\sum x_0 f_0}{\sum f_0}}=\frac{\frac{491\,000}{1050}}{\frac{190\,100}{365}}=\frac{467.62}{520.82}=89.79\%$$

$$\frac{\sum x_1 f_1}{\sum f_1}-\frac{\sum x_0 f_0}{\sum f_0}=467.62-520.82=-53.20\text{（元）}$$

（2）固定构成指数：

$$\frac{\frac{\sum x_1 f_1}{\sum f_1}}{\frac{\sum x_0 f_1}{\sum f_1}}=\frac{\frac{491\,000}{1050}}{\frac{465\,000}{1050}}=\frac{467.62}{442.86}=105.59\%$$

$$\frac{\sum x_1 f_1}{\sum f_1}-\frac{\sum x_0 f_1}{\sum f_1}=467.62-442.86=24.76\text{（元）}$$

（3）结构影响指数：

$$\frac{\frac{\sum x_0 f_1}{\sum f_1}}{\frac{\sum x_0 f_0}{\sum f_0}}=\frac{\frac{465\,000}{1050}}{\frac{190\,100}{365}}=\frac{442.86}{520.82}=85.03\%$$

$$\frac{\sum x_0 f_1}{\sum f_1}-\frac{\sum x_0 f_0}{\sum f_0}=442.86-520.82=-77.96\text{（元）}$$

（4）综合影响：

$$105.59\%\times 85.03\%=89.79\%$$

$$24.76+(-77.96)=-53.20\text{（元）}$$

分析：由于工资水平上升 5.59%，总平均工资增加 24.76 元，由于工人结构的变动，使平均工资下降 14.979 元，导致总平均工资减少 77.96 元，两者共同影响，使总平均工资下降 10.21%，即减少 53.20 元。

习　题　九

一、判断题

1. 统计指数是综合反映社会经济现象总变动方向及变动幅度的相对数。（　　）
2. 加权指数是计算总指数广为采用的方法，个体指数也是一种加权数。（　　）
3. 同度量因素在综合指数的编制中只起过渡或媒介作用。（　　）
4. 用综合指数法编制总指数，可以使用非全面材料，所以也有代表性误差。（　　）
5. 平均指数也是编制总指数的一种重要形式，有它的独立应用意义。（　　）
6. 总指数的数值大于所有个体指数的数值。（　　）
7. 分析复杂现象总体的数量变动，只能采用综合指数的方法。（　　）
8. 在实际应用中，计算价格综合指数，需要采用基期数量指标为同度量因素。（　　）
9. 某企业的某种产品单位成本 2005 年 6 月与去年同期相比上升了 8%，产量下降了 8%，则总成本没升也没降。（　　）
10. 设 p 表示价格，q 表示销售量，则 $\sum q_1 p_1-\sum p_0 q_1$ 表示由于商品销售量的变动对商品总销售额的影响。（　　）

二、单选题

1. 按指数的性质不同，指数可分为（　　）。

A. 个体指数和总指数；　　B. 简单指数和加权指数；

C. 数量指标指数和质量指标指数；　　D. 动态指数和静态指数。

2. 用综合指数法编制总指数的关键问题之一是（　　）。

A. 确定被比对象；　　B. 确定同度量因素及其固定时期；

C. 确定对比基期；　　D. 计算个体指数。

3. 在由三个指数所组成的指数体系中，两个因素指数的同度量因素通常（　　）。

A. 都固定在基期；

B. 都固定在报告期；

C. 一个固定在基期，另一个固定在报告期；

D. 采用基期和报告期交叉。

4. 某厂生产费用今年比去年增长 50%，产量比去年增长 25%，则单位成本比去年上升（　　）。

A. 25%；　　B. 37.5%；　　C. 20%；　　D. 12.5%。

5. 某机关的职工工资水平今年比去年提高了5%，职工人数增加了2%，则该企业工资总额增长了（ ）。

A. 10%； B. 7.1%； C. 7%； D. 11%。

6. 某商店商品销售额报告期和基期相同，报告期商品价格比基期提高了10%，那么报告期商品销售量比基期（ ）。

A. 提高10%； B. 减少了9%；

C. 增长了5%； D. 上升了11%。

7. 单位成本报告期比基期下降8%，产量增加8%，在这种条件下，生产总费用( )。

A. 增加了； B. 减少了；

C. 没有变化； D. 难以确定。

8. 计算总指数的两种基本方法是（ ）。

A. 个体指数和总指数； B. 质量指标指数和数量指标指数；

C. 综合法指数和平均法指数； D. 加权算术平均法指数和调和平均法指数。

9. 根据指数化因素性质的不同，指数可分为（ ）。

A. 综合指数和平均数指数； B. 动态指数和静态指数；

C. 个体指数和总指数； D. 数量指标指数和质量指标指数。

10. 同一数量货币，报告期只能购买基期商品量的90%，是因为物价（ ）。

A. +11.1%； B. +10%； C. −11.1%； D. −10%。

11. 为测定各组工人劳动生产率变动对全体工人总平均劳动生产率变动的影响应编制（ ）。

A. 劳动生产率综合指数； B. 劳动生产率可变构成指数；

C. 劳动生产结构影响指数； D. 劳动生产率固定构成指数。

12. 本年同上年相比，商品销售额相同，而各种商品的价格平均上涨了9.7%，则商品销售量（ ）。

A. 下降9.7%； B. 上升9.7%；

C. 下降8.8%； D. 下降1.3%。

13. 某厂生产费用今年比去年增长了50%，产量增长了25%，则单位成本增长了（ ）。

A. 25%； B. 2%； C. 75%； D. 20%。

14. 从广义上理解，指数泛指（ ）。

A. 平均数； B. 绝对数；

C. 相对数； D. 动态相对数。

15. 加权算术平均法指数要成为综合法指数的变形，其权数必须是（ ）。

A. p_0q_0； B. p_1q_1；

C. W； D. 以上三者均可。

16. 因素分析的基本方法连锁替代法，各因素的排列顺序是（ ）。

A. 派生因素到基础因素； B. 外延到内涵；

C. 质量因素到数量因素； D. 数量因素到质量因素。

17. 在编制多种产品的产量指数时（ ）。

A. 若各种产品的计量单位都相同，则各种产品的产量可直接相加；

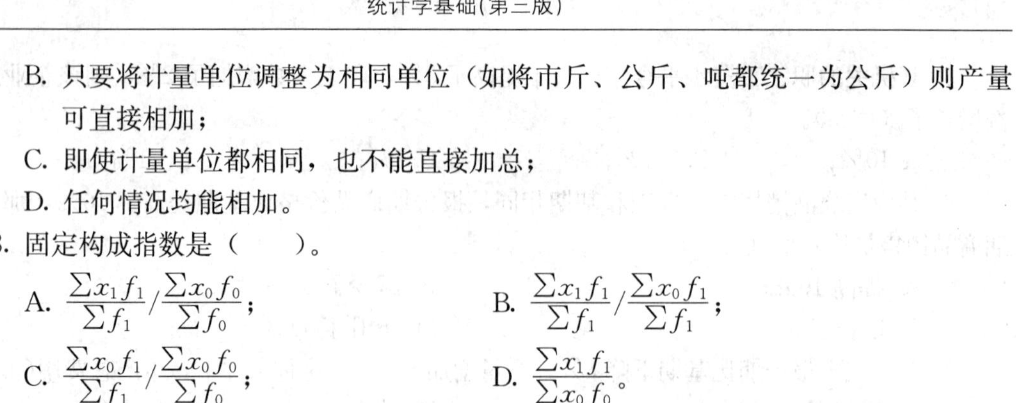

B. 只要将计量单位调整为相同单位（如将市斤、公斤、吨都统一为公斤）则产量可直接相加；

C. 即使计量单位都相同，也不能直接加总；

D. 任何情况均能相加。

18. 固定构成指数是（　　）。

A. $\frac{\sum x_1 f_1}{\sum f_1} / \frac{\sum x_0 f_0}{\sum f_0}$；　　B. $\frac{\sum x_1 f_1}{\sum f_1} / \frac{\sum x_0 f_1}{\sum f_1}$；

C. $\frac{\sum x_0 f_1}{\sum f_1} / \frac{\sum x_0 f_0}{\sum f_0}$；　　D. $\frac{\sum x_1 f_1}{\sum x_0 f_0}$。

19. 在$\frac{\sum q_1 p_1}{\sum \frac{1}{k} q_1 p_1}$这一调和平均法指数的计算公式中 k 是（　　）。

A. 质量指标个体指数；　　B. 权数；

C. 数量指标个体指数；　　D. 同度量因素。

20. 在具有基期各种产品生产中的劳动总消耗和每种产品物量个体指数资料的条件下，要计算产品物量的总变动，应采用（　　）。

A. 综合形式；　　B. 加权算术平均形式；

C. 加权调和平均形式；　　D. 加权几何平均形式。

21. 两个农贸市场水果的平均价格 5 月份比 4 月份提高了 17%，由于结构的变动使平均价格降低了 10%，则固定构成价格指数为（　　）。

A. 76.9%；　　B. 106.4%；　　C. 27%；　　D. 130%。

22. 总产值指数、职工人数指数与平均劳动生产率指数三者之间构成一个指数体系，它是（　　）。

A. 总量指标指数体系；　　B. 相对指标指数体系；

C. 平均指标指数体系；　　D. 总量指标与平均指标相结合的指数体系。

23. 如果已知两个企业报告期和基期某种产品的产量和单位成本资料，要测定平均单位成本的变动，应采用（　　）。

A. 综合指数；　　B. 可变构成指数；

C. 加权算术平均数指数；　　D. 加权调和平均数指数。

24. 某企业为了反映其所属各车间劳动生产率水平的综合变动情况，则需要编制（　　）。

A. 数量总指数；　　B. 可变构成指数；

C. 结构影响指数；　　D. 固定构成指数。

25. 某企业职工人数与去年同期相比减少 2%，全员劳动生产率与去年同期相比则超出 5%，则该企业总产值增长了（　　）。

A. 7%；　　B. 2.9%；　　C. 3%；　　D. 10%。

三、多选题

1. 下列情况中，属于广义指数概念的有（　　）。

A. 不同空间同类指标之比；

B. 同类指标实际与计划之比；

C. 一种指标与另一有密切联系的指标之比；

D. 同一总体的部分指标与总量指标之比；

E. 同一总体的部分指标与另一部分指标之比。

2. 下列指数中，属于质量指标指数的有（ ）。

A. 农产品产量总指数； B. 农产品收购价格总指数；

C. 某种工业产品成本总指数； D. 全部商品批发价格指数；

E. 职工工资个体指数。

3. 下列指数中，属于数量指标指数的有（ ）。

A. 产品产量指数； B. 播种面积指数；

C. 职工人数指数； D. 成本指数；

E. 物价指数。

4. 某地区商业企业职工去年劳动生产率指数为 132%，这是（ ）。

A. 个体指数； B. 总指数；

C. 平均指标指数； D. 数量指标指数；

E. 质量指标指数。

5. 如用 p 表示商品价格，用 q 表示商品的销售量。则公式 $\sum p_1q_1-\sum p_0q_0$ 的意义是（ ）。

A. 综合反映价格变动和销售量变动的绝对额；

B. 综合反映多种商品价格变动而增减的销售额；

C. 综合反映由于价格变动而使消费者增减的货币支出额；

D. 综合反映销售额变动的绝对额；

E. 综合反映多种商品销售量变动的绝对额。

6. 某企业甲产品报告期单位成本为基期的 120%，这一指数是（ ）。

A. 个体指数； B. 数量指标数；

C. 质量指标指数； D. 动态指数；

E. 静态指数。

7. 某类产品的生产费用报告期为 20 万元，比基期多支出 4000 元，产品的单位成本报告期综合比基期降低 2%。所以（ ）。

A. 生产费用总指数为 102%； B. 单位成本总指数为 2%；

C. 产品产量总指数为 104%； D. 生产费用总指数为 125%；

E. 由于单位成本降低而节约 0.408 万元。

8. 同度量因素在综合指数计算中有（ ）。

A. 比较作用； B. 平衡作用；

C. 同度量作用； D. 权数作用；

E. 因素分析作用。

9. 下列哪些指数属于派氏指数：（ ）。

A. $\frac{\sum p_1q_0}{\sum p_0q_0}$； B. $\frac{\sum p_1q_1}{\sum p_0q_1}$；

C. $\frac{\sum p_0q_1}{\sum p_0q_0}$； D. $\frac{\sum p_1q_1}{\sum p_1q_0}$；

E. $\frac{\sum p_1q_1}{\sum p_0q_0}$。

10. 某公司某年的各种产品产量为上一年各种产品产量的108%，这个相对数是（　　）。

A. 综合指数；　　B. 产量个体指数；

C. 数量指标指数；　　D. 质量指标指数；

E. 静态指数。

11. 三种商品的个体价格指数分别为110%、120%、90%，报告期销售额分别为880元、2100元、1800元，则（　　）。

A. 商品价格总指数为105.05%；

B. 商品价格平均增长5.05%；

C. 由于三种商品价格的变动，使销售额增加230元；

D. 商品价格平均增长6.67%。

12. 下列哪些指数的编制运用的是加权平均指数法（　　）。

A. 工业产量指数；　　B. 工业生产指数；

C. 我国商品零售物价总指数；　　D. 消费者价格指数；

E. 上证指数。

13. 某商品在基期内售出100kg，报告期内售出120kg，指数为120%，该指数是（　　）。

A. 加权指数；　　B. 总指数；

C. 个体指数；　　D. 数量指标指数；

E. 销售量指数。

14. 平均指标指数体系的各因素指数的关系表现为（　　）。

A. 固定构成指数等于结构影响指数乘以可变构成指数；

B. 可变构成指数等于结构影响指数乘以固定构成指数；

C. 固定构成指数等于可变构成指数除以结构影响指数；

D. 可变构成指数等于固定构成指数除以结构影响指数；

E. 结构影响指数等于可变构成指数除以固定构成指数。

15. 要分析总体平均指标的变动，就要考虑到（　　）因素的影响。

A. 各组平均指标变动；　　B. 各组相应的单位数在总体中比重变动；

C. 数量因素；　　D. 质量因素；

E. 总量指标。

四、简答题

1. 什么是统计指数？统计指数的作用有哪些？

2. 简述统计指数的种类。

3. 指数体系是什么？有什么作用？

4. 什么是同度量因素？同度量因素在统计指数中有何作用？

5. 广义指数与狭义指数有何差异？

6. 综合指数编制的特点是什么？

五、计算题

1. 某商店四种主要商品的销售价格、销售量资料见表9-12。

表 9 - 12　　商品的销售价格、销售量

商品种类	单　位	销售量		价格（元）	
		基　期	报告期	基　期	报告期
甲	件	200	240	10	12
乙	千克	100	88	54	68
丙	米	410	400	26	32
丁	个	600	640	8	8

要求：(1) 计算价格总指数。

(2) 计算销售总指数。

2. 三种商品的销售额及价格变动资料见表 9 - 13。

表 9 - 13　　商品的销售额及价格变动资料

产　　品	商品销售额（元）		价格变动率（%）
	基　期	报告期	
甲	400	450	+2
乙	300	280	−5
丙	2000	2200	0
合　　计	2700	2930	

要求：(1) 计算商品价格总指数。

(2) 计算商品销售量总指数。

3. 某公司的出口价格及其出口量资料见表 9 - 14。

表 9 - 14　　某公司的出口价格和出口量资料

产品名称	计量单位	出口量		出口价（美元）	
		2010 年	2011 年	2010 年	2011 年
甲	吨	80	82	100	150
乙	套	800	1000	80	140
丙	件	60	65	120	120

试运用指数体系从相对数和绝对数两方面分析出口价和出口量的变动对出口额的影响。

4. 某商场基期销售额为 2000 万元，报告期增长了 12%，又知价格指数为 105%。试从相对数与绝对数两个方面，分析由于价格和销售量的变化对销售额的影响。

5. 河西农贸批发市场一、二季度三种蔬菜的成交额和个体价格变动资料见表 9 - 15。

表 9 - 15　　三种蔬菜的成交额和个体价格变动资料

蔬菜名称	成交额（万元）		个体价格变动率（%）
	季度	二李度	
蒜苗	3.6	4.2	+12
茄子	1.5	2.0	+15
柿子椒	2.4	2.4	−5

要求：(1) 三种蔬菜成交额的总指数。

(2) 求出价格变动对成交额变动的影响程度和影响的绝对值。

(3) 推算成交量总指数，求出成交量变动对成交额变动的影响程度和影响的绝对值。

6. 长风公司所属三个工厂生产同种产品，每件成本及产量资料见表 9 - 16。

表 9 - 16　　三个工厂生产产品每件成本及产量资料

工厂	产量（万件）		每件成本（元）	
	基期	报告期	基期	报告期
A	25	24	15	15
B	24	24	10	10
C	22	21	10	25
合计	71	69	—	—

根据表中的资料：

(1) 计算长风公司该种产品的总平均成本指数。

(2) 分析长风公司总平均成本的变动受到哪些因素的影响，影响程度如何？

7. 利华建材总厂所属两个分厂生产的主要产品是防滑地板，现有一、二季度各分厂的单位成本及产量资料见表 9 - 17。

表 9 - 17　　各分厂的单位成本及产量资料

名称	单位成本（元）		产量（件）	
	一季度	二季度	一季度	二季度
甲分厂	100	90	300	1300
乙分厂	120	122	700	700
总厂	—	—	1000	2000

根据这些资料，试作如下分析：

(1) 用哪个指标来考察总厂的总成本变动情况？总成本如何变动？

(2) 总成本变动受到哪些因素的影响？影响的程度如何？

(3) 最能体现成本消耗并且可以和同类型企业横向对比的指标应该是哪个？

(4) 计算这个指标，同时确定影响它的主要因素有哪些？

(5) 从绝对数和相对数的角度分析各因素的影响程度。

第十章 统 计 预 测

第一节 统 计 预 测 概 述

一、统计预测的含义

统计所研究的问题，从时间的角度看可以分为两类：一类是对已发生的现象进行研究，以归纳并描述出现象数量表现的各种特征和变化规律，本书前面各章所讨论的各种统计方法都是属于对这一类问题的研究；另一类是对现象的未来表现进行研究，以估计现象在未来一段时期中的数量表现情况，本章所讨论的就是这后一类问题，即如何对现象未来的数量表现进行估计和推算，也就是统计预测问题。

确切地讲，所谓统计预测，就是运用各种统计方法，对不确定事件的未来情况进行估计和推算，以将事件的不确定性化为极小，并在一定程度上或一定范围内给予未来事件的数量表现以比较肯定的描述。对于统计预测的理解要把握以下几点：

(1) 统计预测主要是对社会经济现象未来的数量表现进行估计和推算。因此，它有别于诸如对人们观念变化的预测、社会形态变化预测、科学技术发展的预测等对现象属性变化进行的预测。当然这也不排斥这些研究现象属性变化的预测，有时也会在一定程度上借用统计方法。

(2) 统计预测一般是对不确定事件进行预测，即对其有随机波动的现象进行预测。对于比较确定的现象，如汽车多少小时可以达到目的地、稻谷什么时候可以收割等，是用不着用专门的统计方法进行预测的。

(3) 统计预测要以已发生事件的统计资料为基础，以一定的经济理论为依据，运用适当的数学模型，对未来事件进行估计和推算。统计预测区别于其他预测的很重要一点，在于它要充分利用历史资料所提供的各方面信息，从中归纳出现象发展变化规律的具体形式，并用数学方程式构成的数学模型将其描述出来。而数学模型的建立必须依据一定的经济理论和以对事件变化规律性的认识为前提。所以实际统计资料是预测的基础，经济理论是预测的依据，而数学模型则是预测中不可缺少的手段，它们三者共同构成统计预测的三个基本要素。

(4) 统计预测所得到的预测结果，不论是根据数学模型推导的还是根据经验判断的，都很难与实际值完全一致。预测值只是一个平均意义上的值，即在所有可能出现的实际值中，平均来讲应该是这个结果。所以预测值与实际值之间不可避免地会有误差。只要这个误差不太大，或者是在规定的范围内，其预测结果就是有效的。

二、统计预测的分类

统计预测可以从各种不同的角度对其进行分类，下面介绍几种常用的分类：

1. 按预测的范围不同可分为宏观预测和微观预测

宏观预测一般是指全国范围性的预测，如对国民生产总值的预测、全国人口预测、全国金融形势的预测、物价水平预测等；微观预测一般是指各基层企业根据自身发展需要所进行的预测，如产品销路预测，单位成本预测、企业发展前景预测等。宏观与微观的范围这两者并没有严格意义上的界限，相对于一个企业来讲，以一个省或一个市为范围的预测也可以看成宏观预测，而相对于全国来讲，同样的预测则可看成微观预测。

2. 按预测期长短不同可分为长期预测、中期预测、短期预测和近期预测

一般地将预测期在5年以上的看成长期预测，2～5年看成中期预测，1～2年的看成短期预测，不到一年的看成近期预测。

3. 按预测的性质不同可分为定性预测和定量预测

定性预测是指依据经济理论和长期经验对未来作直观地估计和判断。这种方法有时也有数量分析，但其预测结果主要不是根据数据推导，而是根据理论分析和经验判断得出的。定量分析则是从以往的数据入手，根据对数据的分析所揭示出的现象变动规律建立相应的数学模型，再根据数学模型对未来事件进行推导，从而得出预测结果的方法。统计预测尽管也包括带有数量分析的定性预测，但主要是指定量预测，即一般都是通过对以往数据资料的处理分析，建立数学模型，再根据数学模型，推算出现象的未来值。

4. 按预测结果是否要考虑误差程度和误差范围可分点预测和区间预测

在讨论统计预测概念时已经讲过，预测只是各种可能出现的实际值的平均值，这种平均值也称期望值，直接用期望值代表实际值，这种预测称点预测，如果将预测误差也考虑进去，以期望值为中心，给出一个实际值的可能范围及相应的概率保证程度，这种预测称区间预测。

三、统计预测的原则和特点

1. 统计预测的基本原则

(1) 统计预测要与定性分析相结合。统计预测的表现形式是先通过数据处理建立数学模型，再根据数学模型推算事件的未来值。在这个过程中要伴随定性分析过程，包括对历史数据的鉴定，是否有不正常因素伴随在数据中，如果有要予以剔除或加以修正；对所确立的数学模型进行鉴定，看其是否符合现象所表现出的发展趋势和规律；对现象未来的发展情况进行估计，看其有哪些因素会影响现象原来的趋势和变动规则，以对预测值作一定的修正。

(2) 根据数学模型推算预测值时必须确认两点：一是现象的未来变动发展具有与以往的变动发展一致的趋势，在未来一段时期中不会有根本性变化；二是现象的变动是有规则的，在未来时期中现象变动的这种规则不会受到破坏。不具备这两个条件，统计预测是不能根据以往资料建立的数学模型推算预测值的。例如，某服装公司某种服装历年的销售量是一种线性上升趋势，于是便按这种趋势建立一个数学模型，并推算今后若干年该服装的销售量，却不料接下来的若干年该种服装的销售量连连下降，与预测值背道而驰。出现这种预测错误的原因在于，这种服装销售的未来变动并不具有与以往一致的趋势。再比如，有人根据某股票市场历年价格趋势来预测本年的各个时期的价格水平，结果在股票投机中惨败。这是因为股票市场的价格变动并没有确定的规则，即使股票专家们根据几十年的资料研究出某些公认的规则，但这种规则常常会因各种难以预测的因素影响而受到破坏。所以，进行统计预测必须以现象未来发展具有与以往已知的趋势和变动规则不会受到破坏为前提。缺少这两个前提，统计预测往往会陷入误区。

(3) 统计预测要坚持实事求是的精神，防止将人的主观愿望赋予预测中。统计预测总的来讲属于一种客观性预测，由于它要伴随定性分析过程，故有时会有意无意地将人的主观愿望掺合在其中。例如，对某种现象的未来前景估计时，由于预测者本人希望前景好一些，于

是便更多地考虑有利因素，而对不利因素考虑过少，甚至故意不考虑，从而会对前景过分乐观。以这种态度对推算值进行修正就会夸大或缩小预测值。统计预测要尽量避免这种主观愿望的掺入，坚持从实际出发，以确凿的事实材料为依据，选择数学模型要与现象的实际表现相一致（而不在于它的结构复杂与否，曲线的表现优美与否），对未来的各种因素的考虑要客观公正，这样得到的预测值才具有可信度和客观性。

2. 统计预测的几个特点

进行统计预测要认识到预测所具有的特点：

（1）对群体预测要比对个体预测更可靠，即被预测的总体越大越可靠。例如，预测股票综合指数变动的准确度一般说来要比预测某一种股票价格变动的准确度要高；一个服装公司预测其下一年度的销售额，其误差一般很少大于5%，而要对某种服装的销售量进行预测，其误差很难控制在5%以内。因此，如果不影响研究的目的和任务，应尽量对群体现象进行预测。

（2）一般来讲，预测期越短越可靠。现象的未来变动要受很多不可控因素的影响，而时间越长，不可控因素越多，未来变动越不确定。统计预测依据现象过去的变化规律推断未来，由于现象未来发展过程中受不可控因素的影响，因此，不可控因素较少的近期预测较为可靠。

（3）统计预测方法很多，选用不同的预测方法，其预测结果也不同。在不能确定哪种方法是最适宜的情况下，可先进行试验，根据试验结果，选定一种最适宜的。衡量是否适宜除了要考虑预测值的准确性外，还要考虑费用少使用方便等因素。

（4）选定适当的预测期。预测期过长，其可靠性会下降，预测期过短，又会失去意义。一般在足够满意的可靠程度保证下尽可能使预测期长些。

四、统计预测的步骤

一个完整的统计预测过程一般按以下几步进行。

1. 明确预测的目的和任务

统计预测总是为当前的决策服务的。故预测首先要明确应该解决什么问题，决策需要掌握未来的哪些情况，从而可以确定统计预测的目标，再根据预测的目标确定具体的预测项目，即预测任务。

2. 搜集和整理数据资料

统计预测需要大量而充分的数据资料，这些资料需要通过统计调查以及其他途径（如公开的官方资料，咨询机构资料）取得，这是统计预测的基础工作。搜集来的资料还需要根据预测的要求进行整理，包括对数据资料的审核、修正，将数据按照时间顺序排列，编制动态数列表等。

3. 确定预测模型和估计参数的方法

数学模型配备要与现象的变动趋势和变动规律相一致。数学模型是用一定的数学方程表现的，对数学方程拟合具体表现为求方程中的待定参数，参数求出来了，方程也就确立了。求方程中参数有些很简单，可以直接用实际数据，如移动平均法；有些则要用专门的方法，如回归方程的拟合。估计参数的方法有多种，如目测划线法、分割平均法、二点法、最小平方法等。求参数时先要确定采用何种方法。一种数学模型可以有多种拟合方法，一种拟合方法可以运用于多种数学模型，采用哪种数学模型和哪种拟合方法要综合考虑预测效果、计算量，方便性等因素。

4. 计算参数并进行预测

完成了上述工作以后，接下来便可以对方程进行拟合，即计算方程中的参数。有些预测法，如移动平均法，是直接将数学模型指定的实际值代入模型，便可推算预测值，这类数学模型不存在参数计算问题。另外，如指数平滑预测法，数学模型中的参数是给定的，也不存在参数计算问题，但有相当一部分数学模型中的参数需要通过一定的方法计算才能得到。计算参数要依据实际资料，根据求参数公式先对实际资料进行计算处理，再将其代入求参数公式便可求出参数值。参数确定了，方程也就确定了，预测时，只要将相应的值代入方程，便可求得预测值。

5. 预测误差的分析

预测值与未来实际值之间会有误差，称预测误差，它能反映预测值的准确度和可靠性。如果预测误差超过了允许的范围，那就有必要对模型作某些改进，如果误差仍然很大，就要考虑重新选择预测方法和模型。

6. 提出预测报告

把预测的依据，最终结果以及可信度加以整理，形成书面报告，并送交有关部门供决策之用或以一定形式公布出来，供实际工作者参考。

第二节 几种简单的统计预测方法

一、进度预测法

当现象的数量变化比较平稳，没有明显的递增或递减趋势，可以根据以往的生产实践，结合考虑有关因素的作用，来预计月度、季度或年度所能达到的生产水平或完成程度的一种预测方法，此法一般用于短期预测。其模型为

$$\hat{y}_t = \frac{y_i + y_{n+1}}{y_n} \times 100\% \tag{10-1}$$

式中，$\hat{y}_t$ 为月、季或年预计完成程度；y_i 为报告期初至期末止累计实际完成数；y_{n+1} 为剩余时间预计完成数；y_n 为全月、季或年计划任务数。

【例 10-1】 某化肥厂 1～11 月份共生产尿素 3200 吨，其中最后 3 个月产量为 900 吨。全年计划任务数为 3400 吨，预计全年计划完成程度为

$$\hat{y}_t = \frac{3200 + \frac{900}{3} \times 1}{3400} \times 100\% = \frac{3500}{3400} \times 100\% = 102.94\%$$

二、比例预测法

有的事物与事物之间的联系表现为一定的比例关系。这时，就可根据这种客观存在的比例关系进行推算和预测。其预测模型为

$$\hat{y}_t = \frac{x_t}{x_t\%} \tag{10-2}$$

式中，$\hat{y}_t$ 为某事物预计完成数；x_t 为某事物实际完成数；$x_t\%$ 为某部分事物实际数所占比重。

【例 10-2】 某地社会总产值 100 亿元，其中工农业产值为 85 亿元，占社会总产值的

85%。如果已知第 2 年的工农业总产值为 92 亿元，就可根据上年工农业总产值的比重估算第 2 年该地的社会总产值为

$$\hat{y}_t=\frac{92}{85\%}=108.2\text{（亿元）}$$

比例预测法的运用是很灵活多样的，可以根据预测任务的需要，结合所研究现象的具体情况恰当的加以运用。

三、简单序时平均预测法

简单序时平均预测法就是把研究时期的全部观察值考虑在内，采用简单算术平均法，求出该时期的序时平均数，作为下一期的预测值，其公式为

$$\hat{y}_{t+1}=\frac{y_1+y_2+y_3+\cdots+y_t}{t}=\frac{\sum_{i=1}^{t}y_i}{t} \tag{10-3}$$

【例 10 - 3】 某地区 2000～2010 年某种产品产量资料见表 10 - 1。

表 10 - 1　某地区产品产量统计资料　万吨

年份	2000	2001	2002	2003	2004	2005	2006	2007	2008	2009	2010
产量	385	444	413	420	433	439	467	450	468	470	448

要求用简单序时平均预测法预测该地区 2011 年某产品产量

$$\hat{y}_{t+1}=\frac{385+444+413+420+433+439+467+450+468+470+448}{11}$$

$$=\frac{4837}{11}=400\text{(万吨)}$$

此法只适用于没有明显增减变动趋势，结构长期稳定的资料，它比只简单地用一个最近期观察值作为预测值使用要可靠些。

四、移动平均数预测法

动态数列分析中讲过移动平均法，其所求移动平均数也可直接作为预测值使用。移动平均有简单平均与加权平均之别。在加权平均数中可规定适当的权数，其中最简单的权数是用 1，2，3，4 等自然整数加权。加权的目的是加重近期观察值在平均数中的影响。

简单移动平均预测公式为

$$\hat{y}_{t+1}=\frac{y_t+y_{t-1}+y_{t-2}+\cdots+y_{t-n+1}}{n} \tag{10-4}$$

式中，n 为移动平均所取项数。

加权移动平均预测公式为

$$\hat{y}_{t+1}=\frac{f_1y_t+f_2y_{t-1}+\cdots+f_ny_{t-n+1}}{\overline{2}f} \tag{10-5}$$

式中，f_1、f_2、…、f_n 为权数。

移动平均是局部平均，有别于简单平均预测法的整体平均，一般反映的是近期水平。如仍用表 10　1 最后 5 年的资料分别采用简单移动平均法和加权移动平均法预测如下：

简单移动平均预测为

$$\hat{y}_{t+1}=\frac{467+450+468+470+448}{5}=460.6\text{（万吨）}$$

加权移动平均预测为：

$$\hat{y}_{t+1}=\frac{448\times5+470\times4+468\times3+450\times2+467}{15}=\frac{6891}{15}=459.4\text{（万吨）}$$

此法适用于长期稳定，但短期有波动的资料。

五、增减量和平均增减量预测法

一个动态数列资料，可以用最近一期的逐期的增减量来调整最末期的观察值，作为下期的预测值。其公式为

$$\hat{y}_{t+1}=y_t+（y_t-y_{t-1}）=2y_t-y_{t-1} \tag{10-6}$$

这种预测方法是假定下期与本期指标值的增减变动与本期和前期的增减变动相同。为了使预测效果更好一些，统计中常用动态数列中的全时期平均增减量作为下期的增减量进行预测。其公式为

$$\hat{y}_{t+1}=y_t+\frac{\sum(y_t-y_{t-1})}{n-1}=y_t+\frac{y_t-y_1}{n-1} \tag{10-7}$$

【例 10-4】 以某市 2001～2010 年国内生产总值资料为例，说明以上两种预测方法，见表 10-2。

表 10-2　　某市 2001～2010 年国内生产总值　　万元

年　份	2001	2002	2003	2004	2005	2006	2007	2008	2009	2010
国内生产总　值	469 366	556 852	586 399	627 384	660 062	772 227	889 392	914 813	997 747	1 110 665
逐年增长　量	…	87 486	29 547	40 985	32 678	112 165	117 165	25 421	82 934	112 918

（1）增减量预测

2011 年国内生产总值为 $\hat{y}_{t+1}=2y_t-y_{t-1}=1\,110\,665\times2-997\,747=1\,223\,583$(万元)

（2）平均增减量预测

2011 年国内生产总值为

$$\hat{y}_{t+1}=y_t+\frac{y_t-y_1}{n-1}=1\,110\,665+\frac{1\,110\,665-469\,366}{10-1}=1\,181\,920\text{(万元)}$$

六、增（降）速度和平均速度预测法

增（降）速度预测法是假定动态数列中，预测期与最末期指标值相比的发展速度等于最末期比前期的发展速度。此时，可用最末期比前期的增（降）速度调整，作为预测期的预测值。其公式为

$$\hat{y}_{t+1}=y_t\left(1+\frac{y_t-y_{t-1}}{y_{t-1}}\right)=y_t\left(\frac{y_t}{y_{t-1}}\right) \tag{10-8}$$

为了使预测效果更好些，统计中也常用动态数中全时期的平均发展速度作为预测期的发展速度进行预测。其公式为

$$\hat{y}_{t+1}=y_tG \tag{10-9}$$

式中，G 为水平法的平均发展速度。

仍用表 10-2 的资料，说明这两种预测的运用。

（1）增（降）速度预测。2011 年国内生产总值为

$$\hat{y}_{t+1}=1\ 110\ 665\times\left(1+\frac{1\ 110\ 665-997\ 747}{997\ 747}\right)=1\ 236\ 362\text{（万元）}$$

或
$$\hat{y}_{t+1}=1\ 110\ 665\times\frac{1\ 110\ 665}{997\ 747}=1\ 236\ 362\text{（万元）}$$

（2）平均速度预测。2011年国内生产总值为

$$1\ 110\ 665\times\left(\sqrt[9]{\frac{1\ 110\ 665}{469\ 366}}\right)=1\ 110\ 665\times1.100\ 4=1\ 222\ 176\text{（万元）}$$

第三节 长期趋势模型预测

在一个较长的动态数列中，往往存在着某种长期趋势，可以用适当方法测定这个趋势，给它配合一条趋势模型，以作为外推预测的依据。能够反映动态数列变化规律的数学模型很多，建立模型参数的方法也很多，这里主要介绍直线模型与二次抛物线模型及其参数估计的最小平方法和取点法。

一、最小平方法

最小平方法已在第七章中详细介绍过，这里只列出其预测模型及参数估计公式。

（一）直线趋势预测模型

直线趋势预测模型为

$$\hat{y}_t=a+bt$$

式中，a、b 为参数。a 与 b 可由下式估计：

$$a=\bar{y}-b\bar{t}$$

$$b=\frac{n\sum ty-\sum t\sum y}{n\sum t^2-(\sum t)^2} \tag{10-10}$$

【例10-5】 某地2002～2010年国内生产总值的资料见表10-3。

表10-3　　某地2002～2010年国内生产总值

年份	2002	2003	2004	2005	2006	2007	2008	2009	2010
t	1	2	3	4	5	6	7	8	9
国内生产总值（亿元）	50	56	59	64	68	72	77	81	86

要求：建立直线趋势预测模型，用最小平方法求解参数，并预测该地区2011年国内生产总值。

设直线趋势预测模型为

$$\hat{y}_t=a+bt$$

经计算 $n=9$，$\sum t=45$，$\sum t^2=285$，$\sum y=613$，$\sum ty=3328$

用最小平方法估计

$$b=\frac{n\sum ty-\sum t\sum y}{n\sum t^2-(\sum t)^2}=\frac{9\times3328-45\times613}{9\times285-(45)^2}=4.38$$

$$a=\frac{\sum y}{n}-b\frac{\sum t}{n}=\frac{613}{9}-4.38\times\frac{45}{9}=46.21$$

故实际预测模型为　　$\hat{y}_t=46.21+4.38t$

所以，2011 年该地国内生产总值的预测值为

$$\hat{y}_{t+1}=46.21+4.38\times(9+1)=90.01\text{（亿元）}$$

（二）二次抛物线趋势预测模型

二次抛物线趋势预测模型为

$$\hat{y}_t=a+bt+ct^2$$

此时求解 a、b、c 的一般公式为（设 $\sum t=0$）

$$\begin{cases} a=\dfrac{\sum y\sum t^4-\sum t^2\sum t^2 y}{n\sum t^4-(\sum t^2)^2} \\ b=\dfrac{\sum ty}{\sum t^2} \\ c=\dfrac{n\sum t^2 y-\sum y\sum t^2}{n\sum t^4-(\sum t^2)^2} \end{cases} \tag{10-11}$$

根据上述公式计算时，需要有 $\sum y$，$\sum t^2$，$\sum t^4$，$\sum ty$，$\sum t^2 y$ 等项数据，且通常设表计算。

【例 10-6】 某地各农产品收购额资料见表 10-4。

表 10-4　某地农产品收购额

年　份	2002	2003	2004	2005	2006	2007	2008	2009	2010
金　额（万元）	187	204	229	261	302	349	404	468	540

要求：建立二次抛物线趋势预测模型预测 2011 年的该地区农产品收购额。

首先，要分析二次差（二级增减量）是否大致相等。经列表（见表 10-5）计算分析动态数列的二次差（二级增减量）大致相等。其发展的基本趋势属二次抛物线形式。

表 10-5　某地农产品收购额一、二次增减量　万元

年　份	2002	2003	2004	2005	2006	2007	2008	2009	2010
一次差（一级增减量）	—	17	25	32	41	47	55	64	72
二次差（二级增减量）	—	—	8	7	9	6	8	9	8

根据表 10-6 的计算结果，可以进行如下运算。

表 10-6　二次曲线最小平方法计算表

年　份	t	y_t	t^2	t^4	ty_t	t^2y_t
2002	−4	187	16	256	−748	2992
2003	−3	204	9	81	−612	1836
2004	−2	229	4	16	−458	916
2005	−1	261	1	1	−261	261
2006	0	302	0	0	0	0
2007	1	349	1	1	349	349
2008	2	404	4	16	808	1616
2009	3	468	9	81	1404	4212
2010	4	540	16	256	2160	8640
合　计	0	2944	60	708	2642	20 822

根据表 10 - 6 的计算结果，可以计算出

$$a=(2944\times708-60\times20\,822)/\{9\times708-60\times60\}=835\,032/2772$$
$$=301.238$$

$$b=2642/60=44.033$$

$$c=(9\times20\,822-2944\times60)/(9\times708-60\times60)=3.881$$

$$\hat{y}_t=301.238+44.033t+3.881t^2$$

2011 年农产品收购额的预测值为

$$\hat{y}_{t+1}=301.238+44.033\times(4+1)+3.881\times(4+1)^2$$
$$=618.4\text{（万元）}$$

二、取点法

取点法的具体做法是：根据预测模型参数的多少，在时间数列的首、尾或者首、中、尾分别取三项或五项数值，从远到近用 1、2、3 或 1、2、3、4、5 加权平均，这样来确定两个点，或者三个点，通过这两点或三点来估计模型的参数。直线预测模型由于只需要确定两个参数，因此确定首、尾两点即可。二次曲线预测模型有三个参数，因此需确定首、中、尾三个点。值得注意的是，三点间距应相等。若时间数列为偶数时，通常删去最早一期数据。每一个点是取三项还是五项平均，由时间数列项数 N 来确定，当时间数列项数 N 很大时，一般取五项平均；当时间数列项数 N 不大时，一般取三项平均。

1. 直线趋势预测模型

直线预测模型为

$$\hat{y}_t=a+bt$$

求参数 a、b 的计算公式为

三项加权平均

$$\begin{cases}a=R-7/3\\b=T/N-R/3\end{cases}\qquad(10-12)$$

五项加权平均

$$\begin{cases}a=R-(11/3)\,b\\b=(T-R)/(N-5)\end{cases}\qquad(10-13)$$

式中，N 为时间数列总项数（假定为奇数）；R 为数列初期三项或五项的加权算术平均数；T 为数列近期三项或五项的加权算术平均数。

其中三项加权平均

$$R=\frac{y_1+2y_2+3y_3}{6}$$

$$T=\frac{y_{N-2}+2y_{N-1}+3y_N}{6}$$

或五项加权平均

$$R=\frac{y_1+2y_2+3y_3+4y_4+5y_5}{15}$$

$$T=\frac{y_{N-4}+2y_{N-3}+3y_{N-2}+4y_{N-1}+5y_N}{15}$$

【例 10 - 7】　某地财政收入的资料见表 10 - 7，试用取点法（三项加权平均）配合直线

预测模型，预测 2011 年，2012 年的财政收入。

表 10-7 某地财政收入

年 份	2000	2001	2002	2003	2004	2005	2006	2007	2008	2009	2010
财政收入（亿元）	29	36	40	48	54	62	70	76	85	94	103

$$R=\frac{y_1+2y_2+3y_3}{6}=\frac{29+2\times36+3\times40}{6}=36.83$$

$$T=\frac{y_{N-2}+2y_{N-1}+3y_N}{6}=\frac{85+2\times94+3\times103}{6}=97$$

那么 $b=(T-R)/(N-3)=(97-36.83)/(11-3)=7.52$

则 $$a=R-\frac{7}{3}b=36.83-\frac{7}{3}\times7.52=19.28$$

故所求直线模型为

$$\hat{y}_{t+k}=19.28+7.52t$$

用这一模型得 2011 年、2012 年的预测收入为

$$\hat{y}_{12}=19.28+7.52\times(11+1)=109.52\text{（亿元）}$$

$$\hat{y}_{13}=19.28+7.52\times(11+2)=117.04\text{（亿元）}$$

2. 二次抛物线趋势预测模型

二次抛物线趋势预测模型为

$$\hat{y}_t=a+bt+ct^2$$

用取点法求 a、b、c 的计算公式为

$$\begin{cases}a=R-\frac{7}{3}b-6c\\ b=\frac{T-R}{N-3}-\frac{3N+5}{3}c\\ c=\frac{2(R+T-2S)}{(N-3)^2}\end{cases}\quad\text{（三项加权平均）}$$

$$\begin{cases}a=R-\left(\frac{11}{3}\right)b-15c\\ b=\left\{\frac{(T-R)}{(N-5)}\right\}-\left\{\frac{(3N+7)}{3}\right\}\times c\\ c=\frac{2(R+T-2S)}{\{(N-5)\times(N-5)\}}\end{cases}\quad\text{（五项加权平均）}$$

式中，S 为数列中间三项或五项的加权算术平均数，其他符号同前。

【例 10-8】 某进出口公司出口额的资料见表 10-8，试据此用取点法建立二次抛物线模型，预测 2011 年的出口额。

表 10-8 商品出口情况表

年 份	2000	2001	2002	2003	2004	2005	2006	2007	2008	2009	2010
出口额（万元）	369	375	430	453	470	469	494	650	713	840	950

用三项加权平均法计算的结果列于表 10-9 中。

表 10-9　　**取点计算表**

年　份	t	y	权数 f	yf
2000	1	369	1	269
2001	2	375	2	750
2002	3	430	3	1290
小计	—	—	6	2409
2004	5	470	1	470
2005	6	469	2	938
2006	7	494	3	1482
小计	—	—	6	2890
2008	9	713	1	713
2009	10	840	2	1680
2010	11	950	3	2850
小计	—	—	6	5243

$R=(y_1+2y_2+3y_3)/6=2409/6=401.5$

$S=(y_5+2y_6+3y_7)/6=2890/6=481.67$

$T=(y_9+2y_{10}+3y_{11})/6=5243/6=873.83$

$c=2(R+T-2S)/(N-3)^2=2\times(401.5+873.83-2\times481.67)/(11-3)^2=9.75$

$b=[(T-R)/(N-3)]-[(3N+5)/3]c=(873.83-401.5)/(11-3)$
$-[(3\times11+5)/3]\times9.75=-64.49$

$a=R-(7/3)b-bc=401.5-(7/3)\times(-64.49)-6\times9.75=493.48$

故所求趋势模型方程为

$$\hat{y}=493.48-64.49t+9.75t^2$$

根据该方程计算得 2011 年出口额的预测值为

$$\hat{y}_{13}=493.48-64.49\times(11+2)+9.75\times(11+2)^2=1302.86\text{（万元）}$$

第四节　回归模型预测

回归预测法是指通过回归分析方法建立预测模型（即数学方程式），再根据这个模型推算预测值的一类方法。在第七章相关关系分析中所讨论的回归分析，也有关于根据方程进行推算的讨论，但这种推算主要是一种因果关系推算，即根据作为原因的自变量变化推算作为结果的因变量的变化，而且这种推算是一种内插，自变量只宜在原数列范围内取值。本节所讨论的回归预测，并不仅仅是因果关系的推算，而且还根据现象本身的动态变动规律，把时间看成自变量，用回归分析法建立一个现象随时间变动而变动的回归方程式，作为预测模型，以此推算预测值，这种推算是一种外推。尽管如此，回归预测法中关于建立预测模型的方法与我们在第七章相关分析中所讨论的回归分析方法其原理是一致的。

一、趋势外推法

（一）趋势外推法的思想

现象的发展往往具有某种趋势，这些趋势有些是线性的，有些是非线性。根据现象以往的资料和表现的趋势类型建立相应的趋势方程，再根据这个趋势方程进行外推，就可以得到相应的预测值。这里我们仅介绍直线趋势型和指数线趋势型二种方程的建立及外推方法。

（二）直线型趋势外推法

大多数现象的变动趋势是直线型或接近于直线型的，如国民生产总值的增长，社会商品零售额的增长等，直线型趋势现象的预测模型为

$$\hat{y}_t = a + bt$$

这是一元线性方程，式中，是 t 期预测值，a、b 是模型参数，t 是代表的时期。确立这个方程的关键是求 a、b 参数，求参数最常用的方法是用最小平方法，该方法前面已介绍过，即

$$\begin{cases} b = \dfrac{n\sum ty - \sum t \sum y}{n\sum t^2 - (\sum t)^2} \\ a = \dfrac{\sum y}{n} - b\dfrac{\sum t}{n} \end{cases} \tag{10 - 14}$$

下面举例说明直线型趋势外推法（见表 10 - 10）。

表 10 - 10　　某地区 2000～2010 年社会商品零售额

年　份	2000	2001	2002	2003	2004	2005	2006	2007	2008	2009	2010
社会商品零售额（亿元）	66.7	71.07	76.3	86.0	85.7	92.9	99.4	113.6	120.1	126.5	132.7

观察表 10 - 10，可以确定该地区的社会商品零售额是呈直线上升趋势，于是建立一元线性方程接下来用最小平方法求 a、b 参数，根据式（10 - 14）先求出公式所需要的资料，见表 10 - 11。

表 10 - 11　　某地区 2000～2010 社会商品零售额及计算数据

年　份	年　次 t	社会商品零售额（亿元）y	t^2	ty
2000	1	66.7	1	66.7
2001	2	70.1	4	142.0
2002	3	76.3	9	228.9
2003	4	80.6	16	322.4
2004	5	85.7	25	428.5
2005	6	92.9	36	557.4
2006	7	99.4	49	695.8
2007	8	113.6	64	908.8
2008	9	120.1	81	1125.9
2009	10	126.5	100	1365.0
2010	11	132.7	121	1657.7
合计	66	1065.5	506	7156.1

将资料代入式（10 - 14），则有

$$b = 6.937$$

$$a = 55.240$$

将 a、b 两个数值代入一元线性方程：

$$\hat{y}_t = 55.240 + 6.937t$$

根据分析，该地区未来若干年内社会商品零售额的增长趋势没有根本变化，现在要求预测 2012 年和 2017 年的社会商品零售额。2012 年和 2017 年的年次 t 分别为 13 和 18，将其代

入预测模型，则有

$$\hat{y}_{13}=55.240+6.937\times13=145.421\text{（亿元）}$$

$$\hat{y}_{18}=55.240+6.937\times18=180.106\text{（亿元）}$$

即根据预测模型推算，2012 年和 2017 年该地区社会商品零售额分别可望达到 145.421 亿元和 180.106 亿元。

（三）指数型趋势外推法

凡是现象每期变动以大致相同的增长速度上升或下降，则现象的绝对量变动属于指数型。如某个国家或地区的国民生产总值在过去和未来若干年内都以大致相同的速度增长，某个国家致力于扫盲工作，使文盲每年以大致相同的速度下降等，这些现象的变动都属于指数型的。指数型趋势预测模型如下：

$$\hat{y}_t=a\cdot b^t \tag{10-15}$$

这是一个指数型方程，确立这个方程的关键也是解 a、b 参数。这里只要将其中的自变量 x 用 t 代替，便可得到如下解 a、b 参数的公式：

设 $Y=\lg y$，$A=\lg a$，$B=\lg b$

则有

$$\begin{cases}B=\dfrac{n\sum tY-\sum t\sum Y}{n\sum t^2-(\sum t)^2}\\A=\dfrac{\sum Y}{n}-B\dfrac{\sum t}{n}\end{cases} \tag{10-16}$$

下面举例说明（见表 10 - 12）。

表 10 - 12　　某企业产品销售额历年情况

年　次	1	2	3	4	5	6	7	8	9	10
产品销售额（万元）	105	132	186	260	351	457	639	882	1148	1635

从表 10 - 12 中可以看出，该企业产品销售额的变动是呈指数型上升趋势，并且估计未来若干年仍可大致保持这十年的增长趋势。现在要求按这十年的资料建立预测模型，以此来预测再过五年该企业的产品销售额规模。由于是指数型趋势，预测模型的方程为 $\hat{y}_t=a\cdot b^t$，根据式（10 - 16），先计算求 A、B 所需要的资料（见表 10 - 13）。

表 10 - 13　　某企业产品销售额计算数据

年次（t）	商品销售额（万元）（y）	$Y=\lg y$	t^2	tY
1	105	2.021 2	1	2.021 2
2	132	2.120 6	4	4.241 2
3	186	2.269 5	9	6.808 5
4	260	2.415 0	16	9.660 0
5	351	2.545 3	25	12.726 5
6	457	2.659 9	36	15.959 4
7	639	2.805 5	49	19.638 5
8	882	2.940 0	64	23.564 0
9	1148	3.059 9	81	27.539 1
10	1635	3.213 5	100	32.135 0
$\sum55$	—	26.055 9	385	154.293 4

根据表 10 - 12 将资料代入，则有

$$B=\frac{n\sum tY-\sum t\sum Y}{n\sum t^2-(\sum t)^2}=0.1332$$

$$A=\frac{\sum Y}{n}-B\frac{\sum t}{n}=1.8730$$

再求 A、B 的反对数，则有

$$A=1.8730 \qquad a=74.643$$

$$B=0.1332 \qquad b=1.359$$

于是最后得到如下方程：

$$\hat{y}_t=74.643\times1.359^t$$

根据方程预测该企业再过五年的产品销售额的期望值，再过 5 年 t 为 15，则有

$$\hat{y}_{15}=74.643\times1.359^{15}=7435.00\text{（万元）}$$

预测结果表明，该企业再过五年，销售额可望达到 7435 万元。

二、其他回归预测法

（一）相关关系预测法

这个方法是利用两个现象之间的相关关系和现象随时间变动的发展趋势建立两个数学方程，一个是因变量对自变量的回归方程，另一个是自变量随时间变动的趋势方程。对因变量进行预测时，首先用自变量变动趋势方程预测同期的自变量，再根据回归方程用同期的自变量预测因变量。下面举例说明：仍以表 10 - 12 资料为例，同时将该企业历年的流动资金占用额同表列出，见表 10 - 14。

表 10 - 14　　某企业历年产品销售额和流动资金占用额情况

年次（t）	1	2	3	4	5	6	7	8	9	10
产品销售额（万元）（x）	105	132	186	260	457	639	882	882	1148	1635
流动资金平均占用额（万元）（y）	35	41	52	74	109	160	.710	287	287	360

从表 10 - 14 中可以看出，该企业流动资金占用额的大小是与该企业产品销售大小密切相关的，要对未来的资金占用额进行预测，需要建立流动资金占用额对产品销售额的回归方程式。从资料中可以看出，两者属于直线相关，故回归方程式为

$$\hat{y}=a+b\hat{x} \tag{10 - 17}$$

这里自变量 x 用 $\hat{x}$ 表示是因为未来产品销售额也是未知的，需要根据销售额变动趋势进行预测才能知道。根据前例，我们已知该企业销售变动趋势属于指数型的，其趋势方程已经确立，即

$$\hat{x}=74.643\times1.359^t$$

故本例已不需要再计算自变量的趋势方程参数。接下来要解决的是要确立流动资金平均占用额对产品销售额的回归方程，即要求出式（10 - 17）中的 a、b 参数。根据最小平方法公式：

$$\begin{cases}b=\dfrac{n\sum xy-\sum x\sum y}{n\sum x^2-(\sum x)^2}\\ a=\dfrac{\sum y}{n}-b\dfrac{\sum x}{n}\end{cases} \tag{10 - 18}$$

先求出式（10－18）中所需要的资料，见表 10－15。

表 10－15　　计　算　数　据

x	y	x^2	xy
105	35	11 025	3675
132	41	17 494	5412
186	52	34 596	9672
260	74	67 600	19 240
351	92	123 201	32 292
457	109	508 849	48 813
639	110	408 321	102 240
882	210	777 924	185 220
1148	287	131 904	329 746
1635	360	2 673 225	588 609
∑5795	1420	5 640 069	1 325 640

将资料代入式（10－18），则有

$$b=0.220$$

$$a=14.51$$

将 a、b 数值代入式（10－17）：

$$\hat{y}=14.51+0.22\hat{x}$$

接下来便可对未来流动资金占用额进行预测。若问再过 5 年该企业流动资金的占用额为多少，我们便可根据上面两个方程式，先预测产品销售额

$$\hat{x}_{15}=74.643\times1.359^{15}=7435.00\text{（万元）}$$

再根据 $\hat{x}$ 预测资金占用额：

$$\hat{y}=14.51+0.22\times7435=1650.21\text{（万元）}$$

根据预测结果，再过 5 年，该企业将因产品销售规模扩大而需要 1650.21 万元左右的流动资金。

相关关系预测法最终是用自变量外推因变量，因此，这种预测要注意因变量与自变量之间的联系在外推范围内是否有变化，只有在确认这种联系在外推范围内没有根本变化，其最终预测值才是有效的。

（二）自回归预测法

当一个时间数列中某个时期的数值与其前一期或前几期数值有密切关系时，这时就存在一种所谓自相关。利用时间数列的自相关性而确立一个对自身进行回归的方程，再根据这种自回归方程预测未来值，这种方法称自回归预测。

有很多现象都具有这种自相关性。对这类现象用自回归方程进行预测是很有效的，尤其对于具有不稳定周期性的现象进行预测效果特别明显。

下面举例来说明这种方法（见表 10－16）。

表 10－16　　某地区历年基本建设投资情况

年　次	1	2	3	4	5	6	7	8	9	10	11	12
基建投资规模（亿元）	42	72	60	104	92	116	104	128	120	136	124	140

从表 10 - 16 中可以看出，该地区每年的基建投资规模与其前二年的基建投资密切相关。前二年投资额低，本年的投资额也稍低；前两年的投资额高，本年的投资额也稍高。于是我们可将错后二年的数值看成因变量，它对前二年的数值回归，这样每个因变量值前二年的数值可看成自变量，由此我们可以排成相关表，并计算出回归分析所需的相应资料，如表 10 - 17所示。

表 10 - 17 **计 算 数 据**

年 次	$x_t=y_{t-2}$	$y_t=x_{t+2}$	x^2	y^2	xy
1	42	60	1764	3600	2520
2	72	104	5184	10 816	7488
3	60	92	3600	8464	5520
4	104	116	10 816	13 456	12 064
5	92	104	8464	10 816	9568
6	116	128	13 456	16 384	14 448
7	104	120	10 816	14 400	12 480
8	128	136	16 384	18 496	18 408
9	120	124	14 400	15 376	14 880
10	136	140	18 496	19 600	19 040
$\sum$	974	1124	103 380	131 408	115 816

根据表 10 - 17 资料中的 x、y 可以判断出这种自相关是线性的，于是我们给它配备线性回归方程 $\hat{y}_t=a+bx_t$并用最小平方法公式求 a、b 参数

$$b=0.744\,6$$

$$a=39.876\,0$$

将求出的 a、b 参数代入回归方程，于是自身回归方程确立，即

$$\hat{y}_t=39.876\,0+0.744\,6x_t$$

在用该回归方程进行预测前，一般要先计算一下判定系数 r^2，以判断该回归方程的有效性。

先计算相关系数 r

$$r=\frac{n\sum xy-\sum x\sum y}{\sqrt{n\sum x^2-(\sum x)^2}\sqrt{n\sum y^2-(\sum y)^2}}=0.964\,8$$

$$r^2=0.964\,8^2=0.930\,8$$

判定系数。根据计算结果，可以确认回归方程是高度拟合现象发展规律，现在我们要根据回归方程预测第 13 年和第 14 年的基建投资额，则有

$$\hat{y}_{13}=39.876\,0+0.744\,6x_{13}=39.876\,0+0.744\,6\times124=132.21\text{（亿元）}$$

$$\hat{y}_{14}=39.876\,0+0.744\,6x_{14}=39.876\,0+0.744\,6\times140=144.12\text{（亿元）}$$

以上例子是因变量错后自变量 2 年，故用前两年的数值来预测本期数值。若错后 n 期，则用前 n 期的数值预测本期数值。至于自身回归分析中自变量和因变量错开几期为宜，则要看现象的周期长度，若周期长度不稳定的，则可对几种不同的错开期分别计算判定系数，最后以 r^2 值最大的一种错开期长度为准。

习　题　十

一、判断题

1. 利用最小平方法配合的直线回归方程，要求实际测定的所有相关点和直线上的距离平方和为零。（　）

2. 采用移动平均法测定长期趋势，主要是为了消除偶然因素的影响。（　）

3. 最小平方法的意义是实际观察值与趋势值的离差之和等于0。（　）

4. 因为回归预测法仅根据自变量的变化说明因变量的变化，即只作静态分析不作动态分析，所以不能用来预测未来。（　）

5. 如果采用移动平均法预测若近期资料比远期资料更重要，在预测时应进行加权。（　）

二、单选题

1. 用最小平方法配合趋势线的教学依据是（　）。

A. $\sum(y-\hat{y})$＝最大值；　B. $\sum(y-\hat{y})^2$＝最小值；

C. $\sum(y-\hat{y})$＜任意值；　D. $\sum(y-\hat{y})^2=0$。

2. 统计预测可以分为宏观预测与微观预测，划分的依据是（　）。

A. 预测的性质；　B. 预测对象的范围；

C. 预测的时间；　D. 预测的时态。

3. 在一定时间上，对事物之间的因果关系的预测称之为（　）。

A. 定性预测；　B. 回归预测；

C. 动态预测；　D. 微观预测。

4. 回归预测的关键在于（　）。

A. 确定自变量的个数；　B. 选择适宜的自变量；

C. 确定适宜的因变量；　D. 确定恰当的回归模型。

5. 进度预测法是在（　）。

A. 统计资料的预测趋势十分明显的情况下使用；

B. 统计资料的预测趋势不明显的情况下使用；

C. 统计资料预测趋势带有季节变动的情况下使用；

D. 统计资料的变动没有规律的情况下使用。

三、多项选择题

1. 统计预测是（　）。

A. 对未来情况作判断；

B. 对未来状况的估计；

C. 依据过去和现在推测未来；

D. 对未来可能出现的数量变动情况作出科学的测算和描述。

2. 增减量预测方法是（　）。

A. 方法过于简单的方法之一；　B. 对统计资料的要求、假定较多的方法；

C. 预测结果常常不精确；　D. 预测结果总是精确的；

E. 以上都不是。

3. 属于简单的统计预测方法的是（ ）。

A. 进度预测法； B. 最小平方法；

C. 平均速度预测法； D. 时间序列法；

E. 简单移动平均法。

4. 统计预测按其预测对象可分为（ ）。

A. 定性预测； B. 微观预测；

C. 宏观预测； D. 定量预测；

E. 长期预测。

5. 按照预测性质分，预测可分为（ ）。

A. 定性预测； B. 微观预测；

C. 宏观预测； D. 定量预测；

E. 长期预测。

四、简答

1. 简述统计预测的含义与种类。
2. 统计预测应遵循哪些原则？
3. 简述统计预测的基本步骤。

五、计算题

1. 某地区历年粮食产量见表 10-18。

表 10-18 某地区历年粮食产量资料

年　份	2001	2002	2003	2004	2005	2006	2007	2008	2009	2010
产量（万千克）	230	236	241	246	252	257	262	276	282	286

试判断该地区的粮食发展趋势是否接近于直线型？如果是直线型，则用最小平方法配合直线趋势方程，并预测 2011 年的粮食产量。

2. 某地区人口数见表 10-19。

表 10-19 某地区人口数

年　份	2005	2006	2007	2008	2009	2010
人口数（万人）	85.50	86.48	87.46	88.47	89.46	90.44

试判断该地人口发展趋势接近何种函数形式。然后，用最小平方法加以拟合并预测 2012 年的人口数。

3. 设有某地区人均收入与耐用消费品销售额资料，见表 10-20。

表 10-20 某地区人均收入与耐用消费品销售额资料

年　份	2005	2006	2007	2008	2009	2010
人均月收入（元）	340	380	450	470	560	620
耐用消费品销售额（万元）	82	90	100	114	140	144

设通过分析，已知人均收入的长期趋势为直线型，且人均收入与耐用消费品销售额亦为直线相关。试依资料：

(1) 建立人均月收入的直线趋势方程，并预测 2011 年人均月收入。

(2) 建立人均月收入与耐用消费品销售额的直线回归方程。

(3) 根据直线回归预测模型预测 2011 年的耐用消费品销售额。

第十一章 统计综合分析

第一节 统计综合分析及其种类

一、统计综合分析的意义

（一）统计综合分析的概念

统计综合分析，就是指根据分析研究的目的，在科学理论的指导下，以统计资料为依据，定性分析与定量分析相结合，对客观事物进行科学分析和综合研究，阐明问题产生的原因，揭示事物的本质和规律性，提出解决矛盾的办法的一种逻辑思维活动的统计方法。在整个统计工作中，统计综合分析处于最终环节的重要阶段，其好坏直接影响统计的质量。

在统计工作中，经过统计调查，统计资料的整理之后，我们取得了对社会经济现象的初步认识。但由于社会经济现象是非常复杂的，其存在和发展是以诸种因素相互依存、相互制约、相互联系为条件的，这种认识仅仅是基于事物表面现象的感性认识，对于为什么，或者说造成社会经济"状况"的原因是什么，则必须通过统计综合分析才能回答。可见，统计分析过程，就是由感性认识上升到理性认识的过程，是由感觉事物的外部联系到认识事物本质的过程，而统计综合分析是充分发挥统计职能的关键环节。比如，国民经济各部门间的速度、比例和效益之间的关系，到底要达到什么样的规模比例，才能实现持续、高效的发展呢？这就需要我们在充分占有历史资料数据的基础上，综合考察与分析国民经济发展所处的阶段及历史发展的经验和趋势，才能得出正确的结论。

（二）统计综合分析的特点

1. 以统计数据为基础，定量与定性分析相结合

统计综合分析是从数量入手，根据统计指标数值，研究事物联系、差别、矛盾，通过摆情况、揭矛盾、找措施，从而对其进行剖析，所以统计综合分析离不开统计数字。但统计综合分析也并非单纯的数字罗列，而是将真实、客观的数据与具体实际情况相结合，定量分析与定性分析相结合，综合掌握事物的联系和变化过程，掌握事物量变的关键点、最佳度，综合深入探索事物变化、发展的根本原因，进而提出可行的对策。

2. 统计综合分析的目的在于提出办法解决问题

分析方法是手段，解决问题是目的。统计综合分析要求对所研究的问题做出周密的分析和正确的判断与评价，达到弄清基本情况，发现问题，揭露矛盾，反映事物的本质及其发展规律，进而提出解决问题的方向和办法。所以，统计综合分析绝不仅仅是分析方法的总和，而是认识和研究问题的更高阶段。

3. 综合运用多种分析方法

社会经济现象是非常复杂的，其存在和发展是以诸种因素相互依存、相互制约、相互联系为条件的，统计综合分析要深刻，全面的认识问题的全貌，掌握现象运动的全过程，这就不能只限于运用一种分析方法，而必须综合运用多种分析方法，更不能局限于运用统计分析方法，还要运用各种相关科学，诸如经济计量学、系统工程等分析方法。从而达到对所研究

事物的全方面、多方位、多层次的理解。

可见，统计学中所阐述的统计综合分析是以统计数据为基础，定性与定量分析相结合，综合运用多种方法，对事物进行剖析，认识其本质和规律性的方法论。

二、统计综合分析的种类

根据统计综合分析的任务和研究重点不同，其形式综合归纳起来，主要有以下 4 种。

1. 专题性分析

这主要是就社会经济现实状况某一方面或某一问题而进行的专题调查的研究分析。专题性分析的范围虽然可以是一个部门或综合部门，题目可大也可小，内容可多也可少。但是，一般都强调内容的专门性、形式的多样性、表达的灵活性和剖析的深刻性。这种分析一般不受时间和空间的限制，要求分析研究具有针对性，单刀直入，深刻解剖，摆观点、揭矛盾、提建议，最忌面面俱到，泛而不专。同其他分析比较，专题性分析目标更集中，重点更突出，认识更深刻，是最常用的一种分析。

2. 总结性分析

这主要是从多方位和一定过程后的角度进行综合研究，旨在对全局做出总评价，反映总变动趋势，从错综复杂的联系和发展中揭示存在的主要问题，找出原因，探寻对策。其主要特点是全面性、系统性和综合性。例如，对微观企业的人、财、物，供、产、销运营情况进行综合评价。又如，宏观的将整个国民经济全局的发展速度、重要比例、经济效益，生产、分配、流通、消费与积累联系起来，进行分析研究等。这种分析要求实事求是，正确总结，科学评价，切不可浮夸虚假。

3. 进度性分析

这主要是从事物发展的历程角度进行分析。如生产进度、工程进度、工作进程等分析。进度性的分析分为一般性进度分析和战略性进度分析两种。前者主要是对各级领导关心和社会敏感的问题进行分析；后者主要是对影响全局未来发展的、较大的趋势性问题进行研究。进度性的分析要求有很强的时效性，它最忌讳“雨后送伞”、“马后炮”。

4. 预测性分析

这是在分析历史和现实的基础上，运用统计预测方法，对所研究事物的未来发展趋势做出的科学推理判断和定量预计。预测的目的是为增强预见性。预测分析要求基础数据要准确；进行预测计算上要定量分析与定性分析紧密结合，提出预测的分析结果具有置信区间和可信度。在进行预测分析的基础上，进行一定的决策分析，为实施正确决策提供参考依据。

第二节 统计综合分析的一般原则和方法

一、统计综合分析的一般原则

科学地进行统计综合分析必须遵循“实事求是”这个基本原则。“实事”就是客观存在着的一切事物，“是”就是客观事物的内部联系，即规律性，“求”就是我们去研究。实事求是也可以说是统计综合分析的灵魂。具体说要注意如下几点：

（1）必须遵循正确的路线、方针、政策，才能对丰富的统计资料，复杂的经济现象，作出正确的结论。

(2) 必须坚持辩证唯物主义的观点，从客观实际出发，从事物的联系中，以全面的、发展的观点进行分析研究，决不能按主观臆想去抓问题、找例证、弄情况、凑数字。

(3) 必须坚持定量分析与定性分析相结合，根据科学方法进行正确的计算研究，依照有关科学理论、政策、法规剖析客观生动的情况。

(4) 必须在一般与具体的结合中进行分析研究。只有这样，才能对客观事物的本质和规律性进行正确的、深刻的分析说明。

二、统计综合分析的方法

(一) 统计综合分析的一般程序

统计综合分析从选题到写出报告，一般程序是：选择并确定研究课题；课题研究设计；采集、积累与鉴别资料；进行系统周密分析；得出结论，提出建议；根据分析结果形成分析报告。具体程序可依实际条件灵活安排。

1. 选择并确定研究课题

统计综合分析是一项针对性很强的工作，进行统计综合分析首先需要解决的问题集中体现在研究课题上。研究课题体现着研究目的和所要分析的问题。所以，选择并确定课题是统计综合分析的初始环节，是课题研究设计的前提。研究课题要从实际出发，根据客观需要来选择和确定。

在选题中要正确处理好需要与可能的关系。课题虽好，但尚无条件，可暂时不做；课题虽不太好，但已掌握材料，只要能反映出值得重视的问题也可以做。前种情况可积极创造条件，后种情况可进一步努力提高质量。

2. 课题研究的设计

选择并确定课题之后，接着就要设计课题研究计划。这是统计综合分析的重要一环。设计研究课题的内容，一般包括：分析研究的目的、要求；课题研究的必要性和可行性；指导思想、理论、政策和法规依据；分析研究的内容纲目；分析研究所需资料及其来源；分析研究课题的实施步骤、方法与组织。分析研究课题设计是指导性文件，但在具体实施时，并不是一成不变的，它还要根据分析研究中所发现的新情况和新问题进行补充、修改。

3. 采集、积累与鉴别资料

统计综合分析以统计数据资料为基础，因此，在选定课题并进行设计之后，就要采集足够丰富和充分可靠的资料。不仅要采集有关普查、抽样调查、重点调查的资料，还要进行科学推算；不仅要适当利用定期统计报表资料，还要积累有关会议文件、总结和简报资料；不仅要采集并积累平时掌握的比较丰富的系统的材料，还要根据需要，深入实际，深入群众，进行调查研究，掌握典型材料，补充新材料，探索解决矛盾的切实办法。采集、积累什么材料，主要取决于研究课题的内容和所涉及的领域。有的主要是本单位、本地区或本国的材料，有的则要用到外单位、外地区或外国的材料。

对经过审查、鉴别、调整、换算的材料，要根据课题研究设计需要，进一步加工整理，使其成为系统、完整的材料，以提供分析研究的直接依据。

4. 进行系统周密的分析

这是统计综合分析研究中的最重要的环节，它是依据经过鉴别、整理的资料，进行刻苦、细致的思考，系统周密的分析的过程。进行系统周密的分析，要运用各种统计方法，诸如分组法、综合指标法、时间数列法、指数法、抽样推断法、相关与回归分析法、预测估算法等等。这些方法从系统周密分析角度，总体上研究其运用问题则十分必要。

5. 得出结论，提出建议

这是系统周密分析的深化过程，也可说是系统周密分析的结果。这一过程并非凭空臆想，而是以实际材料为依据，将丰富的感性材料加以去粗取精，去伪存真，由此及彼，由表及里的改造制作，形成概念和理论的系统，从感性认识跃进到理性认识。在这个环节中一定要抓住主要矛盾，找出根本原因，透过现象看本质，通过数据的变化看趋势，得出结论，提出积极建议。

6. 根据分析结果形成分析报告

这是统计综合分析的最后程序。分析报告是分析研究成果的集中表现。统计综合分析中，应根据研究目的和内容，采用灵活多样的形式来表现，以供有关方面使用或参考。一般来说，搞好统计分析关键是真实丰富的材料，完整的内容和正确的观点，但恰当的表现形式也是统计分析发挥作用的重要方面。统计综合分析结果的表现形式有多种，其中分析报告是主要的。分析报告是写给别人看的，因而一定要认真考虑叙述的逻辑问题，写好分析报告。

（二）统计综合分析一般方法

统计综合分析最基本的方法是要运用唯物辩证法去观察问题和分析问题。唯物辩证法是科学的世界观和方法论，是一切科学的方法的基础，统计综合分析就要在唯物辩证法的指导和运用中，揭示有关事物的本质特征和发展规律。

在具体进行综合分析时，有一般的方法，也有统计分析特有的方法。一般的方法就是抽象法，是指在综合分析过程中，运用抽象思维和判断推理的方法，善于思维和抽象概括，以达到分析的目的。统计特有的分析方法有分组法、总量指标分析法、相对指标分析法、平均指标分析法、变异指标分析法、动态数列分析法、指数分析法、相关分析法和统计预测法等。

上述各种方法在本书前面各章节中已有详述，这里从综合分析角度，从综合运用各种方法方面作一概述，也可谓统计综合分析基本思想观点。

1. 统计综合分析中多层次、多种方法的综合运用

这是指分析方法的多层性问题，它并非分析阶段所特有的，但在分析阶段，这个问题特别重要，必须正确认识和运用。

(1) 使用最高层次的哲学方法，即唯物辩证法。在统计分析阶段中它不仅直接发生作用，而且对于统计分析特有方法的选择、确定和使用起着指导作用。这就是说，统计分析必须在哲学方法指导下进行。

(2) 使用一般性的科学方法，如数学方法、社会调查研究方法、系统工程方法等。这些方法的结合运用会扩展统计综合分析的领域，保证统计综合分析的质量，提高统计综合分析的水平。

(3) 使用统计综合分析所特有的方法，即对于社会经济总体的数量方面的分析方法。统计综合分析方法的多层性，不是封闭的，而是开放的，只要有助于社会经济总体数量方面的分析，不论属于哪门科学，都可引用。

2. 问题与方法的交错性

统计综合分析中所要研究的是统计综合分析的问题，如现状分析、历史分析、预测决策分析。分析所应用的手段，则是分析的方法。问题与方法是交错的，一个问题可用多种方法

来分析，一种方法可应用于多种问题的分析研究，在统计综合分析中，要善于运用多种方法，并使其结合进行综合分析。

3. 统计综合分析中质与量的结合

统计综合分析中质与量的结合即定性与定量的结合，它贯穿于统计的全过程，但各个阶段各有侧重。统计设计阶段，是从定性到定量的过渡，即设计统计指标和统计分组的质的规定性和量化方法；统计整理阶段，是从采集的个体的数字资料中，整理出反映总体的数值，达到对总体现象的与定性相结合的定量认识；统计分析阶段，则是在取得大量统计资料的基础上，通过进一步的质与量相结合的分析，达到对事物更深刻的认识。

统计综合分析中质与量的结合主要有以下几个方面：

（1）从量变到质变的分析中的质与量的结合。研究事物从量变到质变问题，首先要从定性入手，明确有关事物的含义，即质的规定性。比如，研究人民生活水平由贫困变为温饱再变为小康的问题，研究企业经营由粗放型变为集约型的问题，研究国内生产总值年增长率和积累率由有利变为不利的关节点（最佳度）问题，首先要明确贫困、温饱、小康和粗放型、集约型以及产值年增长率最佳度、积累率最佳度等概念的含义。然后，根据科学的含义，从有关的事物中筛选出具有代表性的若干指标，再收集这些指标的具体数字，并且采用必要的方法进行分析，得出结论性意见。定量研究的结果反过来又可以深化对事物的定性认识。

（2）从现象到原因分析中的质与量的结合。分析事物的变化，不论是一般的量的变化，还是到达到质变关节点的变化，都是回答“是什么”的问题。但是，这远远不够，统计综合分析还必须探讨“为什么”的问题，即分析其发生的原因。这是一个从表面现象的认识逐步向实质性认识发展的过程。

（3）从原因到决策分析中质与量的结合。在对社会经济现象产生的原因进行分析之后，还要进行决策分析。这就是说在回答了“为什么”之后，还要回答“怎么办”的问题。这是一个从事物现状的认识到改造事物的认识逐步深化的过程，而改造事物是为了推动它发生符合决策目标的量的变化或质的变化。

（4）统计综合分析结果得出正确判断结论的质与量分析的结合。统计综合分析要通过多层交叉比较研究的方法，对所分析的事物做出正确判断结论。这同样要定性分析与定量分析相结合，反复思考和认识研究。在这个问题上要注意：①统计综合分析结果的判断要有科学的理论指导；②统计综合分析结果的正确判断要掌握适当的度；③统计综合分析结果的正确判断要将其置于系统之中。

第三节　统计比较和综合分析

一、统计比较

（一）统计比较及其作用

统计比较是将统计指标所反映的实际数量状况与有关标准进行对照，计算出数量上的差别和变化，进而做出评价和判断的思维过程。其主要特征是总体数量的比较，是客观实际数量状况的比较。统计比较是统计综合分析研究中基本的、常用的方法，其作用主要有以下几个方面：

1. 可以更深入、更明确地认识事物

一个单独的统计指标数值或一群指标数值只能说明总体的实际数量状况，只靠它是得不到明确而深刻的认识。只有经过综合分析比较，从数量的差别和变化中，才可更深入、更明确地认识事物，帮助人们做出评价。

2. 可以进行监督检查，深入分析原因，找出解决办法

将某种事物的存在和发展状况同有关政策规定进行比较，看其是否符合要求的标准规定，进行某些监督检查。并据此进一步深入分析其原因，进而找出解决的办法。

3. 可以发挥更大、更广泛的促进作用

应用统计指标在各地区、各单位之间进行比较，在单位内部进行比较，会发现它们之间的差别，起到促后进赶先进的作用。使用规定的若干统计指标进行比较，有组织的进行评比竞赛，能发挥更大的促进作用。

统计比较是比较对照是人们认识客观事物时普遍使用的一种逻辑思维方法，也是统计综合分析中经常使用的方法，在许多情况下，统计分析往往是从比较开始的，而且，在统计分析的许多其他方法中，都糅合着比较方法。例如，统计指数实际是一种综合比较方法，相关分析要通过比较才能判明相关程度等。

（二）统计比较的种类

统计比较从不同的角度来看，有不同的种类，一般说，主要有以下几种分类。

1. 静态比较和动态比较

统计比较按其时间状况不同可以分为静态比较和动态比较两类。静态比较也叫横向比较，是同一时间（时期或时点）条件下的数量比较，如不同地区的比较，不同部门的比较，实际完成情况和计划目标的比较。动态比较也叫纵向比较，是同一统计指标不同时间上统计数值的比较，它反映随历史发展而发生的数量上的变化。根据统计综合分析的需要，这两种比较可以单独使用，也可以结合使用。数量比较的结果统称为比较指标，分别称为静态比较指标和动态比较指标。

2. 相比比较和相差比较

按比较方式不同分为相比（除）比较和相差（减）比较。相比比较是将比较对象和比较标准相除而进行的，表明静态差别的比率或者动态变化的程度。比较的结果表现为相对数，如系数、倍数、分数、成数、百分数、千分数、万分数等。相差比较是将比较对象和比较标准相减而进行的，相减的结果表明两者相差的绝对量。这两种比较方式给人们不同的感受。有时可以单独使用，也可结合使用。结合使用可使人们认识比较完整，既可了解差别或变化的程度，也可了解相差的绝对量。

3. 单项比较和综合比较

按比较对象内容范围不同可分为单项比较和综合比较（综合评价）两种。单项比较是指比较某种总体现象某一方面、某一局部，它可以使用单独一个统计指标，也可以将反映某一方面、某一局部的若干指标联系起来进行比较分析。综合比较是指对总体或若干方面的全面评价比较，通常称为综合评价。例如，宏观方面的国民经济和社会发展情况的全面评价和比较；微观方面的同类企业经济效益的综合评价和比较；对某种产品质量的综合评价和比较等。

（三）统计比较标准和具体规则

1. 统计比较的标准

统计比较是将比较显示的对象总体的统计数据与相比较对照（通称对照组、对照群、对照总体）根据的统计数据进行比较。后者即为比较标准，也称为比较基础数据，或比较基数。依研究目的不同有各种各样的比较标准，常用的主要有如下几种：

（1）经验数据标准。经验数据是根据大量或长期的资料总结计算而得的正常值，在一定条件下具有相对的稳定性，可以用来作为比较标准。例如，有的专家计算，根据我国若干年经验，在当前条件下，积累率以25%～30%比较适度。又如，国际上一般认为，偿债率（每年偿还外债的本息额占出口创汇总额的比重）大体以25%为警戒线，超过了就会使偿债发生困难。这类经验数据是很多的，在实际工作中很有用。这种比较标准有助于评价和判断事物发展是否正常。

（2）理论数据标准。理论数据标准是根据有关科学理论研究确定的一定的正常值作为比较标准。这种正常值是根据理论推算设定的，例如，根据经济学理论确定积累率的比较标准时，以保证原有人口和新增人口不低于当前的消费水平为积累的最高限，把保证新增劳动力就业所需固定资产装备基金和流动基金，以及新增人口所需要的非生产性基金和流动基金作为最低限等，根据这个道理计算出来的积累率的界限，就是理论标准。

（3）时间数据标准。时间数据标准是以时间上的数据为标准，一般是用比较对象本身的历史数据作为比较标准，观察和分析研究现象本身的发展变化。有时也可以用其他空间单位的历史数据作为比较标准。例如，以某一时期外国的历史数据作为比较标准等。时间数据标准有以下几种。

1）前期数据标准。如本年与上年比较，本月同上月比较，本年某月与去年同月相比较等。

2）历史最好时期标准。即以较长一段时间内水平最高时期的数据作为比较标准。例如，我国以1984年的人均粮食产量（396kg）作为比较标准等。

3）历史转折前期数据标准。即以历史发展中阶段性变化开始前期的数据作为比较标准。例如，以第一个五年计划开始前一年的1952年的数据作为比较标准，以党的十一届三中全会召开的前一年的1978年作为比较标准，以跨入21世纪的前一年的2000年作为比较标准等。

（4）空间数据标准。空间数据标准是以某一空间数据作为比较标准。通常是将同一时间上的比较对象不同空间（包括不同系统、不同单位、不同地区）的数据进行比较。空间数据标准，主要有以下几种：

1）平均水平标准。即以一定范围（全世界、全国、一省、一市、一部门等）内的平均实际水平作为比较标准，判定比较对象的水平在平均水平以上或以下，以及相差多少。

2）先进水平标准。即以一定范围内的最好水平作为比较标准，比较结果表明与最好水平的差距，有促后进赶先进的作用。

3）相似空间标准。即使用与比较对象条件大体相似的其他空间的数据作为比较标准。

4）互为标准。即各地区、各单位相互比较。竞赛评比排名次时就使用这种比较方法。

（5）计划或政策规定数据标准。计划或政策规定数据标准，是以国家计划部门、业务部门或公司、企业单位所制订的有关计划、方针政策规定的数据作为比较标准。通常是在检查监督计划或政策的执行状况时用此标准。由于检查的时间要求不同，可以按月、按季、按年和更长些时间来检查，从而进行比较分析时，有进度比较和期终总结性比较两种。

在实际进行统计比较时，对于上述五类比较标准应根据分析研究的目的选择适当的比较标准，并综合运用，以使人们得到正确而明晰的认识，否则就难以做出正确的评价。

2. 可比性

这里讲的可比性是指进行统计比较所必须遵守的具体规则。主要有以下几点：

(1) 统计比较事物的联系性。统计比较的目的在于通过比较和对照，显现事物的差别、比例、联系程度和变化速度。因此，所比较的事物必须有联系才有意义。统计比较事物联系性规则是相对的，要具体分析判断，其主要依据是研究目的。依研究目的所确定的有联系的事物进行统计比较，才能发挥统计比较的效用，才有意义。这是统计比较可比性规则的最基本的规则。

(2) 统计比较指标含义的一致性。统计比较指标含义的一致性主要指它的内涵和口径的一致性。不论进行静态比较或是动态比较都必须遵守这个规则。指标含义的一致性要从实质上看，而不能从形式上看。例如，从形式上看，我国粮食产量和外国粮食产量指标名称全相同，但实际内容不同，不能直接比较。我国粮食（通称粮豆薯）产量中包括大豆和薯类，而外国粮食（通称谷物）产量中则不包括大豆和薯类。由于指标含义和口径不一，就不能直接进行比较。

(3) 统计比较时间限制的一致性。一般来说，静态比较时应是同一时期或同一时点的数据。动态比较时，时期指标的时期范围应该一致，年度数据和前期的年度数据可以比较，月度数据和以前的月度数据可以比较。时点指标的时间间隔根据特殊分析说明的需要虽然可以不一致，但在通常情况下以一致为好。

(4) 统计比较空间范围的一致性。空间范围主要是指地区范围和组织系统范围。例如，省、自治区、市、县等的范围，各个组织机构、企业和事业单位的隶属关系的范围。它们有时会发生变化，这时，即使行政区划或组织系统的名称没有改，也不能直接进行比较（除非是要特地了解这种变化和结果）。

(5) 统计比较指标的计算方法的一致性。统计指标的计算方法与指标含义和口径是相联系的，指标含义不同，计算方法也就不相同，但某些指标是可以按不同方法计算的，这时只有同口径、同方法的才可以进行比较。计算方法不同就不能比较，要比较就要进行必要的调整或换算。

(6) 统计比较指标的计量单位的一致性。表面看来，这个问题比较简单，但实际上这却是个相当复杂的问题，它涉及计算对象本身的差别。实物指标表现的实物本身就有差别。钢材有各种不同种类和型号的，都以“万吨”为单位计算的生产量并不能准确反映生产成果。汽车也包含各种不同型号、不同载重量的，如果以“万辆”为单位计算，仅是粗略地了解数量，这种比较有一定的价值，但要作深入了解和研究，就远远不够了。因此，使用实物指标进行比较时既要求计量单位一致，同时要注意到计量单位一致时所存在的实物本身的差别。以货币为计量的价值指标问题更为复杂。就国内来讲，有各种不同的价格，而且经常发生变动。因此，就产生使用哪个环节的价格及价格指标是否包括变动因素的问题。这些问题均要按照研究目的来决定。

总的来讲，可比性是统计比较的重要规则，也是统计比较的前提条件。上述六个方面并不能概括可比性的所有问题，例如，由于社会结构不同、历史条件不同、风俗习惯不同等，会使得某些统计指标不能够用来比较。因此，可比性问题要对具体问题进行具体分析。

(四) 统计比较主要指标

统计比较无论是静态比较或动态比较、相比（除）比较或相差（减）比较、单项比较或综合比较，都要用一些指标，统计比较的结果也表现为统计指标，因而研究统计比较指标极为重要。就统计比较而言，至少要具备两方面指标：一是欲比较显示的对象指标，通称对象指标；一是作为比较基础的标准指标，通称标准指标。在统计比较中，总量指标、平均指标和相对指标都可作为对象指标和标准指标进行统计分析比较，它们已在有关章节中进行了阐述，在此不再赘述。这里仅从统计比较结果角度进一步阐明统计比较指标。

1. 统计比较指标的概念

从统计比较结果角度观察，统计比较指标是反映有联系、可进行比较的事物之间在时间、空间及事物内部或各事物之间的联系程度与差别的指标，通常称为比率、比例、比重、程度、速度和差数。

2. 统计比较指标一般计算公式及表现形式

统计比较指标，从其比较方式来说，可以进行相比（除）比较和相差（减）比较，则一般公式主要有两类：

(1) 相比（除）比较指标的计算公式。一般是比较对象指标被比较标准指标除，其公式为

$$\text{相比（除）比较指标}=\frac{\text{比较对象指标}}{\text{比较标准指标}} \tag{11-1}$$

相比（除）比较的结果表明比较对象指标相当于比较标准指标的程度，它减去1（或100%）则表示比较对象指标多于或大于比较标准指标的程度。

相比（除）比较的结果一般通称为相对指标，其数值表现为相对数。相对数的具体表现形式有系数、倍数、翻番数、成数、一般分数、百分数、百分点、千分数、千分点等无名数及复名数。

(2) 相差（减）比较指标计算公式。一般是比较对象指标减比较标准指标，其公式为

$$\text{相差比较指标}=\text{比较对象指标}-\text{比较标准指标} \tag{11-2}$$

相差（减）比较结果表明比较对象指标数值与比较标准指标数值相差的数量，当比较对象指标值大于或多于比较标准指标数值时为正差量，否则为负差量。这种指标数值的计量单位同对象指标与标准指标数值的计量单位。不同时间、空间的相比（除）比较指标还可以相减，计算其相差数量。

二、综合分析

(一) 综合评价概述

综合评价是指根据统计数据，结合各种定性材料，在一定的认识基础上，通过数量的比较、计算、研究和论证，对被评对象做出明确的评定、判断和估价。综合评价的结果表现为排出名次顺序、分出等级，做出判断的结论。如判断经济运行状况是否正常、过热或过冷，等等。综合评价是统计综合分析的重要方法，也是统计综合分析的核心内容。综合评价的结果涉及各方面，仅对被评对象来说，会涉及它的荣誉和物质利益等方面。综合评价在统计综合分析中占有重要地位。

综合评价有单项评价和综合评价两种。单项评价是指用一项指标评定被评对象某一侧面的情况。综合评价可以是对被评对象的全面评价，如对某个国家综合国力的评价，对某个国家或地区社会经济发展水平的评价，对某个企业管理水平等级的评价等；也可以是对被评对象某个领域的全面评价，如对全国宏观经济动态的监测，对某个国家或地区生态环境的综合评价，对某个企业经济效益的综合评价等。

综合评价可以用一个指标作为“代表”来进行评定。例如，国际上流行的用国内生产总值来评价国家的经济实力，用它的增长速度来评价经济运行情况，用全要素生产率评价经济效益等。这种方法的好处是简明易懂，但存在一定的局限性，使用不当会产生认识上的片面性，因此产生了应用多个指标进行综合评价的方法。这就遇到了一系列的问题，如评价指标体系的选择和确定，评价标准的选择，如何解决由于计量单位不同而不能度量的问题（通常称为量纲不同），以及按各指标的重要程度不同确定权数和合成方法的问题等。所以，综合评价是统计学中有待研究和发展的一个重要的理论和实际问题，本章仅做简要介绍。

（二）综合评价的步骤

1. 选择评价指标，确定评价指标体系

如果选择一个指标作全面评价，则要检查这个指标的代表性和可行性。多指标综合评价则要选择一套反映各个侧面的指标组成的评价指标体系。这是所有综合评价中首先要解决的重要问题。

2. 选择综合评价方法

有各种各样的综合评价方法，有的简单，有的复杂。综合评价方法的主要内容是确定使不能同度量的指标能够同度量的方法（一般称为无量纲化）和分指标评价值合成的总评价值的方法。

3. 根据综合评价方法的要求确定有关的标准值

根据综合评价方法的要求确定有关的标准值，包括无量纲化时使用的临界值（阈值）和参数，以及合成时反映评价指标重要程度不同的权数等。

4. 将指标实际值转化为评价值

将各个指标实际值代入无量纲化公式，使之转化为可进行对比的分指标的评价值。

5. 将分指标的评价值合成为总评价值，用于排序或其他分析研究

这五个步骤中，前三个步骤是准备工作，后两个步骤是实际操作。关键在于评价指标体系的确定和综合方法的选择。

（三）评价指标体系的确定

在多指标综合评价中，评价指标体系的确定是最重要的问题，是综合评价能否准确反映全面情况的前提。如果评价指标选择不当，再好的综合评价方法也会出现差误，甚至完全失败。评价指标的选择主要建立在对评价事物定性研究的基础上，选择评价指标的主要原则是科学性、目的性、全面性和可行性。

1. 科学性

科学性是指要根据评价事物的性质、特点和运动过程来选择影响大的重要指标。在这里，对评价事物本身含义的理解是个重要问题，如对经济效益的理解不同，显然会选择不同的指标。对事物全过程的理解也是重要的，例如，对森林工业企业作综合评价，不能只使用

采伐及经营方面的指标，还应该有造林、育林方面的指标，包括树木再生产过程是林业企业的特点。再如，宏观经济监测要选择反映经济运行轨迹的指标等。

2. 目的性

对同样的被评价事物，要根据综合评价的目的选择评价指标。分析研究目的或管理的要求不同，评价的侧重点不同，需要选择不同的指标。例如，微观评价和宏观评价的目的不同，各时期管理上强调的重点不同，等等。可以用更换指标的办法，在有些情况下也可以采用增加或缩小某个指标的权数的办法来解决这个问题。

3. 全面性

全面性是指所选择的指标能够代表被评价对象或其某个领域的全面的整体的情况的指标。指标数量的多少主要取决于被评事物的性质和评价的目的，不一定越多越好，而且应避免使用性质作用相同的指标。从目前实际使用的情况看，有多有少。少的如生活质量指数只有三个指标（成人识字率指数、婴儿死亡率指数，一岁期望寿命指数），而社会发展水平综合评价常常使用 100 多个指标。

4. 可行性

可行性是指所选择的指标可以量化，或通过一定的方法量化，可以评价和合成，并且这些指标的实际数值是可以取得的。在实际工作中常常会碰到由于资料限制，不得不取消某些指标或采用代用指标。

（四）综合评价的主要方法

综合评价的方法很多，本书只概述一些常用的主要方法。

1. 关键指标法

关键指标法是指选用一项重要指标为代表对被评对象或某个领域作出全面评价。它的特点是具有综合性或关键性。其好处是简单明了，重点突出。它的主要缺点是有一定的局限性，使用不当时会产生认识上的片面性，因而产生副作用。例如，我国曾经以工业总产值发展速度来判断经济运行情况和成绩，从而发生单纯追求产值、攀比速度，而忽视经济效益和比例关系的问题。作为一种简单明了的综合评价方法，关键指标法在一定条件下还是可以使用的。

2. 简易打分法

根据评价事物选择若干指标后，规定打分标准和打分方法，然后根据各项指标的实际数值，按规定的办法打分，将所有指标的分值相加得出总分，作全面评价，可以排出名次顺序或分出等级。现实有许多不同的打分标准和打分方法，下面略举常用方法中的三种：

(1) 名次计分法。类似于体育竞赛中团体总分的计分法。先按各个评比指标的优劣排出被评对象的名次，名次在前得高分，名次在后得低分，然后相加得总分以排定总名次。例如，有 15 个单位作为评价对象，用六项指标，则先按六项指标排序，第 1 名得 15 分，第 2 名得 14 分，……，第 15 名得 1 分。然后将六项指标得分相加得出总分，按总分排出名次顺序。

这种方法的优点是简单易行，缺陷是各项指标等同看待，并且无论差别大小，一律以相差 1 分进行计算，过于简单。

(2) 百分法。以标准总分为 100，对各个指标分别规定占多少分，可以等分。例如，十项指标每项占 10 分；也可以不等分，有的多有的少，这相当于加权，同时规定打分标准。然后根据实际值按各项标准打分，将各项指标得分加总为总评价分，总分高者为优。

这种方法计算工作简单，主要困难在于规定各项指标的分值和打分标准。等分法简单，但各指标同等看待；不等分法则规定分数时有一定的主观因素。打分标准一般采用按该指标最高值和最低值（或再高一些或再低一些）分段计分的办法。这和名次计分法存在同样的问题，因为分段不可能太多，不论差别大小，一律都以一定分数为计算单位，可能发生实际相差不多但分数却相差较多的情况。

（3）掐头去尾法。有些主观指标难于客观量化，只能靠评判员根据规定标准打分。评判员很多，为了避免评判员由于某种偏好或偏心而给予不合实际的分数，在加总时去掉一个最高分和一个最低分，然后用其余得分的总和或平均分作为总评价分。这种方法早已在体育竞赛（如体操、跳水等）和文艺比赛中使用。这种方法可以单独使用，也可以作为总分评定的一部分使用。

简易打分法的好处是简单易行，评价比较全面，而且品质标志也可以设法计量并参与综合评价。主要缺陷是在无量纲化的处理上不够细致。

3. 个体比较指标加权平均法

（1）一般步骤如下：

1）选择评价指标；

2）确定比较标准值（如计划数、过去的实际数、一定范围的平均数等）；

3）根据重要程度确定每项指标的权数；

4）将每个指标的实际值和比较标准值相比较得出个体比较指标；

5）根据个体比较指标和权数用算术平均法或几何平均法进行合成计算，计算结果一般用百分数表示，高者为优。

（2）使用这种方法有两个问题要注意：

1）逆指数（数值越低越好的指标）要转换为正指标才能进行合成计算，方法是取其倒数；

2）比较标准影响综合评价的内容。用计划数作标准时评价的是被评事物的计划完成情况。用时间标准时评价的是被评事物的增长情况，这有时只适用于自身评价，不能在各被评对象间排序。用平均数作标准是比较好的，如果用固定的平均数作标准，则既可以横比，也可以纵比。

4. 综合评价指数法

在进行不同国家、地区、单位经济实力与水平综合评价时，通常采用指标体系来综合观察比较。但是，评价指标体系中的各指标的量纲（即计量单位，下同）的表现形式又不一致，从而无法汇总，无法对比，评价也就无法进行。为解决各指标不同量纲无法进行综合汇总问题，一般是在完成数据采集后，对数据进行同度量处理。通常是采用相对化处理后再进行综合比较评价。相对化处理一般是先对评价指标设定比较标准值，然后用各指标实际值与相应的标准值进行比较，再以此比较结果综合化进行综合比较。这种方法就称为综合评价指数法。所谓综合评价指数是指以评价指标相对化处理结果的相对数为变量值，采用简单平均法或加权平均法计算出的平均数。其一般公式为

（1）简单算术平均式

$$I_z = \frac{\sum_i \frac{X_i}{B_i}}{n} \tag{11-3}$$

式中，I_z 为综合评价指数；X_i 为某项指标实际值；B_i 为某项指标标准值；n 为指标个数。

(2) 加权算术平均式

$$I_z=\frac{\sum_i p_i \frac{X_i}{B_i}}{\sum_i p_i} \tag{11-4}$$

式中，p_i 为权数；其他符号同前。

上式中，某项指标的实际值（X）是评价指标体系中的各单项指标值；该项指标的标准值（B）是作为衡量标准的水平尺度标准，通常是全国水平后若干年、若干地区的平均水平；权数（p）各指标在综合评价指标体系中的重要程度，一般是统一研究确定，取整数，其总和为100，也可采用百分数形式，权数总和为100%。

【例11-1】 某市甲乙两城市发展水平综合评价指数计算见表11-1（表11-1中1栏，2栏，4栏为给定的数据）。

表11-1 某地甲乙两市发展水平综合评价指数计算表

指标名称	计量单位	全国水平（标准值）B	甲市		乙市	
			实际值 $X_甲$	指数（%）$I_甲$	实际值 $X_乙$	指数（%）$I_乙$
		(1)	(2)	(3)	(4)	(5)
1. 人均国内生产总值	元	7993.3	12 561.1	157.1	18 353.0	229.6
2. 第三产业比重	%	28.9	36.4	126.0	50.0	173.0
3. 人均实际利用外资	美元	65.4	90.4	138.2	356.4	392.2
4. 职工年平均工资	元	5832.0	5018.0	86.0	7277.0	124.8
5. 人均教育经费	元	81.2	111.5	137.2	139.2	171.3
6. 每万人高校人数	人	59.2	186.3	314.6	344.8	582.3
7. 人均年邮电业务总量	元	164.0	240.0	146.3	394.0	240.2
综合评价指标	分	100.0	—	159.9	—	225.1

根据表11-1给定的数据代入式（11-3）计算甲、乙两市发展水平综合评价指数如下：

$$甲市综合评价指数=\frac{157.1+126.0+138.2+86.0+137.2+314.6+146.3}{7}=159.9\ (分)$$

$$乙市综合评价指数=\frac{229.6+173.0+392.2+124.8+171.3+582.2+240.2}{7}=225.1\ (分)$$

从计算结果看乙市城市发展水平比甲市高。

【例11-2】 某省甲乙两地区经济效益综合评价指数计算见表11-2（表中1栏，2栏，6栏为给定的数据）。

依表11-2给定的数据代入式（11-4）计算甲、乙两地区经济效益综合评价指数如下：

甲地区经济效益综合评价指数（$I_甲$）

$$I_甲=\frac{96.87\times15+79.34\times30+49.20\times15+170.83\times10+120.77\times20+76.87\times10}{15+30+15+10+20+10}$$

$$=94.63\ (分)$$

乙地区经济效益综合评价指数（$I_乙$）

$$I_乙=\frac{98.49\times15+109.96\times30+117.26\times15+260.95\times10+91.80\times20+97.90\times10}{15+30+15+10+20+10}$$

$=119.62$（分）

从表 11-2 的计算结果看出，甲地区经济效益综合评价指数为 94.63 分，乙地区经济效益综合评价指数为 119.62 分，这说明乙地区经济效益综合说来比甲地区好。

表 11-2 **某省甲乙两地区经济效益综合评价指数计算表**

指标名称	计量单位	全国标准值	权数 P	甲地区			乙地区		
				指标值 X	指数（%）I	分数 $I\times P$	指标值 X	指数（%）I	分数 $I\times P$
		(1)	(2)	(3)	(4)	(5)	(6)	(7)	(8)
经济效益综合评价指数	分	—	100	—	—	94.63	—	—	119.62
1. 产品销售率	%	97.48	15	94.43	96.87	14.53	96.01	98.49	14.77
2. 资金利用率	%	13.55	30	10.75	79.34	23.80	14.90	109.96	33.00
3. 成本利用率	%	8.11	15	3.99	49.20	7.38	9.51	117.26	17.59
4. 劳动生产率	元/人	5683	10	9708	170.83	17.08	14 830	260.95	26.10
5. 流动资金周转次数	次	1.83	20	2.21	120.77	24.15	1.68	91.80	18.36
6. 净产值率	%	29.01	10	22.30	76.87	7.69	28.40	97.90	9.80

5. 功效系数法

功效系数法原来是多目标决策进行综合评价的一种方法，在研究其他事项综合评价时也可用这种方法。这种方法的基本程序如下：

（1）确定评价指标体系（X_i，$i=1$，2，3，…，n）。

（2）确定各项评价指标的满意值（X_i^{h}）和不允许值（X_i^{s}）。

其确定有不同方法：可以用可能达到的最佳值为满意值，用不易出现的最低值为不允许值；也可以用评比指标中的最佳值为满意值，最低值为不允许值；也可以根据历史上出现的最佳值和最低值来确定等。

（3）对每个评价指标计算功效系数（d_i）进行无量纲化处理。其计算公式为

$$d_i=\frac{X_i-X_i^{\mathrm{S}}}{X_i^{\mathrm{h}}-X_i^{\mathrm{S}}} \tag{11-5}$$

（4）确定各评价指标的权数（p_i）。

（5）用平均数法计算总功效系数 D。

可以用加权算术平均法计算，有时也可用几何平均法计算，按 D 值大小排序。

【例 11-3】 某地 4 个公司经济效益有关指标。见表 11-3。

表 11-3 **某地 4 个公司经济效益指标**

公司 \ 效益指标	全员劳动生产率（按净资产计算）[元/（人·年）]	百元固定资产净产值（元）	百元总资产销售收入（元）	百元销售利润利税额（元）
甲	5733	60.5	91.5	16.7
乙	3575	52.2	93.2	7.3
丙	3929	71.2	84.9	10.7
丁	4404	69.7	88.0	12.8

用哪些指标进行综合评价是需要周密研究的问题，在本例中只是为了说明该种方法，并不复杂深究，因此只选了四个评价指标。

首先要计算各公司各个指标的功效系数。为此，要确定满意值和不允许值。一般可用各个指标的最佳值为满意值，以最低值为不允许值。以丁公司百元销售收入利税额为例计算功效系数，将有关数据代入式（11-5），得

$$d_4=\frac{12.8-7.3}{16.7-7.3}=0.5851$$

用同样的方法可以计算出其他公司各指标的功效系数，见表 11-4。

表 11-4 功效系数表

功效指标 / 公司	d_1	d_2	d_3	d_4
甲	1.000 0	0.436 8	0.795 2	1.000 0
乙	0.000 0	0.000 0	1.000 0	0.000 0
丙	0.164 0	1.000 0	0.000 0	0.361 7
丁	0.384 3	0.921 1	0.373 5	0.585 1

求出各公司指标的功效系数后，需按公司进行合成计算。当各评价指标权数相同，用简单的算术平均数方法进行计算，公式为

$$D=\frac{\sum_{i=1}^{n}d_i}{n} \tag{11-6}$$

如果权数不同，则公式为

$$D=\frac{\sum_{i=1}^{n}d_ip_i}{\sum_{i=1}^{n}p_i} \tag{11-7}$$

式中，d_i 为第 i 个功效系数；p_i 为第 i 个功效系数的权数。

本例各评价指标权数相同则用简单算术平均数方法进行计算。将有关资料代入式（11-6）求解丁公司的总功效系数为

$$D_{丁}=(0.3842+0.9211+0.3735+0.5851)\div 4=0.566$$

同理，$D_{甲}=0.808$，$D_{乙}=0.250$，$D_{丙}=0.381$。

由总功效系数可以看出，$D_{甲}>D_{丁}>D_{丙}>D_{乙}$，这就可以排出四个公司综合经济效益的名次顺序。

从上述计算可以看出，采用这种方法计算功效系数时会出现零数值，从而无法用几何平均数法进行合成计算，为解决这个问题，可以采用改进的功效系数法，计算公式为

$$d_4=\frac{X_i-X_i^{\mathrm{S}}}{X_i^{\mathrm{h}}-X_i^{\mathrm{S}}}\times 40+60 \tag{11-8}$$

按这个公式计算，综合评价值基本上处于 60～100 之间，这和以 60 分为及格，100 分为满分的习惯相合，比较直观，易于接受。

现依式（11-8）计算丁公司的自己销售收入利税额的功效系数为

$$d_4=\frac{12.8-7.3}{16.8-7.3}\times 40+60=83.404$$

同理，丁公司的其他评价指标为 $d_1=75.368$，$d_2=96.844$，$d_3=74.940$

其他公司的各项指标的功效系数，见表 11-5。

总功效系数通常是按几何平均法计算，公式为

$$D=\sqrt[n]{\prod_{i=1}^{n}d_i} \tag{11-9}$$

依表 11-4 资料，可用几何平均法，即用式（11-9）计算丁地区总功效系数为

$$D_{丁}=\sqrt[n]{\prod_{i=1}^{n}d_i}=\sqrt[4]{75.368\times 96.844\times 74.946\times 83.404}=82.185$$

同理，$D_{甲}=91.835$，$D_{乙}=68.173$，$D_{丙}=73.847$，详见表 11-5。则排序是 $D_{甲}>D_{丁}>D_{丙}>D_{乙}$。

表 11-5 中的总功效系数是按几何平均法计算的，计算结果排序名次和算术平均数的结果相同，但有时也可能发生不一致的情况。

表 11-5　　改进功效系数表

地区＼功效系数	d_1	d_2	d_3	d_4	D	名次
甲	100.000	77.472	91.808	100.00	91.835	1
乙	60.000	60.000	100.000	60.000	68.173	4
丙	66.560	100.00	60.000	74.468	73.847	3
丁	75.368	96.844	74.940	83.404	82.185	2

第四节　统 计 分 析 报 告

一、统计分析报告的概念、特点

统计分析结果可以通过表格式、图形式和文章式等多种形式表现出来。以文章式为主要形式的统计分析结果就是统计分析报告。它是全部表现形式中最完善的形式。同时，这种形式可以综合而灵活地运用表格、图形等形式，可以进行深刻的定性分析，使分析结果鲜明、生动、具体。

统计分析报告，就是指运用统计资料和统计分析方法，以独特的表达方法和结构特点，表现所研究事物本质和规律性的一种应用文章。统计分析报告是统计分析研究过程中所形成的论点、论据、结论的集中表现，它不同于一般的总结报告、议论文、叙述文和说明文，更不同于小说、诗歌和散文，它是运用统计资料和统计方法、数字与文字相结合，对客观事物进行分析研究结果的表现。

统计分析报告的主要特点，可以概括为以下几点：

（1）统计分析报告是以统计数据为主体。统计分析报告主要以统计数字语言，来直观地反映事物之间的各种复杂的联系，以确凿的数据来说明具体时间、地点、条件下社会经济领域的成就和经验、问题与教训、各种矛盾及其解决办法。它不同于用艺术形象刻画的文艺作品，也不同于旁征博引进行探讨研究的各种论文，而是以统计数字为主体，用简洁的文字分

析叙述事物量的方面及其关系，进行定量分析。

(2) 统计分析报告是以科学的指标体系和统计方法来进行分析研究说明。统计是社会认识的武器，着眼于社会经济现象总体的量的方面，并在质与量的辩证统一中进行研究。因此，统计分析报告是通过一整套科学的统计指标体系，进行数量研究，进而说明事物的本质。在整个分析研究中，运用一整套科学的方法，进行灵活、具体地分析。但它又不同于数学分析，数学分析方法撇开事物的质量，只分析抽象的数量关系和空间的形式。而统计分析报告是在质与量的辩证统一中研究量的方面基础上，研究说明事物质的规定性。

(3) 统计分析报告具有独特的表达方式和结构特点。统计分析报告属于应用文体，基本表达方式是以事实来叙述，让数字说话，在阐述中议论，在议论中分析。在表现事物时，不是用夸张、虚构、想象等手法，而是用较少的文字，精确的数据，言简意赅，精练准确地表达丰富的内涵。统计分析报告在结构上的突出特点是脉络清晰、层次分明。一般是先摆数据、事实，进行各种科学的分析，进而揭明问题，亮出观点，最后有针对性地提出建议、办法和措施。统计分析报告的行文，通常是先后有序，主次分明，详略得当，联系紧密，做到统计资料与基本观点统一，结构形式与文章内容统一，数据、情况、问题和建议融为一体。

二、统计分析报告的分类

统计分析报告的分类，长期以来，争论比较大，可从不同的角度做许多分类。按统计的领域可分为工业、农业、建筑业、交通运输业、商业饮食业和服务业等分析报告。按对象层次可分为微观、中观和宏观统计分析报告。按内容范围可分为综合分析和专题分析报告。按时间可分为定期统计分析报告和不定期统计分析报告。按认识的深度可分为状态分析、规律分析和预测分析报告。按写作的形式可分为调查报告、综合分析报告、专题分析报告和预测分析报告。按具体写作类型分为总结型、调查型、说明型、分析型、研究型、公报型、资料型、信息型和预测型等分析报告。但按主要作用、基本内容和结构形式特征归纳起来，主要分以下四种：

(一) 专题性的分析报告

专题性的分析报告是就某一方面或某一问题而进行专门调查研究而写成的统计分析报告。专题性的分析报告的范围虽然可以是一个部门，也可以是综合部门；题目可大也可小，内容可多也可少，但是，一般则强调内容的单一性、形式的多样性、表达的灵活性和意义的深刻性。它不受时间和空间的限制，要求写作具有针对性，单刀直入，深刻剖析，摆观点，揭矛盾，提建议。它最忌平铺直叙，面面俱到，泛而不专。专题性的分析报告较其他分析报告，目标更集中，重点更突出，认识更深刻，是最常见的一种分析报告。

(二) 总结性的分析报告

总结性的分析报告是从国民经济和社会发展多方位、全过程的角度综合研究总结性的分析报告。它的对象可以是整个国民经济，也可以是一个地区或一个企业。它的主要特点是全面性、系统性、综合性和总结性，目的是总结经验和教训，提供有益于科学管理和战略决策的结构。

(三) 进度性的分析报告

进度性的分析报告是根据定期统计资料，反映和分析事物的进度及其影响原因而编写的文字分析报告。一般分为一般性进度和战略性进度分析报告两种。前者主要是就各级领导关心的和社会敏感的问题进行分析；后者主要就具有影响全面和未来发展较大的新趋势问题的研究。进度分析报告要求有很强的时效性。

（四）预测决策性的分析报告

预测决策性分析报告是在分析历史和现实的统计资料基础上，运用统计预测方法，对所研究事物未来发展趋势做出的科学的推理判断和定量分析预测的分析报告。预测决策性的分析报告要求数据准确，定量分析与定性分析结合，提出预测决策结果具有的置信区间和可信度。

三、统计分析报告的结构

统计分析报告的结构从内容上来看，可以分为五大部分：一，基本情况。以基本统计数据为事实基础，并把所处的客观条件和主观条件写清楚，如实反映基本情况。二，成绩和经验。把所取得的成绩准确如实地反映出来，并总结取得成绩的大致过程和经验。三，问题和原因。统计分析报告应将所研究课题存在的问题如实反映出来，并给以适当的剖析，指出问题的性质、发生的原因及影响程度。四，建议和措施。统计分析报告的最后一部分，应针对所存在的问题，提出建议，拟定措施和改进工作的意见。

统计分析报告是文字与数字及各种表现方式相结合的一种特定文体，统计分析报告的结构从编写格式看，一般包括标题、开头、主题、正文和结尾几项内容。它的具体格式应依分析研究的任务、内容和种类而有所不同，灵活确定。一般要注意以下几点：

（一）标题要确切、简明、有吸引力

标题，又称题目。一篇文章的题目是总标题，即篇名；文内的题目，按层次划分，设小标题。标题是文章的基本思想、中心内容的集中表现。其任务是吸引读者、影响读者，指导读者阅读和理解。一篇好的分析报告标题要做到确切、简明、有吸引力。确切，即要准确揭示分析报告的内容，题文相符，要确切地体现文章的观点，运用文字要准确，不发生误解。简明，即标题要简明扼要，高度概括，用简练的文字揭示全文内容。有吸引力，即标题新颖醒目，扣人心弦，能吸引读者和影响读者，引起读者的重视。

标题可以采用多种多样的形式，如论点题、事实题、设问题、加重语气的题、对比题，以及运用比喻、警句、古语、诗词等。在统计分析报告中，比较常用的有以下三种：

(1) 论点题。这种题目能揭明主题，摆出观点。如《我省在全国经济发展中的战略地位和作用》、《调整产业结构是农村富裕必由之路》等。

(2) 设问题。这种题能引起读者疑问、思考，刺激读者阅读欲望。如《住房为什么紧张?》等。

(3) 比喻、对比、加重语气题。这种题能通过对比引人注意。如《“骨之不强”，肉焉附？——谈投资结构问题》，显得新颖别致，醒目强烈。

（二）开头要简短、精悍、形式新

开头，又称导语，是全文的引子。它的内容是概括交代文章的目的和内容，介绍全文的主题和基本结构体系以及文章的意义等，使人一看就能了解全文的概貌、特征，及其主要方面。好的开头要简短、精悍、形式新，引起读者兴趣。人们常说，“开头难”，但只要细心琢磨，是能有好的开头的。开头的方法有：起笔点题、总揽观点、阐明题由、起句发问、强调意义、先声夺人等，在统计分析报告中常用前四种。

(1) 起笔点题。开头就说明题意，用寥寥数语，清楚地交代题意，显得干脆、直接。

(2) 总揽观点。开头即亮出全文的观点，总说全文，使读者所关心的问题，开头就有答案，心里踏实明确。

（3）说明题由题意。有的开头就说明文章的目的和由来，解释题意，使读者了解文章的来头和必要性，引起注意。

（4）起句发问，造成悬念。分析报告作者在文章开头自设问题，造成读者疑问和悬念，自然地会接着看下文，获得答案。

（三）主题要突出、正确、鲜明、集中

所谓主题，即作者在文章作品中所表达的中心思想或基本观点。它在不同文章体裁中，有不同的称谓。在记叙文里称“中心思想”，在议论中称“中心论点”，在文艺作品中称为“主题思想”，在统计分析报告等财经应用文中则称“主题”或“观点”。

主题或观点是分析报告的纲，像一根主线贯穿全篇，成为全文的中心。分析报告的选材、结构、语言、表达，都以主题为依据，受主题的约束，也可谓分析报告的灵魂，统领全篇。对主题的基本要求是：

（1）突出。一篇文章中，只有一个主题思想，起统帅作用，其余都从属于主题，服务于主题。

（2）正确。主要符合四项基本原则，符合党的路线、方针、政策，符合客观实际。

（3）鲜明。主题要明确表示赞成什么，反对什么，观点明确，态度明朗，旗帜鲜明。

（4）集中。全文要围绕主题，说深说透，选材要力争选那些最能说明观点和材料，去掉次要的、枝节的材料，以利于突出观点。

（四）正文要严谨、分明、清晰

正文是统计分析报告的主体部分。这部分结构要严谨，层次要分明，条理要清晰。结构是指文章的内部组织、内部构造，是对文章内容进行安排的形式。结构的实质是作者如何认识事物的问题。只有正确的思维，深刻地认识事物，文章结构才会严谨。好的结构，会使文章中心鲜明突出，内容层次清楚，材料衔接自然，思路贯通清晰，前后起伏照应，使文章集中统一协调完整，从而增强论事说理的逻辑性与表现力，使文章的形式具有一定的美感。结构的格式是多种多样的，可以是情况、问题、建议三段式，也可以是情况、问题、根源、建议四部分，还可加预测部分，但不是一成不变或千篇一律的。

结构的形式具体体现在层次、段落上。层次即指内容的先后次序。常见的有：

（1）序时连贯式，即按事物发展经过和时间顺序安排层次，各层意思之间是连贯关系。

（2）序事递进式，即指文章各部分内容，按事理的发展顺序排列。它可以是先因后果，或先果后因的因果序事式；也可以是按事理发展的连续性，每一阶段一个层次；还可以是按事理意义上的一层进一层，层层深入的递进关系的递进式。

（3）总分式，即先总起来说，然后分开说；或者先分开说，后总起来说；或者前后都有总说，中间分开说。因分述内容的不同，可以是平行总分式、对比总分式、递进总分式和序时总分式。

（4）平列式，即各部分内容相对独立，各层意思之间是平行并列关系。这种结构形式可以是同事平列式，也可以是异事平列式。

（5）简要式，一般是篇幅短小，层次简单的分析报告，多用于快报、信息、简讯、小分析报告。

结构、层次是着重于事理的划分，文章中在文字表达上的体现就是分段。分段要清楚地表现分析报告的内容层次，一般要注意单一性和完整性，即每一段只说一个中心意思。层层段段既分明又连贯，层次与段落关系十分密切。

层次与层次，段落与段落之间需要过渡，它是指不同意思能够自然转换的一种写作技巧。过渡常用过渡段、过渡句或过渡词来实现其自然转换。其转换可以用意义上的连续、递进关系；可以用段意上的延续，呼应关系；可运用小标题；可以运用顺序码设置层次或段落。

总之，统计分析报告在结构上，层次要分明，条理要清楚。先写什么，后写什么，分几段，每段中心写什么，都要事先通盘考虑和安排。切忌把不重要的情况和问题拉进去，造成全篇结构松散，内容杂乱的“大杂烩”。

（五）结尾要自然完满，简短有力

结尾，是统计分析报告的结束语。它是文章思路发展或问题分析、解决的自然结果，也是文章思想内容的必然归宿。好的结尾，可以帮助读者明确题旨，加深认识，引起读者的联想和思考。对结尾的要求是自然完满、简短有力，不拖泥带水、画蛇添足。统计分析报告结尾的主要内容是：总结全文，照应开头；或重申观点，强调对问题的看法和建议；或补充说明，强调导语和正文未提到的问题；或以饱满的热情展示前景，提出新问题，预测发展趋势。统计分析报告的结尾的写法并没有硬性规定，主要由文章思想内容决定，要不落俗套，不断创新。一般的写法有：总括全文，做出结论，展示意义；指示今后，预测未来，指明趋势；呼应题目，补充说明，深化题旨；或是综合全篇强调基本观点，突出中心思想，使读者进一步明确全文内容。

四、如何写好统计分析报告

统计分析报告的写法和结构，没有什么固定的格式，可以遵循上面的结构模式，也可以根据执笔人的写作风格自行决定。总的原则是以形式丰富多彩，能清晰地表达和说明问题为准。一般说，主要是注意准确性、鲜明性、生动性，具体可归纳概括为以下“四性”和“三求”的几点：

（一）统计分析报告的质量要求

1. “四性”

（1）准确性。就是要数字准确，情况真实，观点正确，分析符合客观实际，依数据分析、判断、提炼的观点，必须准确。

（2）针对性。就是有明确的目的性和实用性，为一定对象服务，要“适销对路”，对准需要，不应“无的放矢”。

（3）时效性。就是要保证统计信息的价值。统计分析报告要适时地提供给有关领导和部门。一般说，进度性的分析要争分夺秒，越快越好，专题性的分析和预测决策性的分析要适时对路，掌握提供时机。

（4）逻辑性。就是要遵循逻辑规律，正确进行统计分析阐述。统计分析依据统计资料，运用判断、推理的方法，得出合乎逻辑的结论，前后一致，反映客观事物的内在联系。

2. “三求”

（1）“求实”即要如实反映，实实在在，不能华而不实，装腔作势。

（2）“求新”即要开拓新天地，涉及尚未研究的领导，要写具有新情况、新问题、新经验的分析报告，立意要新，材料要新。

（3）“求深”即要研究问题的立脚点要高一些，剖析问题要深一些，要透过现象抓本质，深剖深揭，由表及里。

（二）统计分析报告的表达

统计分析报告的表达是作者运用书面语言，将构思中形成的对客观事物的认识完整恰当地表现出来，从而撰写成文章的过程，其方式采用文章形式的书面语言，以便于交流和传播。

1. 统计分析报告的表达方式

统计分析报告中普遍运用的表达方式有叙述、说明和议论。

（1）叙述。这是指对事件或人物活动过程的述说。主要用于：①交待统计调查工作情况；②记叙某些事情的经过；③阐明作为证据的具体事实；④对措施或经验进行阐述。叙述的方法，一般是按照事情发生、发展的过程和时间顺序来叙述，要求头绪清楚、交代明白，以便于读者了解具体的事实。

（2）说明。这是指对事物的情况、性质、状态、特征、成因、构造、性能等所做的具体解说或阐述。主要用于：①阐明写作目的；②解释统计指标或统计方法；③解说统计数字变化的意义；④表明现状的数量情况；⑤介绍地理环境、自然资源及历史沿革情况；⑥介绍某些单位或部门（行为）的概况；⑦统计图表的运用和说明。统计分析报告的说明，要求准确地把握事物的真实情况，客观地、科学地加以说明，不要在说明中掺杂作者的感情和主观臆想。

（3）议论。这是运用事实和事理材料进行逻辑推理，判明是非，论证自己的见解和主张。议论由论点、论据和论证三个要素组成。主要用于：①对情况做出概括和评价；②对事物的特点做出判断；③判明存在问题及问题的性质；④对原因进行剖析；⑤阐明主张与建议；⑥篇首开宗明义。从明理角度看议论就是归纳法、演绎法、类比法、引证法、反证法、归谬法等说理方法的表达。在议论中应遵守逻辑规则，注意有关的前提和条件，以保证议论的正确性。

在统计分析报告中，很少运用描写和抒情方式，作为增加生动性和感染力，恰当地运用一点也可以。

2. 统计分析报告的语言的运用

统计分析报告的语言运用不同于文学作品和理论文章，要求精练、准确、生动、具体、要注意以下十性：

（1）直接性。要开门见山直入达意，避免套话，不要说空话。

（2）真实性。要实事求是如实反映情况，讲真话，不要说假话，也不能说半真半假话。

（3）实在性。要具有实在性的内容，言之有物，不讲大话、悬话。

（4）准确性。有一说一，有二说二，说准确的，不说大概、大约的话，不能随意估计和猜测。

（5）平易性。语气要平易近人，切忌武断、生硬、摆架子，不说指教人的话。

（6）鲜明性。语言要明快、直截了当、不隐讳、曲折。

（7）通俗性。要运用通俗语言，不要用令人费解的深奥难懂的语言。

（8）朴实性。要用朴实无华的语言，不要滥用文言、欧化语和浮华的形容词。

（9）简练性。语言要干脆利落，简练紧凑，简明扼要，不要繁杂冗长，不着边际，东拉西扯。

（10）可读性。要适当运用修辞手法，引起读者兴趣，不要用平淡无味、枯燥乏味的语言。

3. 统计分析报告的数字表达

数字是统计的语言，是统计报告论事说理的工具，必须很好运用。在统计分析报告中数字的表达一般有以下十种方法：

（1）显示法。用统计数字做引题、正题、副题、小标题，以引起读者重视。

（2）指示法。向读者直接指示统计数字或指明统计数字的意义，以引起读者对数字的注意。

（3）密度法。适当控制统计分析报告的数字密度，数字不应太多，也不要过少，一般控制在全文的比重0%～30%，其分布要均衡。

（4）概略法。把复杂的统计数字概算、扩算或简化，使读者易读易记。它可采用概数、大单位数、范围数、代表数、代替数等方法。

（5）明晰法。把一些比较抽象、复杂的统计数字采用抽象数变具体数，或数字加解说的办法使其变得更清晰、更明确的方法。

（6）对衬法。将差别较大的两种事实数字对照，引起读者注意。

（7）揭示法。揭示统计数字的背后实质，加强统计数字的效果。

（8）联系法。运用突出的事实、典型的事例，引起人们注意，加强统计数字效果。

（9）形象法。利用比喻、夸张等手法使统计数字变得形象、具体，以使读者理解。

（10）图表法。通过统计图表来表达统计数字，给读者直观印象，以增强统计数字效果，但图表不宜用得过多，内容不宜复杂。

附：

企业景气高位攀升　企业家信心保持平稳

——2006年二季度全国企业景气调查报告

全国企业景气调查结果（见图11-1）显示：今年二季度，企业景气指数高位攀升，企业家信心指数保持平稳，表明企业生产经营在整体上继续保持较快发展，企业家对未来经济走势信心稳定。

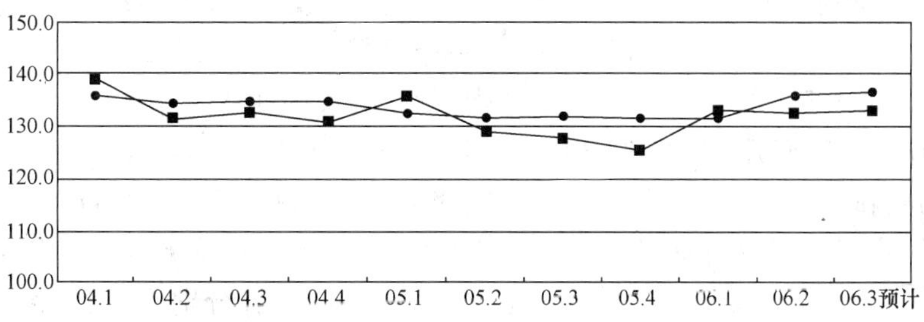

图11-1　企业景气指数与企业家信心指数走势图

—●—企业景气指数　—■—企业家信心指数

企业景气在高位提升

二季度，全国企业景气指数为135.9，分别比一季度和上年同期提高4.4和4.2点，达到2004年一季度创下的历史最好水平，表明企业生产经营在整体上继续保持较快发展的态势。

(1) 采矿业、信息传输计算机服务和软件业在景气高位平稳运行。景气指数分别为162.6和153.9，分别比一季度提高3.5和0.1点，与上年同期基本持平；制造业、建筑业、批发和零售业、住宿和餐饮业、房地产业、社会服务业企业景气均有提升，景气指数分别为134.0、135.2、141.6、127.2、135.0和128.1，比一季度提高6.1、11.0、0.4、8.3、2.0和5.2点，比上年同期提高5.6、6.5、6.6、1.5、8.4和2.1点；电力燃气及水的生产和供应业企业景气指数与一季度持平，比上年同期提高1.3点；只有交通运输仓储和邮政业受油价上涨、成本增加等因素的影响，景气指数明显下降，分别比一季度和上年同期下降5.8和8.2点。

(2) 国有企业景气创下近年最好水平。景气指数为133.0，分别比一季度和上年同期提高4.6和2.1点；有限责任公司、股份有限公司、私营企业、外商及港澳台商投资企业景气明显提升，景气指数分别为135.3、145.1、133.9和142.4，比一季度提高4.8、5.5、7.6和1.1点，比上年同期提高4.9、3.9、14.0和4.9点；股份合作企业、联营企业景气指数分别为116.4和118.0，比一季度提高1.3和6.7点，比上年同期下降2.4和7.2点；集体企业景气指数为110.4，比一季度下降1.1点，比上年同期提高1.4点。

(3) 大中小型企业景气呈梯次提升。景气指数分别为155.2、125.6和115.1，比一季度提高5.8、3.8和2.2点，比上年同期提高5.8、4.2和1.4点。

(4) 东中西部地区企业景气同步上升。景气指数分别为138.2、135.7和130.4，比一季度提高4.4、3.2和6.3点；比上年同期提高3.9、4.2和4.8点。

(5) 国家重点企业、上市公司、乡镇企业景气均有提高。景气指数分别为154.9、155.7和136.2，比一季度提高10.0、8.1和4.0点，比上年同期提高0.3、4.8和4.0点；国家试点企业集团成员企业景气指数为147.0，与一季度基本持平，比上年同期下降7.1点。

(6) 企业总体运行质量继续改善，多数分类景气指数明显提升，并创下近年新高。

1) 企业生产继续加快。企业生产景气指数为131.8，分别比一季度和上年同期提高23.7和3.3点。分行业看，采矿业、制造业、建筑业、交通运输仓储和邮政业生产景气指数分别为128.5、132.4、152.7和122.6，比一季度提高16.4、22.8、72.3和6.0点，比上年同期提高5.4、3.5、2.9和4.0点；电力燃气和水的生产和供应业生产景气指数为137.4，虽然比一季度回升24.7点，但比上年同期下降6.4点。另外，工业设备利用率达到85.5%这一历史新高，分别比一季度和上年同期提高0.5和0.8个百分点。

2) 企业销售增长较快。企业销售景气指数为129.9，分别比一季度和上年同期提高21.2和7.5点。分行业看，制造业产品销售景气指数134.0，分别比一季度和上年同期提高6.1和5.6点；采矿业产品销售景气指数162.6，比一季度提高3.5点，与上年同期持平；电力燃气和水的生产和供应业产品销售景气指数为138.5，与一季度持平，比上年同期提高1.3点；批发和零售业商品销售景气指数为122.4，分别比一季度和上年同期提高10.5和

13.0 点；房地产业商品房销售景气指数为 106.1，分别比一季度和上年同期提高 12.6 和 12.1 点。

3）企业订货大量增加。企业订货景气指数为 124.4，分别比一季度和上年同期提高 11.0 和 6.2 点，摆脱六个季度徘徊不前的状况。其中，制造业产品订货景气指数为 129.0，分别比一季度和上年同期提高 9.3 和 9.4 点；建筑业工程合同景气指数为 133.5，分别比一季度和上年同期提高 43.6 和 7.7 点；采矿业产品订货景气指数为 123.4，比一季度提高 0.7 点，比上年同期下降 8.2 点。

4）企业盈利水平明显提升。企业盈利景气指数为 122.3，分别比一季度和上年同期提高 14.9 和 9.0 点。分行业看，制造业企业盈利景气指数为 124.0，分别比一季度和上年同期提高 17.9 和 12.6 点；电力燃气及水的生产和供应业、建筑业、批发和零售业、房地产业、信息传输计算机服务和软件业、住宿和餐饮业企业盈利景气指数分别为 124.5、121.4、125.4、114.3、127.9 和 117.9，比一季度提高 18.5、25.5、5.8、10.3、6.2 和 22.7 点，比上年同期提高 9.9、0.3、18.8、6.8、8.7 和 6.9 点；社会服务业企业盈利景气指数为 111.3，比一季度提高 14.9 点，但低于上年同期 1.2 点；交通运输仓储和邮政业受油价上调等因素的影响，企业盈利景气指数明显下降并落入不景气区间。

5）企业用工需求有所增加。企业用工景气指数为 112.0，分别比一季度和上年同期提高 5.1 和 3.3 点。分行业看，多数服务业行业用工增加，其中批发和零售业、房地产业、信息传输计算机服务和软件业、住宿和餐饮业企业用工景气指数分别为 104.8、107.1、118.7 和 114.5，比一季度提高 3.9、4.3、5.0 和 8.7 点，比上年同期提高 6.3、5.7、7.4 和 5.7 点；社会服务业企业用工景气指数为 107.6，与一季度和上年同期持平；交通运输仓储和邮政业企业用工需求有所下降，景气指数仅为 95.1，分别比一季度和上年同期下降 8.5 和 0.3 点。建筑业企业用工需求出现明显回升，用工景气指数为 143.9，分别比一季度和上年同期提高 54.4 和 1.7 点。

6）企业固定资产投资有所提高。企业固定资产投资景气指数为 120.1，分别比一季度和上年同期提高 15.2 和 1.7 点。分行业看，制造业、电力燃气及水的生产和供应业、建筑业、交通运输仓储和邮政业、批发和零售业、房地产业、社会服务业、信息传输计算机服务和软件业、住宿和餐饮业企业固定资产投资景气指数分别为 120.5、141.4、113.7、121.0、109.0、109.5、108.0、119.5 和 116.1，比一季度提高 14.5、29.5、18.4、10.2、6.1、5.3、4.6、14.9 和 9.3 点，比上年同期提高 2.1、1.6、4.0、1.7、2.7、2.8、1.6、4.1 和 0.5 点；采矿业企业固定资产投资景气指数为 143.2，比一季度明显回升 41.4 点，但低于上年同期水平 17.0 点。

预计 2006 年三季度企业景气指数将与二季度基本持平，高于上年同期，企业生产经营整体上继续保持较快发展。

企业家信心保持基本稳定

二季度，全国企业家信心指数为 132.5，比一季度下降 0.6 点，高于上年同期 4.0 点。企业家信心指数在一季度高开之后，二季度走势基本稳定，表明多数企业家对未来宏观经济走势保持一种平稳而且乐观的态度。

（1）多数行业企业家信心变化不大。二季度，制造业、社会服务业企业家信心指数分别为 129.7 和 135.3，比一季度上升 1.5 和 1.4 点；电力燃气及水的生产和供应业、住宿和餐饮业企业家信心指数分别为 138.2 和 126.9，与一季度基本持平；采矿业、建筑业、交通运输仓储和邮政业、批发和零售业、房地产业、信息传输计算机服务和软件业企业家信心指数分别为 157.5、130.9、123.5、134.9、132.7 和 149.7，比一季度下降 3.3、1.5、10.3、2.3、2.0 和 6.1。与上年同期相比，除采矿业、交通运输仓储和邮政业、信息传输计算机服务和软件业有所下降外，其他行业企业家信心指数均有上升。

(2) 有限责任公司、外商及港澳台商投资企业企业家信心基本稳定。二季度，企业家信心指数分别为 133.3 和 139.6，与一季度持平；国有企业、集体企业、股份合作企业和私营企业企业家信心指数分别为 131.2、115.5、112.5 和 127.1，比一季度下降 3.8、3.5、3.5 和 2.4 点；联营企业和股份有限公司企业家信心指数分别为 129.1 和 137.0，比一季度上升 9.0 和 1.2 点。与上年同期相比，除股份合作企业有所下降外，其他登记注册类型企业的企业家信心指数均有提升。

(3) 不同规模企业对宏观经济发展的信心差异较大。二季度，大型企业对宏观经济发展趋势比较乐观，企业家信心指数为 146.9，分别比一季度和上年同期上升 3.3 和 7.2 点；中、小型企业的企业家信心指数分别为 125.4 和 116.9，比一季度下降 3.0 和 3.5 点，但与上年同期相比，中型企业上升 3.4 点，小型企业基本持平。

(4) 东中西部地区企业家对宏观经济发展信心趋于一致。二季度，东中西部企业家信心指数分别为 133.4、133.5 和 130.1，比一季度下降 0.1、1.0 和 1.0 点，但比上年同期上升 4.8、2.7 和 4.3 点。

预计 2006 年三季度企业家信心指数与二季度基本持平，高于上年三季度水平。

当前企业生产经营中的问题

从二季度调查结果看，企业反映当前生产经营中存在的主要问题有：

(1) 购进价格不断攀升，企业控制成本压力加大。今年以来，主要原材料购进价格居高不下，特别是成品油两次调价，给企业生产经营造成一定困难。二季度，工业主要原材料及能源购进价格、建筑业材料购进价格、批发和零售业商品购进价格景气指数分别为 49.0、52.3 和 70.3，比一季度下降 15.3、35.5 和 13.4 点，比上年同期下降 5.4、36.8 和 16.8 点。企业购进价格的上涨，加大了企业控制成本的压力，压缩了企业盈利空间，部分企业出现较大亏损。二季度，各行业成本（费用）景气指数均有明显下降，其中工业生产成本、建筑业工程结算成本、批发和零售业经营费用、交通运输仓储和邮政业业务成本景气指数分别为 69.1、60.7、80.5 和 48.9，比一季度下降 8.8、34.2、17.5 和 8.5，比上年同期下降 0.4、8.1、11.2 和 8.4 点。特别是交通运输仓储和邮政业盈利水平大幅下滑，二季度企业盈利景气指数仅为 90.4，不仅处于不景气区间，而且分别比一季度和上年同期下降 12.0 和 15.5 点。

(2) 企业货款拖欠问题有所加剧。今年前两个季度，企业货款拖欠景气指数分别为 105.3 和 101.3，比上年同期下降 1.4 和 0.6 点。特别是建筑业货款拖欠问题较为严重，二季度景气指数仅为 78.4，分别比一季度和上年同期下降 23.0 和 1.6 点。在调查的 66 个国民经济大类行业中，企业货款拖欠景气指数比一季度下降的行业有 39 个，比上年同期下降的行业有 24 个。

(3) 部分行业出现招工难现象。二季度，随着企业生产快速增长，企业对劳动力的需求大量增加，部分行业开始出现用工短缺的现象。据广东、福建调查总队反映，一些地区制造业用工短缺现象比较严重，尤其是劳动密集型企业，企业招工的条件一再放宽，但还是招不到足够的工人，特别是一线技术工人和技术型管理人才十分缺乏。

资料来源：中国统计信息网

习 题 十 一

一、判断题

1. 统计综合分析离不开数字，所以，统计综合分析可以是单纯地罗列数学、分析数学、揭示事物的本质。 （ ）

2. 科学地进行统计综合分析必须遵循“实事求是”这个基本原则。实事求是也可以说是统计综合分析的灵魂。 （ ）

3. 统计综合分析要认识问题的全貌，掌握现象运动的全过程，这就不能只限于运用一种分析方法，而必须综合运用多种分析方法。 （ ）

4. 统计综合分析与整个统计工作任务是一致的，其主要任务就是“占有资料，加以分析，找出矛盾，提出办法”。 （ ）

二、单选题

1. 对社会经济某一方面或某一问题进行的分析是（ ）。

A. 总结性分析； B. 进度性分析；

C. 预测性分析； D. 专题性分析。

2. 2005 年 5 月河北省 GDP 比同期增长 12%，这属于（ ）。

A. 单项比较； B. 动态比较

C. 静态比较 D. 相差比较。

3. 上题中采用统计比较的标准是（ ）。

A. 前期数据标准； B. 理论数据标准；

C. 历史最好时期标准； D. 经验数据标准。

4. 刘翔曾以 12.88s 的成绩取得 110m 栏冠军，打破世界纪录。这采用统计比较的标准是（ ）。

A. 经验数据标准； B. 理论数据标准；

C. 时间数据标准； D. 空间数据标准。

5. 近年来，我国第三产业对国内生产总值贡献越来越大，但从统计数据来看，目前我国第三产业的贡献率仅相当于发达国家的 50 年代的水平。这采用统计比较的标准是（ ）。

A. 经验数据标准； B. 理论数据标准；

C. 时间数据标准； D. 空间数据标准。

三、多项选择题

1. 统计综合分析的主要形式有（ ）。

A. 专题性分析； B. 总结性分析；

C. 进度性分析； D. 预测决策性分析；

E. 周期性分析。

2. 在统计比较中依研究目的不同有各种各样的比较标准，常用的主要有（　　）。

A. 经验数据标准；　　B. 理论数据标准；

C. 时间数据标准；　　D. 空间数据标准；

E. 计划或政策规定数据标准。

3. 统计综合分析的主要特点是（　　）。

A. 以统计数据为基础，定量与定性分析相结合；

B. 要掌握大量的统计数据；

C. 要运用全面统计分析方法；

D. 统计综合分析的目的在于提出办法解决问题；

E. 综合运用多种分析方法。

4. 统计比较的作用主要是（　　）。

A. 加速现代化建设作用；　　B. 认识事物的作用；

C. 进行监督的作用；　　D. 促进管理的作用；

E. 综合决策作用。

5. 统计比较的种类有以下几种（　　）。

A. 静态比较和动态比较；　　B. 全面比较和典型比较；

C. 相比比较和相差比较；　　D. 速度比较和效益比较；

E. 单项比较和综合比较。

6. 统计比较时间数据标准主要有（　　）。

A. 水平最低时期数据标准；　　B. 前期数据标准；

C. 历史最好时期标准；　　D. 历史转折前期数据标准；

E. 水平最高时期数据标准。

7. 统计比较空间数据标准主要有（　　）。

A. 最差水平标准；　　B. 平均水平标准；

C. 先进水平标准；　　D. 相似空间标准；

E. 互为标准。

8. 进行统计比较所必须遵守的具体规则是（　　）。

A. 统计比较事物的联系性；　　B. 统计比较指标含义的一致性；

C. 统计比较时间限制的一致性；　　D. 统计比较空间范围的一致性；

E. 统计比较指标的计算方法和计量单位的一致性。

9. 评价指标的选择主要建立在对评价事物定性研究的基础上，选择评价指标的主要原则是（　　）。

A. 科学性；　　B. 目的性；

C. 全面性；　　D. 可行性；

E. 无偏性。

四、简答题

1. 什么是统计综合分析，并简述其特点。

2. 根据统计综合分析的任务，简述统计综合分析的种类。

3. 简述统计综合分析的程序，在分析中应遵循什么样的原则。

4. 什么是统计比较分析，它有何作用。

5. 常见的统计比较的种类有哪些并分别说明它的含义。

6. 常用的统计比较的标准有哪些，这些标准又如何应用。

7. 在统计比较中应遵循什么样的原则。

五、计算题

1. 欲评价两个城市的发展水平，评价指标为人均国内生产总值、第三产业比重、居民的平均工资和每万人中受过高等教育人数四个指标。请根据表 11－6 数据完成表格并进行评价。

表 11－6　两城市发展水平综合评价指数计算表

指标名称	计量单位	全国水平（标准值）	甲市		乙市	
			实际值	指数保留一位小数	实际值	指数保留一位小数
人均国内生产总值	元	7993.3	15 672.8		15 375.6	
第三产业比重	%	36.8	42.1		39.4	
居民的平均工资	元	7452.9	7592.3		8564.7	
每万人受过高等教育人数	人	59.2	65.4		71.2	
综合平均指数	分	100	…		…	

2. 欲评价甲乙两个公司的经济效益，评价指标为产品销售率、成本利润率、劳动生产率和资金周转次数四个指标。根据表 11－7 数据完成表格并对两个公司进行综合评价。

表 11－7　甲、乙两公司经济效益综合评价指数计算表

指标名称	计量单位	全国指标值	权数	甲公司			乙公司		
				指标值	指数保留一位小数	分数保留两位小数	指标值	指数保留一位小数	分数保留两位小数
产品销售率	%	92.34	36	93.45			90.36		
成本利润率	%	10.92	21	9.83			12.41		
劳动生产率	元/人	6534.25	27	6953.49			7548.5		
资金	次	2033	16	2.65			2.48		
周转次数									
经济效益综合评价指数	分	…	100	…	…		…	…	

3. 运用功效系数法对表 11－8 的甲、乙、丙和丁四个企业进行综合评价，要求既要用算术平均法得出总功效系数，又要用几何平均法得出总功效系数（每个指标项下的最大值为满意值，最小值为不允许值）。

表 11-8 某地经济效益指标

效益 指标企业	劳动生产率 [元/（人·年)]	百元固定资产 静产值（元）	百元总产值 销售收入（元）	成本利润率 (%)
甲	5962	62.4	90.3	10.2
乙	6534	58.7	92.8	8.7
丙	5791	53.2	89.4	9.4
丁	6842	60.6	91.7	9.8

4. 某市甲乙两地区经济效益指标如表 11-9 所示。

表 11-9 某市经济效益指标

指标名称	计量单位	全国标准	权数	实际指标值	
				甲地	乙地
1. 产品销售率	%	95	15	98	95
2. 资金利税率	%	14	30	14	9
3. 成本利润率	%	8	15	8	6
4. 劳动生产率	元/人	8000	10	16 000	10 000
5. 流动资金周转次数	次	30	10	30	26.5
6. 净产值率	%				

要求：根据商标有关数据用综合指数法对甲乙两地区经济效益进行综合评价。

附录A 统 计 分 类 标 准

三 次 产 业 分 类

三次产业分类类别	《国民经济行业分类》（GB/T 4754—2002）类别、名称及代码		
	门类	大类	类别、名称
第一产业	A		农、林、牧、渔业
		01	农业
		02	林业
		03	畜牧业
		04	渔业
		05	农、林、牧、渔服务业
第二产业	B		采矿业
		06	煤炭开采和洗选业
		07	石油和天然气开采业
		08	黑色金属矿采选业
		09	有色金属矿采选业
		10	非金属矿采选业
		11	其他采矿业
	C		制造业
		13	农副食品加工业
		14	食品制造业
		15	饮料制造业
		16	烟草制品业
		17	纺织业
		18	纺织服装、鞋、帽制造业
		19	皮革、毛皮、羽毛（绒）及其制品业
		20	木材加工及木、竹、藤、棕、草制品业
		21	家具制造业
		22	造纸及纸制品业
		23	印刷业和记录媒介的复制
		24	文教体育用品制造业
		25	石油加工、炼焦及核燃料加工业
		26	化学原料及化学制品制造业
		27	医药制造业
		28	化学纤维制造业
		29	橡胶制品业
		30	塑料制品业
		31	非金属矿物制品业

续表

三次产业分类类别	《国民经济行业分类》(GB/T 4754—2002)类别、名称及代码		
	门类	大类	类别、名称
第二产业		32	黑色金属冶炼及压延加工业
		33	有色金属冶炼及压延加工业
		34	金属制品业
		35	通用设备制造业
		36	专用设备制造业
		37	交通运输设备制造业
		39	电气机械及器材制造业
		40	通信设备、计算机及其他电子设备制造业
		41	仪器仪表及文化、办公用机械制造业
		42	工艺品及其他制造业
		43	废弃资源和废旧材料回收加工业
	D		电力、燃气及水的生产和供应业
		44	电力、热力的生产和供应业
		45	燃气生产和供应业
		46	水的生产和供应业
	E		建筑业
		47	房屋和土木工程建筑业
		48	建筑安装业
		49	建筑装饰业
		50	其他建筑业
第三产业	F		交通运输、仓储和邮政业
		51	铁路运输业
		52	道路运输业
		53	城市公共交通业
		54	水上运输业
		55	航空运输业
		56	管道运输业
		57	装卸搬运和其他运输服务业
		58	仓储业
		59	邮政业
	G		信息传输、计算机服务和软件业
		60	电信和其他信息传输服务业
		61	计算机服务业
		62	软件业
	H		批发和零售业
		63	批发业
		65	零售业
	I		住宿和餐饮业

续表

三次产业分类类别	《国民经济行业分类》(GB/T 4754—2002)类别、名称及代码		
	门类	大类	类别、名称
第三产业		66	住宿业
		67	餐饮业
	J		金融业
		68	银行业
		69	证券业
		70	保险业
		71	其他金融活动
	K		房地产业
		72	房地产业
	L		租赁和商务服务业
		73	租赁业
		74	商务服务业
	M		科学研究、技术服务和地质勘查业
		75	研究与试验发展
		76	专业技术服务业
		77	科技交流和推广服务业
		78	地质勘查业
	N		水利、环境和公共设施管理业
		79	水利管理业
		80	环境管理业
		81	公共设施管理业
	O		居民服务和其他服务业
		82	居民服务业
		83	其他服务业
	P		教育
		84	教育
	Q		卫生、社会保障和社会福利业
		85	卫生
		86	社会保障业
		87	社会福利业
	R		文化、体育和娱乐业
		88	新闻出版业
		89	广播、电视、电影和音像业
		90	文化艺术业
		91	体育
		92	娱乐业
	S		公共管理和社会组织
		93	中国共产党机关
		94	国家机构
		95	人民政协和民主党派
		96	群众团体、社会团体和宗教组织
		97	基层群众自治组织
	T		国际组织
		98	国际组织

附录B 正态分布概率表

t	F(t)	t	F(t)	t	F(t)	t	F(t)
0.00	0.000 0	0.32	0.251 0	0.64	0.477 8	0.96	0.662 9
0.01	0.008 0	0.33	0.258 6	0.65	0.484 3	0.97	0.668 0
0.02	0.016 0	0.34	0.266 1	0.66	0.490 7	0.98	0.672 9
0.03	0.023 9	0.35	0.273 7	0.67	0.497 1	0.99	0.677 8
0.04	0.031 9	0.36	0.281 2	0.68	0.503 5	1.00	0.682 7
0.05	0.039 9	0.37	0.288 6	0.69	0.509 8	1.01	0.687 5
0.06	0.047 8	0.38	0.296 1	0.70	0.516 1	1.02	0.692 3
0.07	0.055 8	0.39	0.303 5	0.71	0.522 3	1.03	0.697 0
0.08	0.063 8	0.40	0.310 8	0.72	0.528 5	1.04	0.701 7
0.09	0.071 7	0.41	0.318 2	0.73	0.534 6	1.05	0.706 3
0.10	0.079 7	0.42	0.325 5	0.74	0.540 7	1.06	0.710 9
0.11	0.087 6	0.43	0.332 8	0.75	0.546 7	1.07	0.715 4
0.12	0.095 5	0.44	0.340 1	0.76	0.552 7	1.08	0.719 9
0.13	0.103 4	0.45	0.347 3	0.77	0.558 7	1.09	0.724 3
0.14	0.111 3	0.46	0.354 5	0.78	0.564 6	1.10	0.728 7
0.15	0.119 2	0.47	0.361 6	0.79	0.570 5	1.11	0.733 0
0.16	0.127 1	0.48	0.368 8	0.80	0.576 3	1.12	0.737 3
0.17	0.135 0	0.49	0.375 9	0.81	0.582 1	1.13	0.741 5
0.18	0.142 8	0.50	0.382 9	0.82	0.587 8	1.14	0.745 7
0.19	0.150 7	0.51	0.389 9	0.83	0.593 5	1.15	0.749 9
0.20	0.158 5	0.52	0.396 9	0.84	0.599 1	1.16	0.754 0
0.21	0.166 3	0.53	0.403 9	0.85	0.604 7	1.17	0.758 0
0.22	0.174 1	0.54	0.410 8	0.86	0.610 2	1.18	0.762 0
0.23	0.181 9	0.55	0.417 7	0.87	0.615 7	1.19	0.766 0
0.24	0.189 7	0.56	0.424 5	0.88	0.621 1	1.20	0.769 9
0.25	0.197 4	0.57	0.431 3	0.89	0.626 5	1.21	0.773 7
0.26	0.205 1	0.58	0.438 1	0.90	0.631 9	1.22	0.777 5
0.27	0.212 8	0.59	0.444 8	0.91	0.637 2	1.23	0.781 3
0.28	0.220 5	0.60	0.451 5	0.92	0.642 4	1.24	0.785 0
0.29	0.228 2	0.61	0.458 1	0.93	0.647 6	1.25	0.788 7
0.30	0.235 8	0.62	0.464 7	0.94	0.652 8	1.26	0.792 3
0.31	0.243 4	0.63	0.471 3	0.95	0.657 9	1.27	0.795 9

续表

t	F(t)	t	F(t)	t	F(t)	t	F(t)
1.28	0.799 5	1.61	0.892 6	1.94	0.947 6	2.54	0.988 9
1.29	0.803 0	1.62	0.894 8	1.95	0.948 8	2.56	0.989 5
1.30	0.806 4	1.63	0.896 9	1.96	0.950 0	2.58	0.990 1
1.31	0.809 8	1.64	0.899 0	1.97	0.951 2	2.60	0.990 7
1.32	0.813 2	1.65	0.901 1	1.98	0.952 3	2.62	0.991 2
1.33	0.816 5	1.66	0.903 1	1.99	0.953 4	2.64	0.991 7
1.34	0.819 8	1.67	0.905 1	2.00	0.954 5	2.66	0.992 2
1.35	0.823 0	1.68	0.907 0	2.02	0.956 6	2.68	0.992 6
1.36	0.826 2	1.69	0.909 0	2.04	0.958 7	2.70	0.993 1
1.37	0.829 3	1.70	0.910 9	2.06	0.960 6	2.72	0.993 5
1.38	0.832 4	1.71	0.912 7	2.08	0.962 5	2.74	0.993 9
1.39	0.835 5	1.72	0.914 6	2.10	0.964 3	2.76	0.994 2
1.40	0.838 5	1.73	0.916 4	2.12	0.966 0	2.78	0.994 6
1.41	0.841 5	1.74	0.918 1	2.14	0.967 6	2.80	0.994 9
1.42	0.844 4	1.75	0.919 9	2.16	0.969 2	2.82	0.995 2
1.43	0.847 3	1.76	0.921 6	2.18	0.970 7	2.84	0.995 5
1.44	0.850 1	1.77	0.923 3	2.20	0.972 2	2.86	0.995 8
1.45	0.852 9	1.78	0.924 9	2.22	0.973 6	2.88	0.996 0
1.46	0.855 7	1.79	0.926 5	2.24	0.974 9	2.90	0.996 3
1.47	0.858 4	1.80	0.928 1	2.26	0.976 2	2.92	0.996 5
1.48	0.861 1	1.81	0.929 7	2.28	0.977 4	2.94	0.996 7
1.49	0.863 8	1.82	0.931 2	2.30	0.978 6	2.96	0.996 9
1.50	0.866 4	1.83	0.932 8	2.32	0.979 7	2.98	0.997 1
1.51	0.869 0	1.84	0.934 2	2.34	0.980 7	3.00	0.997 3
1.52	0.871 5	1.85	0.935 7	2.36	0.981 7	3.20	0.998 6
1.53	0.874 0	1.86	0.937 1	2.38	0.982 7	3.40	0.999 3
1.54	0.876 4	1.87	0.938 5	2.40	0.983 6	3.60	0.999 68
1.55	0.878 9	1.88	0.939 9	2.42	0.984 5	3.80	0.999 86
1.56	0.881 2	1.89	0.941 2	2.44	0.985 3	4.00	0.999 94
1.57	0.883 6	1.90	0.942 6	2.46	0.986 1	4.50	0.999 993
1.58	0.885 9	1.91	0.943 9	2.48	0.986 9	5.00	0.999 999
1.59	0.888 2	1.92	0.945 1	2.50	0.987 6		
1.60	0.890 4	1.93	0.946 4	2.52	0.988 3		

附录C 平均增长速度查对表（摘选）

间隔期：1～5年

平均每年增长（%）	总发展速度（%）				
	1年	2年	3年	4年	5年
0.1	100.10	200.30	300.60	401.00	501.50
0.2	100.20	200.60	301.20	402.00	503.00
0.3	100.30	200.90	301.80	403.00	504.50
0.4	100.40	201.20	302.40	404.00	506.01
0.5	100.50	201.50	303.01	405.03	507.56
0.6	100.60	201.80	303.61	406.03	509.06
0.7	100.70	202.10	304.21	407.03	510.57
0.8	100.80	202.41	304.83	408.07	512.14
0.9	100.90	202.71	305.44	409.09	513.67
1.0	101.00	203.01	306.04	410.10	515.20
1.1	101.10	203.31	306.64	411.11	516.73
1.2	101.20	203.61	307.25	412.13	518.27
1.3	101.30	203.92	307.87	413.17	519.84
1.4	101.40	204.22	308.48	414.20	521.40
1.5	101.50	204.52	309.09	415.23	522.96
1.6	101.60	204.83	309.71	416.27	524.53
1.7	101.70	205.13	310.32	417.30	526.10
1.8	101.80	205.43	310.93	418.33	527.66
1.9	101.90	205.74	311.55	419.37	529.24
2.0	102.00	206.04	312.16	400.40	530.80
2.1	102.10	206.34	31.77	421.44	532.39
2.2	102.20	206.65	313.40	422.50	534.00
2.3	102.30	206.95	314.01	423.53	535.57
2.4	102.40	207.26	314.64	424.60	537.20
2.5	102.50	207.56	315.25	425.63	538.77
2.6	102.60	207.87	315.88	426.70	540.40
2.7	102.70	208.17	316.49	427.73	541.97
2.8	102.80	208.48	317.12	428.80	543.61
2.9	102.90	208.78	317.73	429.84	545.20
3.0	103.00	209.09	318.36	430.91	546.84
3.1	103.10	209.40	319.00	432.00	548.50
3.2	103.20	209.70	319.61	433.04	550.10
3.3	103.30	210.01	320.24	434.11	551.74
3.4	103.40	210.32	320.88	435.20	553.41
3.5	103.50	210.62	312.49	436.24	555.01
3.6	103.60	210.93	322.12	437.31	556.65
3.7	103.70	211.24	322.76	438.41	558.34
3.8	103.80	211.54	323.37	439.45	559.94
3.9	103.90	211.85	324.01	440.54	561.61
4.0	104.00	211.16	324.65	441.64	563.31
4.1	104.10	212.47	325.28	442.72	564.98
4.2	104.20	212.78	325.92	443.81	566.65
4.3	104.30	213.08	326.54	444.88	568.31

续表

平均每年增长（%）	总发展速度（%）				
	1年	2年	3年	4年	5年
4.4	104.40	213.39	327.18	445.98	570.01
4.5	104.50	213.70	327.81	447.05	571.66
4.6	104.60	214.01	328.45	448.15	573.36
4.7	104.70	214.32	329.09	449.25	575.06
4.8	104.80	214.63	329.73	450.35	576.76
4.9	104.90	214.94	330.37	451.46	578.48
5.0	105.00	215.25	331.01	452.56	580.19
5.1	105.10	215.56	331.65	453.66	581.89
5.2	105.20	215.87	332.29	454.76	583.60
5.3	105.30	216.18	332.94	455.89	585.36
5.4	105.40	216.49	333.58	456.99	587.06
5.5	105.50	216.80	334.22	458.10	588.79
5.6	105.60	217.11	334.86	459.29	590.50
5.7	105.70	217.42	335.51	460.33	592.26
5.8	105.80	217.74	336.17	461.47	594.04
5.9	105.90	218.05	336.82	462.60	595.80
6.0	106.00	218.36	337.46	463.71	597.54
6.1	106.10	218.67	338.11	464.84	599.30
6.2	106.20	218.98	338.75	465.95	601.04
6.3	106.30	219.30	339.42	467.11	602.84
6.4	106.40	219.61	340.07	468.24	604.61
6.5	106.50	219.92	340.71	469.35	606.35
6.6	106.60	220.24	341.38	470.52	608.18
6.7	106.70	220.55	342.03	471.65	609.95
6.8	106.80	220.86	342.68	472.78	611.73
6.9	106.90	221.18	343.35	473.95	613.56
7.0	107.00	221.49	343.99	475.07	615.33
7.1	107.10	221.80	344.64	476.20	617.10
7.2	107.20	222.12	345.31	477.37	618.94
7.3	107.30	222.43	345.96	478.51	620.74
7.4	107.40	222.75	346.64	479.70	622.61
7.5	107.50	223.06	347.29	480.84	624.41
7.6	107.60	223.38	347.96	482.01	626.25
7.7	107.70	223.69	348.61	483.15	628.05
7.8	107.80	224.01	349.28	484.32	629.89
7.9	107.90	224.32	349.94	485.48	631.73
8.0	108.00	224.64	350.61	486.66	633.59
8.1	108.10	224.96	351.29	487.85	635.47
8.2	108.20	225.27	351.94	489.00	637.30
8.3	108.30	225.59	352.62	490.19	639.18
8.4	108.40	225.91	353.29	491.37	641.05
8.5	108.50	226.22	353.95	495.24	642.91
8.6	108.60	226.54	354.62	493.71	644.76
8.7	108.70	226.86	355.30	494.91	646.67
8.8	108.80	227.17	355.96	496.08	648.53
8.9	108.90	227.49	356.63	497.26	650.41
9.0	109.00	227.81	355.31	498.47	652.33
9.1	109.10	228.13	357.99	499.67	654.24

续表

平均每年增长（%）	总发展速度（%）				
	1年	2年	3年	4年	5年
9.2	109.20	228.45	358.67	500.87	656.15
9.3	109.30	228.76	359.33	502.04	658.02
9.4	109.40	229.08	360.01	503.25	659.95
9.5	109.50	229.40	360.69	504.45	611.87
9.6	109.60	229.72	361.37	505.66	663.80
9.7	108.70	230.04	362.05	506.86	665.72
9.8	109.80	230.36	362.73	508.07	667.65
9.9	109.90	230.68	363.42	509.30	669.62
10.0	100.00	231.00	364.10	510.51	671.56
10.1	110.10	231.32	364.78	511.72	673.50
10.2	110.20	231.64	365.47	512.95	675.47
10.3	110.30	231.96	366.15	514.16	677.42
10.4	110.40	232.28	366.84	515.39	679.39
10.5	110.50	232.60	367.52	516.61	681.35
10.6	110.60	232.92	368.21	517.84	683.33
10.7	110.70	233.24	368.89	519.05	685.28
10.8	110.80	233.57	369.60	520.32	687.32
10.9	110.90	233.89	370.29	521.56	689.32
11.0	111.00	234.21	370.97	522.77	691.27
11.1	111.10	234.53	371.66	524.01	693.27
11.2	111.20	234.85	372.35	525.25	692.27
11.3	111.30	235.18	373.06	826.52	697.32
11.4	111.40	235.50	373.75	527.76	699.33
11.5	111.50	235.82	374.44	529.00	701.33
11.6	111.60	236.15	375.15	530.27	703.38
11.7	111.70	236.47	375.84	531.52	705.41
11.8	111.80	236.79	376.53	532.76	700.43
11.9	111.90	237.12	377.24	534.03	709.48
12.0	112.00	237.44	377.93	535.28	711.51
12.1	112.10	237.76	378.62	536.52	713.53
12.2	112.20	238.09	379.34	537.82	715.63
12.3	112.30	238.41	380.03	539.07	717.67
12.4	112.40	238.74	380.75	540.37	719.78
12.5	112.50	239.06	381.44	541.62	721.82
12.6	112.60	239.39	382.16	542.92	723.94
12.7	112.70	239.71	382.85	544.17	725.98
12.8	112.80	240.04	383.57	545.47	728.09
12.9	112.90	240.36	384.26	546.72	730.14
13.0	113.00	240.69	384.98	548.03	732.28
13.1	113.10	241.02	385.70	549.33	734.40
13.2	113.20	241.34	386.39	550.59	736.46
13.3	113.30	241.67	387.11	551.89	738.59
13.4	113.40	242.00	387.83	553.20	740.73
13.5	113.50	242.32	388.53	554.48	742.83
13.6	113.60	242.65	389.25	555.79	744.98
13.7	113.70	242.98	389.97	557.10	747.13
13.8	113.80	243.30	390.67	558.38	749.23

续表

平均每年增长（%）	总发展速度（%）				
	1年	2年	3年	4年	5年
13.9	113.90	243.63	391.39	559.69	751.38
14.0	114.00	243.96	392.11	561.00	753.53
14.1	114.10	244.29	392.84	566.34	755.74
14.2	114.20	244.62	393.56	563.65	757.89
14.3	114.30	244.94	394.26	564.93	760.71
14.4	114.40	245.27	394.99	566.27	762.21
14.5	114.50	245.60	395.71	567.59	764.39
14.6	114.60	245.93	396.43	568.90	766.55
14.7	114.70	246.26	397.16	570.24	768.76
14.8	114.80	246.59	397.88	571.56	770.94
14.9	114.90	246.92	398.61	572.90	773.16
15.0	115.00	247.25	399.34	574.24	775.38
15.1	115.10	247.58	400.06	575.56	777.56
15.2	115.20	247.91	400.79	576.91	779.80
15.3	115.30	248.24	401.52	578.25	782.02
15.4	115.40	248.57	402.25	579.60	784.26
15.5	115.50	248.90	402.98	580.94	786.48
15.6	115.60	249.23	403.71	582.29	788.73
15.7	115.70	249.56	404.44	583.64	790.97
15.8	115.80	249.90	405.19	585.02	793.26
15.9	115.90	250.23	405.92	586.36	795.49
16.0	116.00	250.56	406.65	587.71	797.74

参 考 文 献

[1] 陈强．统计学原理．北京：中国商业出版社，1994.
[2] 王云．统计理论与分析．成都：四川大学出版社，1992.
[3] 栗方中．统计学原理．大连：东北财经大学出版社，2001.
[4] 邵铁柱．统计学原理．哈尔滨：哈尔滨工业大学出版社，1998.
[5] 黄良文，陈仁恩．统计学原理．北京：中央广播电视大学出版社，2000.
[6] 泰海金，张建国．统计学原理．北京：中国商业出版社，2001.
[7] 李新．统计学基础．北京：中国财经出版社，1993.
[8] 宋文光．统计学原理．北京：中国商业出版社，1998.
[9] 张彪．新编统计学．长沙：湖南出版社，1997.
[10] 阮红伟．统计学基础．北京：电子工业出版社，2005.
[11] 刘荣，左红武. 统计学原理. 昆明：云南科技出版社，2009.
[12] 朱钰，杨殿学. 统计学. 西安：西北工业大学出版社，2009.
[13] 王慧. 统计学. 成都：电子科技大学出版社，2000.
[14] 马三生，刘明星. 统计学原理. 北京：冶金工业出版社，2008.